21世纪高等职业教育双证教材（国际商务类）

上海市高职高专经济类专业教学指导委员会组编

外贸跟单理论与实务

（第二版）

主　编　姚大伟

副主编　杨　露　徐　薇　杨　玲

上海交通大学出版社
SHANGHAI JIAO TONG UNIVERSITY PRESS

内容提要

本书为"21世纪高等职业教育双证教材(国际商务类)"之一。

本书以就业为导向、能力为本位,从我国外贸跟单员职业岗位的实践技能需要出发,充分结合外贸企业与生产企业跟单的实际运作和全国外贸跟单员职业资格证书的考证需求,依据通行的国际贸易惯例与国内相关的法律法规,以出口贸易和进口贸易的整个业务流程为主线,同时兼顾与国际贸易类专业其他专业课程的有机衔接,精要地阐述从事外贸跟单工作与考证所必备的基础理论知识,系统而详尽地介绍进行全程跟单所必需的实务操作知识。内容涵盖外贸跟单概论、合同跟单、供应商选择跟单、样品跟单、物料采购跟单、生产进度跟单、包装跟单、产品认证与质量检验跟单、外包(协)跟单、运输与保险跟单、报检报关与结汇核销跟单、进口贸易跟单和客户管理与服务跟单。本书内容全面、业务翔实、结构新颖、样例丰富,突出了职业性、实践性、开放性和一定的前瞻性,并配有丰富的资料、图片、图表和形式多样的习题与实务操作训练(附答案)。

本书可作为高等职业教育国际贸易及其他相关专业的教材,也可作为外贸跟单职业技能培训教材,还可供外贸工作者学习参考。

图书在版编目(CIP)数据

外贸跟单理论与实务 / 姚大伟主编. —2 版. —上海:上海交通大学出版社,2014(2020 重印)
ISBN 978-7-313-11690-1

Ⅰ.外...　Ⅱ.姚...　Ⅲ.对外贸易—市场营销学　Ⅳ.F740.4

中国版本图书馆 CIP 数据核字(2014)第 144124 号

外贸跟单理论与实务
　　　(第二版)

主　　编:姚大伟
出版发行:上海交通大学出版社　　　　　地　　址:上海市番禺路 951 号
邮政编码:200030　　　　　　　　　　　电　　话:021-64071208
印　　制:常熟市文化印刷有限公司　　　经　　销:全国新华书店
开　　本:787mm×960mm　1/16　　　　印　　张:19.5
字　　数:365 千字
版　　次:2010 年 7 月第 1 版　2014 年 7 月第 2 版　印　　次:2020 年 2 月第 7 次印刷
书　　号:ISBN 978-7-313-11690-1
定　　价:39.00 元

21 世纪高等职业教育双证教材系列(国际商务类)编委会

再 版 前 言

随着经济全球化的深入发展，世界贸易已发生巨大变化，对中国的对外贸易也产生着深远的影响。截至 2013 年底，我国进出口贸易总额已超过美国，成为世界第一贸易大国；进出口贸易总额达 41600 亿美元。这对我国外经贸人才的培养提出了更高的要求。而高等职业教育作为我国高等教育的重要组成部分，担负着培养和输送第一线高素质技术应用型人才的重任。根据教育部[2006]16 号文件精神，"以就业为导向，走产学研结合的发展道路"已成为我国高职高专人才培养的主要目标。

随着我国对外贸易的迅速发展，外贸行业内部分工日趋细化。外贸跟单作为一种新兴的职业岗位已很快成为外贸业务工作中不可或缺的组成部分，在近年全国各大人才市场的外贸人才招聘中成为排行第一或第二的热门岗位。很多高校和中职学校的外经贸专业已将其列入人才培养方案和教学计划，并作为一门专业必修课或专业选修课。商务部中国国际贸易学会自 2006 年起即在全国范围内组织开展"外贸跟单员"的培训和考核工作，进一步推动了外贸跟单岗位的职业化健康发展，到目前为止，参加全国外贸跟单考试的人数已经有 10 多万。

本书由外贸跟单方面的部分专家学者、教学一线的骨干教师和跟单一线的业务骨干参与编写。本着"以就业为导向，能力为本位"、"理论务实够用，重视实践操作"和"课证融通"的编写理念，教材内容设置从我国外贸跟单员职业岗位的实践技能需要出发，充分结合外贸企业与生产企业跟单的实际运作和全国外贸跟单员职业资格证书的考证需求，依据通行的国际贸易惯例与国内相关的法律法规，以出口贸易和进口贸易的整个业务流程为主线，同时兼顾与国际贸易类专业其他专业课程的有机衔接，精要地阐述了从事外贸跟单工作与考证所必备的基础理论知识，系统而详尽地介绍了进行全程跟单所必需的实务操作知识，力求将专业教学与考证培训相结合，实验实训与理论教学相结合。

本书自 2010 年出版以来，受到各地不少相关院校、相关专业的教学使用。为了适应日益迅速发展的外贸形势以及相关业务的变化，我们组织了这次修订，并增加了"跟单员进度管理"、"生产制造过程质量跟单"等内容，由原来的 13 章调整到 14 章。参考答案等都进行了相应的调整。

全书内容全面、业务翔实、结构新颖、样例丰富，突出了职业性、实践性、开放性和一定的前瞻性,并配有丰富的资料、图片、图表和形式多样的习题与实务操作训练(附答案)。同时在附录部分还列有外贸跟单常用的英文术语和主要法规制度,以方便读者学习参考。本书可作为高等职业教育国际贸易及其他相关专业的教材,也可以作为外贸跟单职业技能培训教材,亦可供外贸工作者学习选用。

本书由全国外贸跟单考试中心主任、上海思博职业技术学院副校长姚大伟教授主编,温州科技职业学院杨露、厦门海洋职业技术学院徐薇任副主编,参加编写的还有深圳宝安职业技术学校杨玲,温州科技职业学院的曹露露、胡文显,上海思博职业技术学院朱惠茹,浙江长征职业技术学院张冬梅。谨此,对参与本书策划、编审并提出宝贵意见的外贸跟单一线工作人员和参考书籍文献的有关作者一并致以衷心的感谢!

由于编者水平和能力的局限,书中存在的不妥之处,敬请读者指正并提出宝贵意见,以便再版时予以修正完善。

编　者

2014 年 5 月于上海

序

进入 21 世纪以来，我国的高等职业教育领域发生了深刻的变革，确立了"以服务为宗旨，以就业为导向，走产学研结合的发展道路"，明确提出了以培养高技能人才为主要任务的办学目标。

为推进高等职业教育专业课程体系改革，改变教材改革相对滞后现象，21 世纪高等职业教育通用教材编委会和上海交通大学出版社携手合作，组织了"高职'双证课程、加强实训'专业课程体系改革与教材改革"的课题研究，其中，国际商务类专业由上海思博职业技术学院主持完成了双证课程体系改革与教材改革解决方案，并启动该专业的双证教材的编写工作。我们组织了全国 70 余所高等职业技术院校及有关单位共 100 多位专家学者编写了这套"21 世纪高等职业教育双证教材(国际商务类)"。

本系列丛书是为了适应高等职业教育教学的需要而编写的，全面系统地讲授了国际货物贸易的规则、惯例与实务操作。

在高职院校推行"双证书制度"，就要将学校的教学计划和职业资格标准有机地结合起来，用职业标准推动学校培养模式和教学内容的改革，在课程系统中嵌入职业标准和职业资格证书的要求——这既是院校实施双证书制度的初衷，也是贯彻落实"双证书制度"的关键。

本系列丛书具有如下特点：

(1) 定位准确：本系列教材明确为高等职业教育服务。在编写教材时，围绕高等职业教育是培养具有一定理论水平、有较强实际技能的职业性人才这个培养目标，改变过于偏重知识的传授和过于强调学科体系的严密、完整的做法，精选适应企业工作的基本技能和学生再发展的基础知识，将学校的教学计划和职业资格标准有机地结合起来，充分体现社会需要、专业特点和学生身心发展三者的有机统一。

(2) 可读性强：针对高职学生特点，本系列教材分为理论实务本与技能实训本两类，理论实务本设置了：关键词、知识目标(了解、熟悉、掌握)、技能目标(会什么？能什么？做什么？实现什么？)、导入案例、基本知识、知识结构图表、业务基本流程图、技能训练、综合测试(单项、多项、判断)等形式；技能实训本设置了：技能目标、考证要点、活动目标或者工作实例或者训练项目、知识链接(相关知识归纳)、难点分析、实训练习、模拟考试。因此，本系列教材从栏目到版式，都令人耳目一新，对构成国际商务专业综合能力的各项基本技能训练进行了摸索和创新，力求探索培养学生职业能力的训练体系。

(3) 内容新颖：本系列教材注重高职教学的实践性特点，把最新的教改精神和行业业务新动态融入其中。力图打造一套知识内容最新、课程设置科学系统的高职教材。

(4) 应用性强：将考证培训、实习实训课纳入课程体系是高职教学模式的一大特色。本系列教材力争做到：考证培训与专业教学融合，实习实训与理论教学结合。对构成国际商务专业综合能力的各项基本技能训练进行了摸索和创新，力求探索培养学生职业能力的训练体系。

高等职业教育立足于"就业为导向、能力为本位"的培养模式。针对企业用人的要求，本系列教材适合于高职高专国际商务专业或其他经贸类专业的学生使用，也可作为企业国际商务从业人员的培训用书。

中国国际贸易学会国际贸易实务教学工作委员会主任
上海市高职高专经济类专业教学指导委员会主任

姚大伟

目　录

1 外贸跟单概论

外贸跟单　外贸跟单员　外贸跟单员基本素质　外贸跟单员知识结构
进出口业务一般流程　出口业务跟单流程　进口业务跟单流程

知识目标

◆ 掌握外贸跟单的概念、特点和分类；了解外贸公司跟单与生产企业跟单的
异同；

◆ 掌握外贸跟单员的概念、工作范围和内容；了解其基本素质与知识结构的
要求；

◆ 了解外贸跟单岗位与其他外贸工作岗位的关系；

◆ 熟悉进出口业务及其跟单的一般流程。

技能目标

◆ 掌握出口贸易跟单的工作流程；

◆ 掌握进口贸易跟单的工作流程。

导入案例

中国深圳 KK 服装公司是一家主要从事服装设计、生产加工与出口的大型企
业。经面试录用了一名在校期间考取了外贸跟单员从业资格证书的某高职院校国
际商务专业毕业生，将其直接安排至公司外贸业务部协助业务骨干从事外贸跟单
工作。假如你是该名刚走出大学校门步入工作岗位踌躇满志的毕业生，如何尽快
适应跟单员这一角色转换和岗位需要呢？了解公司生产经营概况，深入公司生产
一线掌握相关产品知识及生产工艺是否必要呢？根据所学跟单知识结合岗位需
要，进一步熟悉外贸跟单工作的内容和特点，掌握本公司外贸业务的一般工作流
程及其跟单要求，了解本岗位与公司其他工作岗位的关系，弥补在校期间一些知
识、素质与能力结构方面的欠缺应是当务之急。

1.1　外贸跟单与外贸跟单员

1.1.1　外贸跟单

1.1.1.1　外贸跟单的概念

外贸跟单是指在进出口业务中，围绕外贸合同和相关单证，对货物的生产、运输、保险、报检、报关、结付汇等环节进行全程或部分环节的跟踪与操作，以保证合同顺利履行的行为。外贸跟单是当今外贸行业专业分工细化后产生的一种新型从业岗位，也是外贸公司内部各部门之间、外贸公司与生产企业、外贸公司与客户、生产企业与客户之间联系和沟通的桥梁。

1.1.1.2　外贸跟单的特点

外贸跟单的特点有：

(1) 业务环节多。一般要经历磋商订约、生产加工、运输保险、报关报检、结汇付汇、出口退税等众多业务环节。

(2) 涉及面广。跟单员不但要面向国外客户，而且还要面对企业内部的生产、财务、质检等所有部门和外部的各个机关单位，如外经贸主管部门、银行、海关、商检、运输公司、保险公司等。任何一个部门出现问题都会影响合同的顺利履行。

(3) 专业性、综合性强，知识要求面宽。外贸跟单对外要执行销售职责，对内要协调生产管理。因而外贸跟单员既要熟悉国际贸易的有关业务知识、商品知识和客户管理知识，又要懂得企业生产工艺流程及经营管理知识。

(4) 节奏快、变化多。外贸跟单的客户是来自世界各地，有着不同的文化背景、生活方式和工作习惯，客户需求也有所不同，这就要求跟单工作必须加快节奏、务实高效。

1.1.1.3　外贸跟单的分类

外贸跟单通常可以根据货物流向、商品类别、企业性质、业务环节和业务进程等进行分类。尽管类型较多，但所有外贸跟单的目标始终是一致的，即按质、按量、按时将合同项下的货物交到采购商手中。

(1) 根据货物流向，可以分为出口贸易跟单和进口贸易跟单。出口贸易跟单是由出口商对出口贸易合同的签订及履行进行部分或全部的跟踪或操作；进口贸易跟单是由进口商对进口贸易合同的签订及履行进行部分或全部的跟踪或操作。

(2) 根据商品类别，可以分为纺织品跟单、服装跟单、鞋类跟单、玩具跟单、家具跟单等。

(3) 根据企业性质，可以分为外贸公司跟单和生产企业跟单。外贸公司跟单是指外贸企业根据贸易合同规定的品质、包装和交货时间等有关条款，选择生产企业，进行原材料、生产、运输、保险、报检报关、结付汇等跟单，按时、按质地完成合同义务；生产企业跟单是指拥有外贸经营权的生产企业根据贸易合同规定的品质、包装和交货时间等有关条款，进行原材料、生产进度、品质、包装等跟单，按时、按质地完成交货义务。

(4) 根据业务环节，可以分为合同跟单、供应商跟单、样品跟单、物料采购跟单、生产跟单、包装跟单、质量跟单、外包(协)跟单、货运与保险跟单、报检报关与结付汇跟单等。

(5) 根据业务进程，可以分为前程跟单、中程跟单和全程跟单。前程跟单是指"跟"到出口货物交到指定出口仓库为止；中程跟单是指"跟"到装船清关为止；全程跟单是指"跟"到货款到账，合同履行完毕为止。

1.1.1.4 外贸企业跟单与生产企业跟单的异同

外贸公司跟单和生产企业跟单，既有相同，也有区别。

1) 相同点　两者的共同点主要表现在以下几个方面：

(1) 跟单目标都是以外贸合同为中心，进行原材料、生产进度、产品的质量、数量、包装等的跟踪，以保证货物能够按时、按质、按量抵达约定交货地。

(2) 从跟单业务进程看，都涉及前程跟单、中程跟单和全程跟单。

(3) 就跟单的知识构成而言，不仅需要外贸知识、海关知识、商检知识、运输知识、保险知识、金融结算知识、商品知识、管理知识等，还需要具备一定的外语知识和计算机应用软件(如 Word、Excel 等)的操作知识等。

(4) 就跟单的能力要求而言，一名合格的跟单员要具备综合业务能力、市场调研预测能力、营销能力、语言表达能力、沟通协调能力和管理能力，能分析并解决生产和贸易过程中出现的一般问题，协调各部门、各方之间的利益，最终满足并达到合同和客户的要求。

2) 异同点　两者的不同之处主要有：

(1) 所处企业不同。外贸公司跟单是在从事专业进出口的贸易型企业进行；生产企业跟单则在从事生产加工的生产型企业进行，因此，所处企业的性质是不同的。

(2) 跟单工作的范围不同。生产企业跟单不需要寻找生产商，产品由本企业自行生产；外贸公司跟单因其本身不具备生产能力，需要另行寻找生产商，并且所涉及的货物种类、结算方式、业务环节等均比生产企业跟单要多，接触面也更广，所以，前者跟单难度相对较小，后者跟单难度较大。

(3) 跟单工作侧重不同。外贸公司跟单侧重于进出口贸易的全过程，要求跟单员能够胜任全程跟单；生产企业跟单侧重于生产进程跟单，以生产过程的商品质量、数量和包装的跟踪为主。

1.1.2　外贸跟单员

1.1.2.1　外贸跟单员及其与其他外贸岗位的关系

外贸跟单员是指在进出口贸易合同签订前后，围绕合同和单证对进出口业务及生产加工的部分或全部环节进行跟踪与操作，协助完成贸易合同履行的外贸从业人员，是协助外贸业务员开拓国际市场、购销产品、协调生产、交货收货与结汇付汇等工作的业务助理。

目前，与外贸相关的从业岗位还有外贸业务员、单证员、报关员、报检员、国际货运代理从业人员等。这些岗位的工作内容在进出口业务进程中存在一定的关联性，都会涉及磋商谈判、货运保险、报关报检、制单结汇、争端解决等业务环节。但在工作重点方面，外贸跟单岗位与其他外贸岗位存在明显的差异。其间的关系如图 1.1 所示。

1.1.2.2　外贸跟单员的工作范围与工作内容

外贸跟单员的工作范围广、业务综合性强、涉及面宽。在涉及企业(外贸公司和生产企业)生产过程和产品质量控制等事宜同时，也涉及与外贸业务有关的其他部门(如海关、商检、运输、保险、银行等)的事宜。其工作内容较多，主要是货物进出口的业务跟进和生产跟单。在不同的贸易阶段具体内容有所不同。

1) 合同磋商阶段　外贸跟单员通常应协助外贸业务员搜集资料，选择适合的交易对象，并与之建立业务关系；做好客户来访的准备和接待工作；配合业务经理进行业务洽谈，拟订外贸合同等。实践中，国外客户一般很少当面洽谈业务，大多数进出口企业通过外贸跟单员与客户进行函电的往来，经过询盘、发盘、还盘、接受几个环节的洽商，最终达成一致并协助业务员签订贸易合同。

2) 合同订立阶段　跟单员应协助外贸业务员对草拟的合同内容进行认真审核；对国外寄来的订单要仔细审阅，有异议的条款必须及时提请贸易伙伴进行修

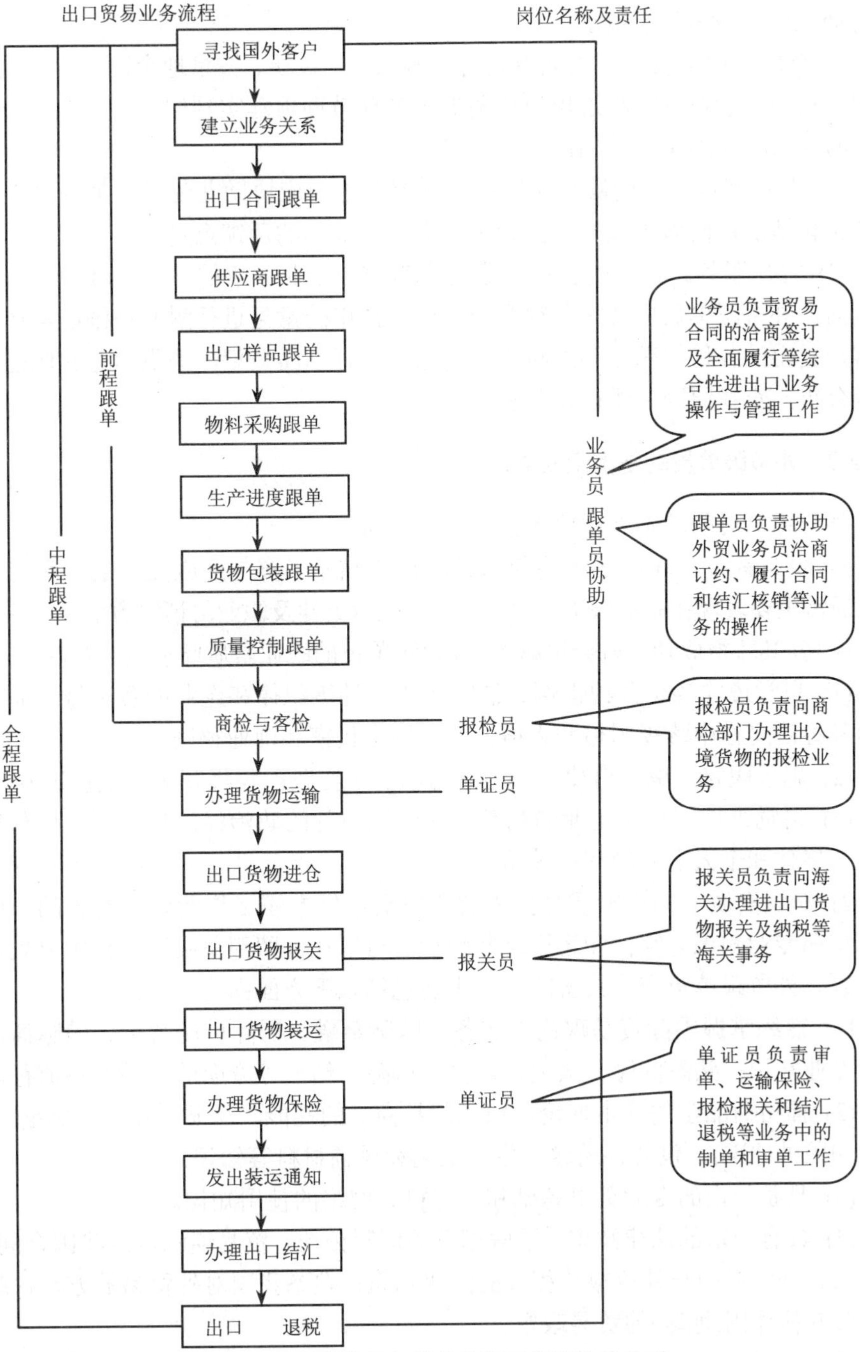

出口贸易业务流程 岗位名称及责任

寻找国外客户

建立业务关系

出口合同跟单

供应商跟单

出口样品跟单

物料采购跟单

生产进度跟单

货物包装跟单

质量控制跟单

商检与客检 —— 报检员

办理货物运输 —— 单证员

出口货物进仓

出口货物报关 —— 报关员

出口货物装运

办理货物保险 —— 单证员

发出装运通知

办理出口结汇

出口 退税

前程跟单

中程跟单

全程跟单

业务员

跟单员

协助

业务员负责贸易合同的洽商签订及全面履行等综合性进出口业务操作与管理工作

跟单员负责协助外贸业务员洽商订约、履行合同和结汇核销等业务的操作

报检员负责向商检部门办理出入境货物的报检业务

报关员负责向海关办理进出口货物报关及纳税等海关事务

单证员负责审单、运输保险、报检报关和结汇退税等业务中的制单和审单工作

图 1.1 外贸跟单员与其他外贸工作岗位的关系

改确认，达成共识；对合同标的的品质与交货时间应与生产企业的实际生产能力相协调，否则极易处于被动。

3) 合同履行阶段　买卖双方均有义务按时、按质、按量地全面履行合同。外贸跟单员应协助业务员将进出口业务的全部环节逐项落实到位。

4) 业务善后阶段　包括：

(1) 跟踪销售。合同履行完毕后，外贸跟单员应协助业务员了解商品在进口国的销售情况；同时须随时关注和了解客户对商品的反馈意见。

(2) 客户服务。良好的售后服务已成为当今企业竞争的一个有效手段。商品售出后，外贸跟单员应及时跟踪客户，对其提出的意见进行耐心仔细的解释，解决客户提出的各种问题。同时将客户的意见进行书面登记，提供给有关职能部门进行分析，查找原因并予以及时解决。

1.1.2.3　外贸跟单员的基本素质要求

外贸跟单员的基本素质要求包括三个方面：

1) 职业素质　职业素质是劳动者对社会职业了解与适应能力的一种综合体现，通常主要表现在职业兴趣、职业能力、职业个性及职业习惯等方面。往往职业素质越高，其获得成功的机会也越多。外贸跟单员的职业素质要求主要有以下方面：

(1) 自觉遵守各项公约惯例、法律法规、外事纪律和企业的各项规章制度；在对外经济交往中珍视国格和人格；严守国家机密和商业秘密。

(2) 忠于职守，廉洁自律；努力学习，勇于实践；积极开拓，锐意进取。

(3) 自觉维护国家和企业的利益，关注国内外的政治经济形势，正确处理好国家、集体和个人之间的利益关系。

2) 知识素质　知识素质是指外贸跟单员做好本职工作所必须具备的一些基础知识和专业知识。掌握和运用这些知识，可以在外贸跟单实际工作中有效地解决问题。外贸跟单员应该具备的知识主要包括以下方面：

(1) 熟练掌握国际贸易理论与实务、国际金融、国际市场营销、国际商法等外贸专业知识；熟悉商检、报关、运输、保险、结汇等方面的有关业务流程。

(2) 懂得商品学的基本理论，熟悉贸易商品的性能、品质、规格、标准(生产标准和国外标准)、包装、用途、生产工艺和原辅材料等知识。

(3) 具备一定的专业英语基础和计算机、网络的使用知识。

(4) 具有一定的法律知识，了解相关的国际公约、贸易惯例以及我国合同法、票据法、外贸法中与外贸跟单相关的法律知识；熟悉我国对外贸易的方针、政策以及贸易伙伴国(地区)的贸易政策。

(5) 了解商品销往国的政治、经济、文化、地理、风俗礼仪、宗教信仰、消费及商务习惯等。

3) 能力素质　能力素质是指外贸跟单员胜任跟单工作的自身条件，是综合业务能力、市场调研和预测能力、营销能力、语言表达能力、沟通协调能力、管理能力等各种能力的有机结合。

(1) 综合业务能力。要熟悉进出口业务的各个环节和操作程序，能够协助外贸业务员制定产品推销方案和经营方案；辅助进行审证、改证和业务咨询；能懂得产品的特性、工艺、技术标准与要求；能准确地判断企业生产加工能力、产品质量、交货期等；具有统计、财务方面的计算分析能力，迅速进行价格汇率换算、成本核算等；具有处理生产及贸易纠纷、索赔、理赔等业务能力。

(2) 市场调研和预测能力。能运用市场营销学的方法，借助各种渠道收集和捕捉国内外市场信息，及时了解和掌握市场变化和需求动态；能运用收集整理的市场信息资料，分析市场行情动态和客户需求状况，撰写市场调研报告，提出营销建议。

(3) 营销能力。能利用各种有效方法进行企业和产品宣传，树立品牌意识，扩大企业和产品的知名度；善于主动寻求贸易机会，准确把握客户心理，努力培养、开发和维护客户群体。

(4) 语言表达能力。包括口头表达能力和书面表达能力。外贸跟单实践中，经常会采用面谈、电话、函电等形式传递信息。能言善辩的口头表达能力可以将自己的思想、观点、意见和建议，生动有效地传递给客户，以产生最理想的影响效果，同时也是协调人员之间、部门之间关系的润滑剂；书面表达能力是将自己的思想、经验和总结运用文字表达方式，使其系统化、条理化和规范化，良好的书面表达能力有利于上下级之间、部门之间的沟通和交流。

(5) 沟通协调能力。了解国际商务活动中的社交礼仪和公关知识，灵活运用各种正当的交际方法和手段，积极同与业务有关的国内外客户进行沟通和交流，建立良好的双边和多边关系。处理好与上级、同事以及有关人员的关系，更好地完成跟单工作任务。

(6) 管理能力。管理出生产力，管理出效益。良好的生产管理、质量管理、贸易管理及客户管理能力在很大程度上是衡量外贸跟单员是否称职的重要内容。外贸跟单员既是跟进订单的专职人员，也是业务员、经理或企业负责人的助手，因此，外贸跟单员应具备一定的管理素质和能力，拥有良好的合作精神，掌握一定的组织、协调、决策能力，能用科学的外贸跟单管理理念来提高跟单管理水平。

1.1.2.4　外贸跟单员的知识结构要求

外贸跟单员从事进出口贸易跟单工作，对知识结构的要求是综合性的，主要应包括以下三个方面：

1) 国际贸易基础知识

(1) 国际贸易基本理论。了解国际贸易的类型、方式、流程、术语及惯例，以便在实际外贸业务中能够正确运用，有力地维护企业和国家的利益。

(2) 运输与保险。国际货运与保险是进出口业务中必不可少的一个环节。国际货物运输具有线长面广、环节多、时间性强、复杂多变、风险较大等特点。为了按时、按质、按量完成国际货运任务，买卖双方在交易时，需要合理选定运输方式和保险险别，订好各项装运与保险条款，并备妥有关装运及保险单证。因而，外贸跟单员必须了解国际货运保险的相关知识。

(3) 商检与报关。掌握进出口货物检验和报关通关的工作内容、程序、法规制度等知识，协助报检员和报关员做好报检报关工作，以便安全快捷地完成货物交接和货款收付。

(4) 金融外汇与银行结算。在国际贸易中，使用外汇通过银行进行货款的收付结算直接影响进出口双方的资金融通和企业的经济效益。外贸跟单员需要掌握有关金融外汇、银行结算方面的基本知识和风险防范技巧，了解有关国际结算的公约与惯例、我国金融外汇管理制度的相关规定，灵活恰当地运用这些知识安全收汇和用汇，有效防范和化解风险，增强企业经济效益。

(5) 国际商务法律知识。熟悉国际贸易的有关公约与惯例，了解我国和主要贸易国的有关外贸政策与法律，在进出口业务中严格依照公约惯例和国内法律法规、政策制度的规定，处理签约、履约、争议解决和违约救济等事项，努力做到知法、懂法和用法。

2) 生产管理与客户管理知识　为了能顺利完成合同项下的生产加工任务，保质、保量地将货物送交客户，安全收汇，外贸跟单员应该了解和熟悉有关产品生产与加工、质量管理与认证、客户服务与管理方面的知识，主要包括制订生产计划、控制生产进度、样品管理、物料采购、包装管理、品质管理、客户管理等。

3) 外贸商品知识　外贸跟单工作围绕的标的就是合同项下的商品。因此，外贸跟单员除了具备以上知识外，还应该具备相应的商品知识，准确把各类商品的特性与品质、计量与包装、检验与认证，更好地推行生产工艺和生产技术，实现客户对质量的要求，完成跟单业务工作。

1.2　进出口贸易与跟单工作流程

了解国际贸易的基本程序，是掌握外贸跟单工作要领、做好跟单工作的前提。

作为外贸跟单员，首先需要了解进出口贸易交易磋商的一般程序；其次应明确进出口业务各个环节的主要任务，并结合实际情况熟悉每个环节的操作要点及注意事项，才能更好地掌握外贸跟单工作的程序、内容、方法和要领。

1.2.1　出口业务一般流程与跟单流程

1.2.1.1　出口业务一般流程

　　我国出口贸易业务流程一般分为四个阶段，即出口交易前的准备阶段、交易磋商与签约阶段、合同的履行阶段和善后处理阶段。其具体流程如图1.2所示。

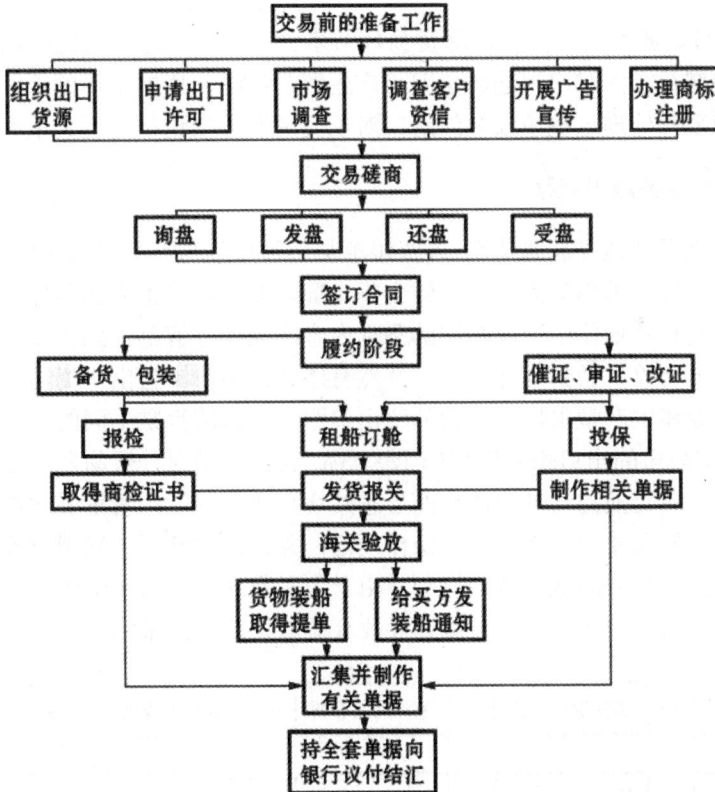

图1.2　出口贸易流程图(CIF条件、信用证支付方式)

　　(1) 交易前的准备。为了提高出口贸易的成交率，使交易顺利进行，在出口交易之前必须做好各项准备工作。如进行国际市场调研、制订经营方案、取得出口许可证、选择市场和客户、组织和落实货源、开展广告宣传、出口商品商标注册等。这些准备工作是进行出口贸易之前不可或缺的环节，必须认真对待。

(2) 交易磋商与签约。交易磋商是出口业务的一个重要环节，是出口贸易合同成立的基础和依据。可以通过口头、书面或行为方式，按询盘、发盘、还盘和接受四个基本环节进行，其中发盘与接受是两个必不可少的法定程序。通过磋商达成交易后，进出口双方即签订出口贸易合同。

(3) 出口合同的履行。出口贸易合同一经成立，即具有法律效力。交易各方必须依法严格履行，任何一方不得擅自变更或解除合同。我国的出口贸易，大多是按 FOB、CIF 或 CFR 术语和信用证付款方式来成交的。履约环节较多，包括备货、审证(催证、改证)、报检、租船订舱、报关、投保、装运、制单结汇、出口退税等一系列的工作。其中以货、证、船、单(出口结汇单据)四个环节最为重要。

(4) 出口业务善后。由于国际贸易环节多、风险大、运作也比较困难，所以很有可能在履行合同时出现违约情况，产生贸易纠纷，影响交易的正常进行。而及时有效地妥善处理这些争议和纠纷，对于交易双方来说都是至关重要的。

1.2.1.2　出口业务跟单流程

为了最大程度地提高履约率，外贸跟单员必须加强与有关部门的协作与配合，并以出口合同及相关单证为中心，结合货、证、船、单等主要业务环节，科学地安排合同的履行，把信用证或合同的条款内容准确地分解落实到各个业务环节，尽量避免脱节现象，做到环环紧扣、井然有序。作为我国进出口贸易的主体，外贸进出口企业和生产型出口企业的外贸出口跟单工作流程是不同的。

(1) 外贸公司的出口跟单流程(见图 1.3)。在我国的对外贸易发展过程中，外贸公司作为商品交换的一种流通企业形态始终存在，并发挥着重要的作用。这类公司具有较强的人才、专业优势，操作规范，并较好地掌握了我国及国外的贸易规则，形成一套较强的抵御风险机制。由于大多数外贸公司属于传统意义上的流通企业，在接到合同或订单后，需要寻找合适的生产企业来完成合同。

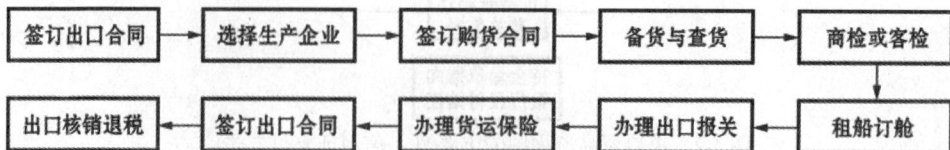

图 1.3　外贸公司出口跟单的基本流程

(2) 生产企业的出口跟单流程。越来越多具备进出口经营权的生产企业是当前我国外贸进出口的主体之一。许多国际买家也热衷于直接从这些生产企业采购商品。"工厂跟单"实质上属于生产型企业的内部跟单,其一般流程如图 1.4 所示。

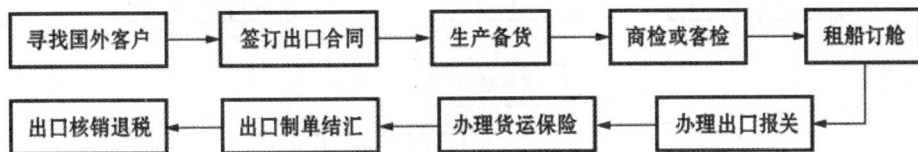

图 1.4 生产企业的出口跟单流程

1.2.2 进口业务一般流程与跟单流程

1.2.2.1 进口业务一般流程

进口贸易和出口贸易一样,也要通过合同的磋商、订立和履行来实现。它们的流程有相似之处,也有许多不同之处。一般来说,进口贸易的工作程序要比出口贸易复杂,其业务流程大体分为四个基本阶段,即进口交易前的准备阶段、交易磋商与签约阶段、合同的履行阶段和善后处理阶段。其基本流程如图 1.5 所示。

(1) 交易前的准备。进口贸易在交易前也应做好各项准备工作,以保证贸易的顺利进行。具体包括编制进口计划并向主管部门报批、申领进口许可证、国内外市场调查、进口成本估算、制订进口经营方案以及填制和审查订货卡片等。

(2) 交易磋商与签约。进口贸易的交易磋商和出口贸易的交易磋商大致相同,也包括询盘、发盘、还盘和接受四个环节,其中发盘和接受是必经的法定环节,而询盘也非常重要,一定要注意"货比三家"。经过磋商达成一致意见后,应签订购货合同或购货确认书。

(3) 进口合同的履行。进口合同签订之后,我方要"重合同、守信用",同时也督促对方依约履行。具体履约环节一般包括开立信用证、租船订舱、办理投保、审单付款、检验检疫、报关结算等工作。

(4) 进口业务善后。当贸易双方有违约行为或产生贸易纠纷时,要进行及时有效的处理,以免产生不必要的后果。

1.2.2.2 进口业务跟单流程

进口贸易具有业务笔数相对少,合同金额大,操作细节多,管理较薄弱,经营风险大等特点。随着近年我国进口贸易总额的不断扩大,对进口跟单业务的需求骤增。进口跟单质量好坏,直接影响企业经济效益和国家利益。

```
        ┌──────────────┐
        │ 交易前的准备工作 │
        └──────────────┘
┌──────────┐ ┌────────┐ ┌────────────┐
│ 申请进口许可证 │ │ 市场调查 │ │ 拟定进口经营方案 │
└──────────┘ └────────┘ └────────────┘
        ┌────────┐
        │ 交易磋商 │
        └────────┘
┌────┐ ┌────┐ ┌────┐ ┌────┐
│ 询盘 │ │ 发盘 │ │ 还盘 │ │ 受盘 │
└────┘ └────┘ └────┘ └────┘
        ┌────────┐
        │ 签订合同 │
        └────────┘
        ┌────────┐
        │ 履约阶段 │
        └────────┘
┌──────────┐              ┌────────┐
│ 开立信用证 │              │ 租船订舱 │
└──────────┘              └────────┘
┌──────────┐              ┌──────────┐
│ 银行审单付款 │            │ 发出催装通知 │
└──────────┘              └──────────┘
┌──────────┐              ┌──────┐
│ 付款赎单 │               │ 投保 │
└──────────┘              └──────┘
        ┌──────────────┐
        │ 接获、报关、纳税 │
        └──────────────┘
        ┌────────────┐
        │ 报检、报验 │
        └────────────┘
        ┌──────────┐
        │ 拨交用货单 │
        └──────────┘
┌────────────┐   ┌──────────────┐
│ 用货单位验收 │   │ 向用货单位结算 │
└────────────┘   └──────────────┘
┌──────┐ ┌──────┐
│ 索赔 │ │ 仲裁 │
└──────┘ └──────┘
```

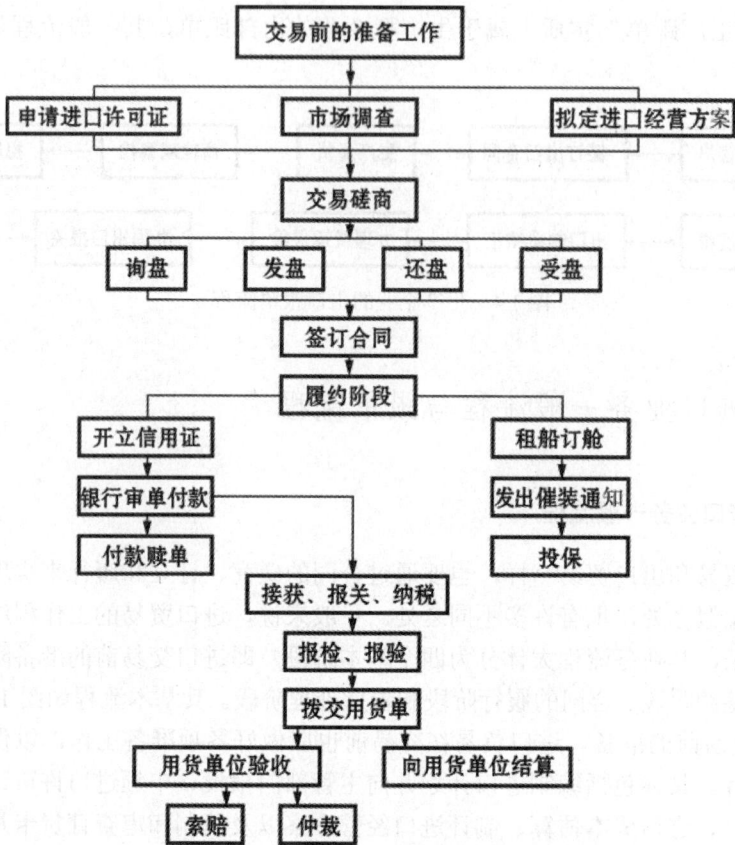

图 1.5　进口贸易流程图(FOB 条件，信用证支付方式)

进口业务跟单工作较出口业务跟单而言，往往涉及面更广，业务环节更复杂。它主要涉及海关、外经贸、检验检疫、保险、运输、码头(仓储)、银行等部门，有的特定业务还涉及其他职能部门的专项审批工作，尤其在进口报关、进口检验检疫环节上，所涉及的工作内容比出口业务要复杂。

进口跟单流程一般包括以下环节：进口业务交易前的准备(如选择供应商、进口商品业务调查、资金备付、申领进口许可证)、进口合同的签订、进口合同的履行(如申请开证、安排运输与保险、检验检疫、进口报关、付汇结算)、进口业务后期管理(如货物入库、出库、索赔理赔等)。

综合测试

◆ 单项选择题

(1) 按照《2000 年国际贸易术语解释通则》的 C 组术语成交，其合同性质都属于( )。

  A. 启运合同   B. 到达合同

  C. 装运合同   D. 目的港(地)交货合同

(2) 在国际贸易中，就卖方承担的风险而言( )。

  A. CIF 比 CFR 大   B. CFR 比 CIF 大

  C. CIF 与 CFR 相同   D. 视具体情况而言

(3) 关于跟单员，以下说法错误的是( )。

  A. 跟单员是专职人员   B. 跟单员不是专职人员

  C. 跟单员是业务助理   D. A 和 C 正确

(4) 交易磋商包括四个主要环节，其中必不可少的两个基本环节是( )。

  A. 询盘和发盘   B. 发盘和还盘

  C. 还盘和接受   D. 发盘和接受

(5) 外贸公司跟单的基本流程是( )。

  A. 订单与接单、跟踪生产、出货跟踪、售后服务、统计资料

  B. 接到客户订单、审单并开出形式发票、客户确认形式发票、工厂备料生产、工厂出货报送、交单

  C. 选择生产商、签订收购合同、备妥货物、查货、商检，租船订舱、货物进仓、报关出口、货款到账

  D. 推销产品、签订合同、生产货物、查货、商检、租船订舱、货物进仓、报关出口、货款到账

◆ 多项选择题

(1) 外贸跟单的分类有( )。

  A. 按业务进程可分为前程跟单、中程跟单和全程跟单三大类

  B. 按企业性质分为生产型企业跟单和贸易型企业跟单

  C. 按业务性质分为外贸公司跟单和生产企业跟单

  D. 根据货物的流向分为出口跟单和进口跟单

(2) 根据外贸跟单业务的进程，可分为( )。

  A. 前程跟单   B. 中程跟单

  C. 全程跟单   D. 进出口贸易跟单

(3) 关于跟单员的工作重点，以下说法不正确的是( )。

  A. 负责操作业务全程   B. 侧重订单的执行、跟踪和操作

  C. 处理商检、保险等单据事务 D. 办理货物报关与商检事务

(4) 跟单员的工作特点包括( )。

  A. 较高的责任心   B. 协调与沟通

　　　　C. 工作的综合复杂性　　　　　　　D. 涉外性和保密性

(5) 跟单员的知识构成包括(　　)。

　　　　A. 外贸基础知识　　　　　　　　　B. 工厂生产与管理知识

　　　　C. 商品知识　　　　　　　　　　　D. 车间机器的维修

(6) 跟单员的能力素质包括(　　)。

　　　　A. 综合业务能力　　　　　　　　　B. 推销能力

　　　　C. 语言文字能力和口头表达能力　　D. 社交协调能力

(7) 跟单员的基本素质包括(　　)。

　　　　A. 职业素质　　　B. 能力素质　　　C. 知识素质　　　D. 管理素质

◆ 判断题

(1) 全程跟单是指"跟"到货款到账、合同履行完毕为止。(　　)

(2) 审核信用证是外贸业务员的主要工作,与跟单员没有关系。(　　)

(3) 对于外贸业务经理来说,外贸跟单员是协助他们开拓国际市场、推销产品、协调生产的业务助理。(　　)

(4) 生产企业跟单是指企业根据贸易合同的品质、包装和交货时间的规定,选择生产企业,进行原料、品质、包装和生产进度的跟单,按时、按质地完成交货任务。(　　)

(5) 中程跟单是指"跟"到指定出口仓库为止。(　　)

◆ 问答题

(1) 什么是外贸跟单?外贸跟单员的工作有哪些主要内容及特点?

(2) 对照进出口业务的一般流程,请说明外贸跟单的工作流程。

(3) 请比较生产企业跟单和外贸公司跟单的异同。

(4) 优秀的外贸跟单员应具备哪些基本素质与知识结构?

2 出口贸易合同跟单

关键词

出口贸易合同　购货/加工合同　采购单　外包合同　交易磋商
合同的成立　出口贸易合同跟单

知识目标

◆ 了解出口贸易跟单中通常涉及的合同类型；
◆ 熟悉出口交易磋商的程序与合同成立的有效要件；
◆ 掌握出口贸易中有关合同的跟单工作要领。

技能目标

◆ 能够进行出口交易磋商，协助签订出口贸易合同；
◆ 能准确阅读、熟练审核出口贸易合同条款；
◆ 能依据出口贸易合同签订所需的内贸合同；
◆ 能顺利完成出口贸易中的合同跟单工作。

导入案例

中国深圳 KK 服装公司生产的产品主要出口至欧美市场，金融危机期间，公司
出口业务也受到冲击。作为 KK 公司的外贸跟单员，如何协助业务员积极开拓市场、
寻找并联系海外客户？在出口贸易合同签订前后需要完成哪些具体跟单工作？围
绕出口合同的履行，还需要掌握哪些内贸合同的签约要领呢？

2.1　出口贸易合同及其跟单

跟单工作始于合同，人们通常理解成业务员取得合同后，跟单员的工作才开
始。其实即使在分工非常明确的公司，签订合同、取得订单也不是和跟单员毫无

关系的，跟单员通常在业务员签订合同的过程中要完成很多辅助工作。何况是在某些分工不甚明确的外贸公司和生产企业，跟单员同时身兼业务员。因此，外贸跟单员必须了解合同商订的程序、形式与内容，掌握合同跟单的有关操作要领。

2.1.1 出口贸易合同概述

2.1.1.1 出口贸易合同的定义与分类

出口贸易合同是营业地处于不同国家的当事人自愿按照一定条件买卖某种货物而达成的协议，它是根据国际贸易公约、有关法律的规定或双方共同接受的国际贸易惯例而成立的，对双方均具有法律约束力，任何一方不能单方面地修改合同或不履行自己的合同义务，否则将承担违约的法律责任。

出口贸易合同根据草拟人的不同，可分为售货合同(sales contract)和购货合同(purchase contract)，前者由出口商(卖方)草拟，后者由进口商(买方)草拟。一般由各公司以固定格式印刷，双方经交易磋商达成一致意见后，由外贸业务员按双方谈定的交易条件逐项填写并经有权人签字，然后寄交对方审核签字并盖章。合同正本通常一式两份，一份供对方自留，一份经对方认可后寄回。

2.1.1.2 出口贸易合同的形式与内容

1) 出口贸易合同的形式　在国际贸易中，一般可采用书面形式(合同书、信件、数据电报、电传、传真、电子数据交换和电子邮件等)、口头形式或行为形式来订立合同。根据我国法律规定和国际贸易惯例，交易双方通过口头或来往函电磋商达成协议后，还必须签订一定格式的正式书面协议，即进出口贸易合同。

对于一些成交金额不大、批次较多的轻工日用品、小土特产品，或已有包销、代理等长期协议的出口贸易，还可以采用贸易合同的简化形式，即确认书(confirmation)，不列出争议解决、违约责任、不可抗力等条款。确认书根据草拟方的不同，可分为售货确认书(sales confirmation)和购货确认书(purchase confirmation)。

在出口业务中，国外进口商有时会直接将他们拟制的订单(order)或委托订购单(indent)寄来，以便我方据以履行交货和交单等合同义务。如果国外进口商事先并未与我方进行过有关磋商，径自寄来订单或委托订购单，这类订单或订购单就得按照其具体情况及内容加以区分，判断是发盘还是询盘。我方应认真研究，决定是否与之进行交易，并及时答复对方，以免引起不必要的误会及争议。如果国外客户是在与我方达成交易、订立合同后寄来的订单或订购单，实际上就是国外客户的购货合同或购货确认书。我方应仔细审阅其内容，若发现其中有些条款与双方磋商协议一致的合同条款不符或另有添加的，应区分情况予以处理：与合同不符、情节不严重、性质轻微的，我方可以接受；涉及实质性交易条件、出入较大的，应及时向对方明确提出异议，而不能保持沉默置之不理，否则，就会被对方认为我方默认其订购单中所列条款。所以，遇有订单或订购单中列有我方不能接受的添加、修改或其他不符原合同的情形，必须及时提出异议，以维护我方权益。有些国外商人签发的订单或订购单上还列有"限期提出异议，逾期不提出异议视为同意对待"的条款。对此，我方如有异议，则更应在限期内提出，以免造成被动。

在交易磋商尚未达成最后协议前，买卖双方为了达成某项交易，将共同争取实现的目标、设想和意愿，有时还包括初步商定的部分交易条件，记录于一份书面文件上，作为今后进一步谈判的参考和依据。这种书面文件可称之为"意向书"(letter of intent)。意向书只是双方当事人为了最终达成某项协议所做出的一种意愿表示(expression of intentions)，它不是法律文件，对双方没有法律约束力。

2) 出口贸易合同的内容　　一般由三部分构成：

(1) 合同首部。包括开头和序言、合同名称、编号、各方当事人的名称、地址和联系方式等。其中，当事人双方的全称和法定详细地址往往是合同成立的必要条件，缔约地点可作为判断解决合同纠纷适用法律的依据。因为合同中如对合同纠纷适用的准据法未做出规定时，根据有关公约及惯例或有些国家的法律规定，可适用合同缔约地所在国法律。

(2) 合同主体。这部分主要规定进出口双方的权利和义务，包括合同的各项条款，如品名、质量、数量、包装、价格、装运、保险、检验、支付、争议解决与违约责任、不可抗力条款等。此外，根据不同货物的具体交易情况，有时会加列其他条款，如保值条款、溢短装条款、品质公差条款、法律适用条款等。

(3) 合同尾部。包括合同份数、使用文字、合同效力、缔约日期、双方签章等，必要时可加上附件作为合同不可分割的一部分。

2.1.2　出口交易磋商及其跟单

2.1.2.1　交易磋商的概念

交易磋商是指买卖双方就交易条件进行洽商，以求达成一致协议的具体过程。它是国际货物买卖过程中不可缺少的一个重要环节，也是签订贸易合同的必经阶段和法定程序。

交易磋商可采用口头形式或书面形式。口头磋商是在谈判桌上面对面或通过电话等形式进行；书面磋商是通过传真或电子邮件等通信方式进行洽谈，在实际业务中应用较多。

磋商的内容主要是围绕品名、品质、数量、包装、价格、装运、支付、保险、检验、违约责任、争议解决和不可抗力等合同条款进行洽谈并达成一致意见。

2.1.2.2 交易磋商的前期准备

交易磋商前，出口商要做好充分的前期准备工作，如选配素质较高的洽谈人员、选择理想的目标市场和适当的交易对象、制定出口经营方案等。

这一阶段，外贸跟单员需要独立或协助外贸业务员完成的准备事项也很多，主要包括：

(1) 了解和熟悉出口产品的详细情况。

(2) 进行国际市场调研，比较和选择较理想的目标市场。

(3) 借助各种商务网站、产品发布会、交易博览会等渠道寻找海外客户，选择适当的交易对象；通过信函、电子邮件、传真或拜访等方式与之建立业务关系。

(4) 进行客户资信调查，建立客户档案。

(5) 有时还需要向客户寄送样品并进行样品跟踪。

(6) 协助外贸业务员正确制定出口经营方案。

2.1.2.3 交易磋商的程序

交易磋商的一般程序由询盘、发盘、还盘和接受四个环节组成，其中发盘和接受是达成交易、合同有效成立的两个基本环节和必经的法律步骤。

1) 询盘(enquiry) 询盘是指交易的一方欲购买或出售某种商品，向另一方询问买卖该商品有关交易条件的业务行为。又称询价，在法律上称为要约引诱。询盘既可以由买方发出，也可以由卖方发出。

询盘的内容可以涉及商品的价格、品质、规格、数量、包装和装运等交易成交条件，以及索取样品、商品目录等。其内容多属于探询和参考性质，对当事人双方都不具有法律约束力，不是交易磋商的必经步骤，但却是了解市场供求、寻找交易机会的有效手段。

2) 发盘(offer) 发盘是指买卖双方中的一方向对方提出交易的各项主要条件，并愿意按这些条件达成交易、订立合同的一种意思表示。又称报盘、报价或发价，在法律上称为要约，是合同成立必经的法律步骤。发盘既可由卖方提出，也可由买方提出。

有效发盘的构成要件，根据《联合国国际货物销售合同公约》的规定，需要具备以下条件：

(1) 必须表明严肃的订约意旨。

(2) 向一个或一个以上特定对象提出。

(3) 内容要十分确定,通常应包含未来合同中的主要交易条件。

(4) 可以采用书面、口头或行为方式发出。

(5) 发盘于送达受盘人时方始生效。

发盘人对发盘有效期可作明确的规定。如果发盘中没有明确规定有效期,受盘人应在合理时间内接受,否则该发盘无效。

在发盘发出以后尚未送抵受盘人之前,如果发盘人因市场变化等原因需要修改发盘内容的,应该用与发盘相同或更快捷的传递方式撤回原发盘,其撤回通知必须先于或与发盘同时到达受盘人;在发盘送抵受盘人生效之后,如果要撤销发盘,其撤销通知必须在受盘人发出接受通知之前或同时到达受盘人。

3) 还盘(counter-offer)　还盘是指受盘人在接到发盘后,不同意或不完全同意发盘人在发盘中提出的条件,并提出修改意见的业务行为。又称还价,在法律上称为反要约。从法律意义上说,还盘是对发盘的一种拒绝,还盘一经做出,原发盘即失去效力,发盘人不再受其约束。还盘之后,原发盘人还可以继续表示不同意见,进行再还盘。通常一项交易要经过多次还盘才能最后达成协议。

4) 接受(acceptance)　接受是受盘人在发盘规定的有效期内,以声明或行为表示同意发盘提出的各项交易条件的一种意思表示。在法律上称为承诺。

接受成立的有效要件包括:

(1) 必须由受盘人本人或其合法代理人做出。

(2) 必须在发盘规定的有效期内做出,如果发盘没有规定有效期,则应在合理时间内做出。

(3) 接受的内容必须与发盘相符,不得做出实质性变更(即涉及当事人、标的、价格、质量、数量、交货、付款、违约责任及争议解决等方面的变更),否则均构成还盘。

(4) 接受可通过书面、口头或行为方式做出,沉默或不行动本身不等于接受

(5) 接受于送达发盘人时方式生效。

在接受发出以后未送抵发盘人生效之前,受盘人如果要撤回接受,其撤回通知必须先于或同时与接受到达发盘人。接受一旦送达,合同即告成立,因此就不得再撤销或更改其内容了。

2.1.2.4　交易磋商的跟单

外贸跟单员在交易磋商阶段,首先应做好商务接待和辅助洽谈工作。严格按上述国际贸易法律及惯例规定,认真细致地完成发盘和接受等业务环节。

对于未经事先约定的商务接待，跟单员要主动热情，对客户登门商洽表示欢迎，互换名片，细心听取客户陈述。如遇职务较高的客户，应请我方相应职务的主管会见。然后，跟单员应将商谈记录进行整理，并向公司主管汇报。

对于事先约定的商务会谈，跟单员应做好充分准备，安排好接待时间、谈判室、午/晚餐和接待人员，并认真制定好洽谈方案。洽谈时，跟单员要耐心听，认真记，有不清楚的可适时提问。在结束洽谈时，跟单员应概括一下所谈的内容，并征询对方是否同意自己的概括，避免今后在开展贸易中引起争议。客户离开后，跟单员应把洽谈内容整理成书面材料，交公司负责人。

对于邀请国外客户来访的，一般应按如下程序进行：

(1) 拟订接待计划。内容大致包括：客户所在国别、地区与企业名称，来访者姓名、职务与来访目的，抵境、离境与航班的时间，迎送陪同人员的名单，安排参观访问、游览、食宿与交通，确定贸易洽谈时间，赠送礼品等。

(2) 落实接待工作。内容主要包括：提前预订客房，安排用车；落实商务谈判地点、宴请的时间和地点以及参观的单位；备好有纪念意义的合适礼品。

(3) 安排好迎宾接送。当客商抵达入境大厅时应立即主动出迎，热情握手致意。客商到达后，将其安排在轿车后座右侧入坐，到达宾馆应协助外商办理住宿登记并送至客房；客户离境时应安排好车辆及适合的人员送机。

(4) 辅助商务洽谈。磋商时由外贸业务员或主管主谈，外贸跟单员应坐于我方主谈人员身旁。需要补充说明时，可轻声向主管人提出或递小字条，不能擅自插话。如有必要，经主管人同意再作补充发言。会谈后，跟单员要对会谈记录进行整理。

(5) 安排商务宴请。宴请规格视来客身份、职务及商务洽谈情况而定。宴请应事先告知，并派车在宾馆门外候接。商务活动宴请采取即席祝酒的方式，不要向客商劝酒。宴请结束后，需先让客户退席。跟单员陪同我方主管可在宴会厅门口或至电梯口告别。

(6) 整理记录，草拟合同，协助签约。外贸跟单员应将双方洽商所达成的事项整理汇总成书面材料，交业务负责人。同时草拟合同或确认书，待业务主管审核无误后打印备签。

2.1.3　出口贸易合同的成立及其跟单

当交易一方的发盘被对方有效接受时，一项合同即告成立。为了明确进出口双方的权利和义务，还应以书面形式签订一份合同作为依据，任何一方违反合同规定，都要承担相应的法律责任。

合同是否具有法律效力，能否受到法律的保护，还要取决于合同是否具备一定的条件，不具有法律效力的合同是不受法律保护的。根据有关国际贸易公约及各国民商法的有关规定，一份合法有效的合同必须具备下列条件：

(1) 合同当事人必须具有合法的订约能力。各国法律一般认为，法人必须通过其代理人，在规定的经营范围内签订合同，即越权的合同不具有法律效力。对于自然人的订约能力，各国法律普遍对未成年人、精神病人、酗酒者所订的合同效力做出了限制。

(2) 合同必须通过发盘和接受程序订立，这是合同有效成立的两个必经步骤。

(3) 合同必须有对价和合法的约因。即合同各方当事人的法律地位平等，合同权利与义务要对等。

(4) 合同必须符合法律规定的形式。世界上大多数国家的法律允许以口头形式、书面形式甚至行为方式缔约。我国法律则规定，对外经济贸易合同必须采用书面形式；凡我国行政法律法规规定应由国家批准的合同，在获得批准后方能生效。

(5) 合同的标的与内容必须合法。各国法律对合同的标的与内容一般都要求不得违反法律，不得违反公共秩序或公共政策，以及不得违反善良风俗或道德。我国合同法第 7 条规定："当事人订立、履行合同应当依照行政法律法规，尊重社会公德，不得扰乱社会经济秩序，损害社会公共利益。"

(6) 合同各方当事人的意思表示必须真实。各国法律普遍认为，合同当事人的意思表示必须是真实的，才能成为一项有约束力的合同。意思表示不真实，如欺诈、胁迫或重大误解等情况下订立的合同无效。

外贸跟单员在这一阶段的工作重点是协助外贸业务员对出口贸易合同进行全面细致地审查。然后协助做好以下事项：

(1) 协助签订出口贸易合同。

(2) 将客户的工艺单和要求转换为本公司的制造工艺单。

(3) 落实生产企业(车间)，并完成确认样。

(4) 检查确认样，将符合客户或工艺单要求的样品寄送客户，等待确认消息。

(5) 根据客户的确认意见，改进确认样，直至客户确认样品。

(6) 做好出口合同项下订单生产前的一切准备工作。

2.1.4 出口贸易合同及订单的审查

合同是一项法律文件，必须严肃认真地对待。合同签订时，要对合同号、当事人、品名、质量、数量、单价、交货期限与方式、付款方式及包装要求等条款

——进行仔细审核。出口商在收到客户订单后、表示接受该订单之前，为了避免今后执行订单时出现争议，一定要对订单内容进行认真审查，即通常所说的审单。协助外贸业务员全面审查合同、订单，是这一时期外贸跟单员的核心任务。具体注意事项如下：

1) 审查合同约首部分　合同的标题，一般可采用销售合同或销售确认书的名称；合同都应该有一个编号，在今后制单、托运等业务环节中经常会使用；进出口双方的名称应使用全称，不能简称；地址必须详细列明；合同的序言是表示双方订立合同的意愿和执行合同的保证，对双方具有约束力，在规定序言时应慎重考虑。

2) 审查品名条款　商品的名称又称品名，是对商品的描述(description)，包括成交商品标准名称及对商品构成的说明和描述，是合同的一项必备条款，是买卖双方交接货物的一项基本依据，它直接关系到买卖双方的权利和义务。若卖方交付的货物不符合约定的品名和说明，买方有权提出损害赔偿要求，甚至可以拒收货物或撤销合同。外贸跟单员在进行品名条款审查时，要注意以下几个问题：品名条款的规定应明确、具体，避免空泛、笼统；应使用国际通用名称，在采用外文名称时，应做到译名准确，与原名意思保持一致，避免含糊不清；注意同名异物和异名同物问题；注意品名与关税、运费问题，选用合适的品名，以便减低关税、方便进出口和节省运费开支。国外客户发过来的订单一般是英文的，有些时候只是一些产品代码，这时应对照相关资料册，查出产品的中文名称及规格。注意客户使用的品名是否是国际通用的。若使用地方性品名，要确保双方对其含义达成共识。注意某些新产品的定名和译名是否准确易懂，并符合国际习惯称呼。

3) 审查品质条款　商品的质量即货物的品质，是商品内在素质和外观形态的综合表现，既包括货物的物理性能、机械性能、生物特征及化学成分等自然属性，又包括货物的外形、色泽、款式、味觉和嗅觉等，是构成货物说明的重要组成部分。品质条款是合同必不可缺的一项基本条款。外贸跟单员在进行品质条款审查时，要注意下列问题：

(1) 正确使用商品品质的表示方法。商品质量的表示方法应该视商品的不同特性而定。一般来讲，凡能用科学的指标说明其质量的，适于凭规格、等级或标准进行买卖；有些难以规格化和标准化的商品，如工艺品等，适于凭样品买卖；某些质量好，并具有一定特色的名优产品，适于凭商标或品牌买卖；某些结构、性能复杂的机器、电器和仪表等商品，适于凭说明书和图样买卖；具有地方风味和特色的商品，则可凭产地名称买卖。

(2) 合理选择影响品质的质量指标。在品质条款中，凡对品质有影响的一些重要指标，应当在合同中具体列明，不应出现遗漏；相对次要的质量指标，可以少列；对于一些与品质无关的条件和说明，则不宜列入，以免条款过于繁琐。

(3) 注意进口国的法令规定。世界各国对进口商品的质量都有具体的法令规定，凡质量不符合法令规定的商品，一律不准进口，有的还要就地销毁，并由货主承担由此引起的各种费用损失。在当前全球性金融危机导致新贸易保护主义重新抬头，绿色贸易壁垒盛行的贸易环境下，这尤其应当引起我们的高度重视。

(4) 规定品质条款要明确具体、实事求是、科学合理以及具有相应的灵活性。在商定品质条款时，应力求明确、具体、完整、简洁，不宜采用诸如"大约"、"左右"之类的模糊、笼统的规定办法，以免在交货品质问题上引起争议；订立品质指标必须符合实际情况，符合买卖双方的具体要求和能力，既不能订得过高，也不宜订得过低，以免影响合同的顺利履行。此外，在出口业务中，凡能够用一种方法表示品质的，一般不宜采用两种或两种以上方法表示，以免受制过多而给交货带来困难；对某些制成品和初级产品，应根据货物特性和实际需要规定品质机动幅度和品质公差，必要时可订立品质增减条款。

4) 审查数量条款　数量条款是国际货物贸易中一项重要的交易条件，因此，买卖双方洽商交易时，要谈妥成交数量并在合同中具体列明进出口商品的数量。外贸跟单员在进行数量条款审查时，要注意以下几个问题：

(1) 数量条款的内容必须明确、具体、完整。除了明确成交数量外，还应当明确计量单位。按重量成交的应说明是按毛重或净重计算，如不说明的，根据《公约》第56条规定，按净重计算。

(2) 对散装商品应在合同中正确规定溢短装条款。在信用证贸易中，未以包装单位件数或货物自身件数的方式规定货物数量时，货物数量允许有5%的增减幅度，只要总支取金额不超过信用证金额。

(3) 对在合同的数量前加"大约"、"近似"、"左右"等字样的，双方当事人应事先对大约的幅度进行约定，以免引起纠纷。但在采用信用证付款方式时，根据《UCP600》的规定，"约"或"大约"用于信用证金额或信用证规定的数量或单价时，应解释为允许有关金额或数量或单价有不超过10%的增减幅度。

5) 审查价格条款　价格条款是合同的必备条款。在国际货物买卖中，进出口商通常采用固定作价方法，因此，价格条款主要包括单价(unit price)和总值(total amount)两项内容。单价由计价货币、单价金额、计量单位和贸易术语构成。例如，每公吨120美元FOB中国上海(USD120 per MT FOB Shanghai China)。总值是指单价和成交数量的乘积，即一笔交易的总金额。当签订加工周期较长的机械设备合同，或合同约定采用非固定作价以防止某些因素的变动时，价格条款中还需要做一些具体的浮动说明。外贸跟单员应注意审查价格是否合理、价格条款的规定是否规范、货物的作价方法、有无价格调整条款、是否包含佣金折扣等。

6) 审查包装条款　主要包括包装材料、包装方式、包装件数、包装标志和包装费用的负担等内容。有些国家法律规定，合同中有关包装的规定是商品说明的组成部分。如果卖方未按合同规定的包装方式向买方提供货物，即属违约，买方可以要求损失赔偿。外贸跟单员在审查包装条款时，要注意以下问题：

(1) 客户对包装有无特殊要求，如果有，我方能否按要求做到。

(2) 销往国家(地区)对包装有无特殊要求和风俗习惯的禁忌。各国对包装的要求越来越严格，有的国家不允许使用玻璃和陶瓷做包装材料，有的国家禁止使用稻草、报纸做包装衬垫物等。同时，包装还应符合各国的风俗和宗教习惯。

(3) 要明确唛头及刷制要求。按照国际贸易惯例，唛头一般由卖方决定，无需在合同中具体规定。如果买方要求特定唛头，可在合同中列明，以便卖方据以刷制；如果买方要求合同订立后由其指定，则应明确指定的最后时限，并订明"若到时未收到有关唛头通知，卖方可自行决定"。

(4) 要明确包装物料提供与费用负担的相关事项。出口货物的包装通常由卖方提供，包装费用一般包括在货价之内。如果买方有额外包装要求，应自行承担费用并规定具体的支付办法。如果包装材料由买方供应，还应订明包装材料最迟到达卖方的时限和逾期到达的责任。

7) 审查装运条款　应包括装运时间、装运港(地)、目的港(地)和分批装运或转运等内容。

(1) 交货时间。可以规定具体的装运期限，如规定最迟装运期、限定在某月或跨月装运等；也可以规定在收到信用证，或收到信汇、电汇、票汇后一定时间内装运。在买方急需某种货物而卖方又备有现货的情况下，也可采用近期交货术语。如立即装运(immediate shipment)、即期装运(prompt shipment)、尽快装运(shipment as soon as possible)。外贸跟单员应重点审查交货时间是否切实可行，企业能否在规定的时间内备齐货物并装船发运给客户。

(2) 交货方式及交货地点。国际贸易中主要使用的运输方式有海洋运输、航空运输、铁路运输、集装箱运输和国际多式联运等。若是量少又紧急的货物，宜用空运；若货多而不急，一般采用运费相对低廉的海运；若出货到一些陆上邻国(地区)，则可以采用陆运方式。外贸跟单员在接到订单时，要看运费由谁支付，若由客户支付，则由客户决定采用何种交货方式；若由工厂承担运费，则尽量采用海运方式。若产品单价所含运费只是海运费，而客户要求空运时，可要求客户承担多出部分的费用。有时，交货期限应与交货方式综合考虑，交货期限紧张，可选择较快捷的交货方式来满足买方急需货物的要求，但要明确运费负担的划分。同时，跟单员还要对合同中分批装运和转运问题的规定是否符合实际情况进行审查。

(3) 交货地点。外贸跟单员对交货地点的审查，主要是对装运条款中装运港和目的港的审查。规定装运港(地)时，应当尽量选择靠近货源集中地、交通方便、费用低、存储方便的地点；如果交货量较大或交货地点不在一处，应选择两个或两个以上的装运港(地)，或规定一个航区，以方便装货；不能接受与我国没有贸易往来的一些国家的港口作为装运港。规定目的港(地)时，对于航次较少或无直达航线的港口，应指明允许转运；采用选择港(地)的，所选港口不得超过三个，且都应是同一条航线上的基本港口；不能接受与我国没有贸易往来的国家的港口、不安全的疫区或战区作为目的港；对于季节性港口，应避开冰冻期、雨季、季风等季节。

8) 审查支付条款　主要包含付款时间、付款方式和付款币种。国际贸易中主要的结算方式包括信用证、汇付、托收等。信用证结算方式是基于银行信用的一种结算方式，在实际业务中通常使用的是即期不可撤销跟单信用证；汇付方式通常用于预付货款和赊账交易，为明确责任，在合同中应当规定汇付的时间、具体的汇付方法和金额等；托收方式在实际业务中多采用跟单托收，凡以托收方式结算货款的交易，在合同的支付条款中，必须明确规定交单条件、付款和承兑责任以及付款期限等内容。汇付和托收都是基于商业信用的结算方式。外贸跟单员必须熟知各种付款方式的利弊，在审查付款方式时，要综合考虑各方面的因素，包括企业内部对支付方式的规定、交易商品的竞争情况、交易对方的信用情况、贸易术语的选用情况等等。

9) 审查保险条款　保险条款必须明确规定由谁办理保险，确定投保险别和保险金额，并说明以何种保险条款为依据，注明该条款的生效日期。在审查保险条款时，要注意投保人与贸易术语的匹配关系。在 FOB 和 CFR 术语下应由买方负责投保，而在 CIF 术语下应由卖方来办理保险。要确保投保险别与商品本身特性和运输方式的匹配性，以免多保、错保或漏保给投保人或货主带来损失。

10) 审查违约责任及争议解决条款　一般应包括索赔、不可抗力、仲裁等内容，是国际贸易合同的重要条款。索赔条款一般规定索赔的时效、索赔依据(包括索赔必备的证据及出证机构)、违约责任的界定；不可抗力条款主要规定不可抗力事件的范围及其处理的原则和方法，以及不可抗力事件发生后通知对方的期限、方法和出具证明的机构等内容；仲裁条款的内容一般包括仲裁地点、仲裁机构、仲裁规则和裁决的效力。在规定仲裁地点时，我方应首先争取规定在我国境内仲裁。

11) 审查合同约尾部分　通常应包括缔约地点、缔约时间、合同适用的法律与惯例、合同的有效期、有效份数及保管办法、合同使用的文字及其效力、双方代表的签字盖章等内容。外贸跟单员亦应对这一部分条款逐一审核，尤其是缔约地点、缔约时间涉及合同准据法和一些纠纷细节的法律认定问题，因此要慎重对待。我国出口贸易合同的缔约地点一般都应写在我国。

2.2 内贸合同及其跟单

出口贸易合同或订单成立以后，在后续的履约过程中，出口商择定合适的供货商、进行物料采购、安排货物运输，甚至将合同项下的货物外包生产时，外贸跟单员还要依据出口贸易合同或订单签订相应的内贸合同，如购货/加工合同、采购单(合同)、外包(协)合同等，这是出口贸易合同履行跟单阶段一项非常重要的工作。所有的内贸合同均要服从于出口贸易合同，内贸合同各项条款如质量、数量、交货期等方面都要受到出口贸易合同的严格限制。

2.2.1 购货/加工合同及其跟单

在供应商跟单过程中，确认供应商(生产企业)后，能否全面履行出口贸易合同主要取决于供应商能否按时按质按量完成交货。而约束其按时按质按量完成生产供货的法律文件就是购货/加工合同。外贸跟单员在经过一定的调查分析后，从众多的潜在供应商中选择出符合要求的企业作为所接订单的供应商，根据出口贸易合同要求，与之签订国内购货合同或加工合同是外贸跟单员跟单工作的重要环节，作为跟单员必须认真对待。

按照我国合同法的相关规定，一般的购货/加工合同应主要包括当事人的基本情况(如买卖双方全称、住所、电话、传真、银行账号等)；合同标的、数量、质量、价金、履行期限、履行地点和方式、违约责任和争议解决办法等必要条款；以及签约的时间和地点、合同的有效期、份数、双方法人代表或其合法代理人签字盖章等。外贸跟单员在与供应商签订购货/加工合同时，应注意做到：

(1) 以出口贸易合同为依据，有关商品的要求如品质、数量、包装等必须与出口合同相符。

(2) 有关商品价格或费用方面的要求，应受出口合同的制约。

(3) 根据生产企业的生产能力，结合信用证或出口合同规定的装运期与企业商议生产进度，确定合理的交货期。

(4) 还应注意核定生产企业实用印章及签字是否合法有效。

◆ 购货合同样本

购 货 合 同

需方：　　　　　　　　　　　　　　　合同编号：
供方：　　　　　　　　　　　　　　　签约日期：
　　　　　　　　　　　　　　　　　　签约地点：

根据《中华人民共和国合同法》和有关法规，经双方协商签定本合同，并信守下列条款：

一、商品

品名及规格	数量	单位	单价	金额
总金额(大写)				

二、质量要求：

三、包装要求：

四、交货地点：

五、付款方式：

六、责任条款：

七、本合同有效期从　　　年　　　月　　　日至　　　年　　　月　　　日

八、纠纷处理方法及地点：

九、本协议双方签字盖章生效。合同一式两份，供需双方各执一份。

十、备注：在国外客户确认产前样之后开始生产。

需方授权代表：　　　　　　　　　　　供方授权代表：
盖章　　　　　　　　　　　　　　　　盖章
需方电话：　　　　　　　　　　　　　供方电话：
传　　真：　　　　　　　　　　　　　传　　真：

◆ 加工合同样本

加 工 合 同

编号：

甲方：　　　　　　　　　　　　乙方：
地址：　　　　　　　　　　　　地址：
电话：　　　　　　　　　　　　电话：

双方为开展来料加工业务，经友好协商，特订立本合同。
第一条　加工内容
乙方向甲方提供加工　　　　　　　　　　　　　　　　　　　　　　所
需的原材料，甲方将乙方提供的原材料加工成产品后交付乙方。
第二条　交货
乙方在　　年　月　日前向甲方提供　　　　　　原材料，并负责运至　　　　车站交付甲
方；甲方在　　年　月　日前将加工后的成品　　　　　　负责运至　　　　港口交付乙方。
第三条　来料数量与质量
乙方提供的原材料须含　　　％的备损率，并符合工艺单的规格标准。如乙方末按时、按
质、按量提供给甲方应交付的原材料，甲方除对无法履行本合同不负外，还得向乙方索取停工
待料的损失。
第四条　加下数量与质量
甲方如未能按时、按质、按量交付加工产品，应赔偿乙方所受的损失。
第五条　加工费与付款方式式
甲方为乙方进行加工的费用，每套人民币　　　　元。甲方结汇后　　　天之内向乙方支
付全部加工费。
第六条　运输
乙方将成品运交甲方指定的地点，运费由乙方负责。
第七条　不可抗力
由于战争和严重的自然灾害以及双方同意的其他不可抗力引起的事故，致使一方不能履约
时，该方应尽快将事故通知对方，并与对方协商延长履行合同的期限。由此而引起的损失，对
方不得提出赔偿要求。
第八条　仲裁
本合同在执行期间，如发生争议，双方应本着友好方式协商解决。如未能协商解决，提请
中国上海仲裁机构进行仲裁。
第九条　合同有效期
本合同自签字之日起生效。本合同正本一式两份，甲乙双方各执一份。
本合同如有未尽事宜，或遇特殊情况需要补充、变更内容，须经双方协商一致。

甲方：(盖章)　　　　　　　　　乙方：(盖章)
委托代理人：　　　　　　　　　委托代理人：

签约日期：
签约地点：

2.2.2　物料采购单(合同)及其跟单

在物料(原材料、零部件、辅料等)采购跟单过程中，制作并签订采购单(合同)是外贸跟单员的一项重要工作。其目的是满足出口贸易合同执行中对物料的需求，即在规定期限内获得必需的合格物料，避免企业停工待料，影响货物的正常生产与出口。采购单是物料采购跟单的重要法律依据，是双方交货、验收、付款的依据。常用于有长期合作关系的供应商。对于新发展的供应商，一般需要双方在初次合作时做一个总采购合同，明确一系列交易行为，在初次合作成功后，一般就转用采购单这种简单、快捷的合同形式。

采购单的内容应包括：采购单编号；采购单发出的日期；供应商名称和地址；所需货品的数量、质量等描述；交货日期、地点；价格；付款条件；运输要求；对订单有约束的各种条件等。另外在采购单的背面，会有附加条款的规定，也构成采购单的一部分，其主要内容包括：

(1) 交货方式。新品交货附带备用零件、交货时间与地点等规定。

(2) 验收方式。检验设备、检验费用、不合格品的退换等规定，超交或短交数量的处理。

(3) 处罚条件。延迟交货或品质不符的扣款、赔偿处理或取消合约的规定。

(4) 履约保证。按合约总价百分之几退还或没收的规定。

(5) 品质保证。保修或保修期限，无偿或有偿换修等规定。

(6) 仲裁或诉讼。买卖双方的纷争，仲裁的地点或诉讼的法院。

(7) 其他。例如卖方保证买方不受专利权分割的控诉等。

外贸跟单员接到所需部门的采购申请单后，要在其基础上制成采购单传给供应商。制作并签订采购单时须注意以下问题：

(1) 仔细审查采购申请单(请购单)。

(2) 将需采购的物料名称、规格型号、数量、价格及交货期等表达清楚。

(3) 要对直接影响出口产品价格的物料采购价格负责，真正做到"货比三家"，从中选择最佳供应商。

(4) 采购数量应与出口合同、订单总量相匹配，并且每次提供的物料正好能满足企业生产的需求，不占库存，达到最佳的经济效果。

(5) 交货时间、地点要安排合理，以免影响到生产的进程和经营成本。

(6) 交货质量要合理，避免过高或过低，否则会直接影响出口产品的品质。跟单员要认真检查所采购物料的质量，确保符合出口贸易合同的要求。

(7) 将拟订好的物料采购单一式两份，寄送给原材料供应商。双方签章后，各持一份，作为履行合同的依据。

◆ **采购单样本**

采 购 单

采购单编号：　　　　　　　　　　　　　　　　　　　年　月　日

供应商：

请供应以下产品：

型号	品名及规格	单位	数量	单价	金额	备注
合计	万　　仟　　佰　　拾　　元　　角　　分					

1. 交货日期：□　　　年　　月　　　日以前一次交清。

　　　　　　　□ 分批交货，交货时间　　　　　　　　，数量要求：

2. 交货地点：

3. 包装条件：

4. 付款方式：

5. 不合格产品处理：

6. 如因交货误期、规格不符、质量不符合要求造成本公司的损失，卖方负赔偿责任。

7. 如卖方未能按期交货，逾期　　　天时，本公司有权自行取消采购单或对卖方罚款　　元/每天。卖方必须赔偿本公司因此蒙受的一切损失。

8. 其他：

9. 开户行：　　　　　　　　　　账号：

地址：

联系电话：　　　　　传真：　　　　　　　　联系人：

2.2.3　外包(协)合同及其跟单

出口商在确定外包(协)企业后，需要依外包(协)方式的不同而与企业签订不同内容的外包(协)合同，规定双方的权利与义务，并对违约责任予以明确。如果采用成品或半成品外包形式，则需与外包生产企业订立外包(协)加工合同；如果采用物料外包形式，则需与外包采购公司签订委托订购合同。

　　签订外包(协)合同是完成产品生产及出口交货任务的基础。外贸跟单员在签订该项合同时，应注意做到：

　　(1) 充分考虑外包(协)企业的生产或采购能力、设备状况、员工素质、质量意识和控制手段、信用度等要素，选择确定适合的外包(协)厂商。

　　(2) 注意制定合理的外包(协)价格。外包价格的高低直接影响企业的利润，一般来说，在不影响成本的前提下，尽可能采用"包工"的价格，因为"包工包料"需要花费时间确认原材料，可能影响交货时间。

　　(3) 要适当提前外包(协)产品的交货期，预留出一定的时间，以便办理许可证/配额、商检(客检)、报关等货物出境手续。

　　(4) 要视外包(协)生产企业的生产能力，决定给予相当(或略低)的生产数量。

　　(5) 明确规定外包(协)合同中的交货地点、运输方式、包装方式、付款方式、违约责任等条款。

综合测试

◆　单项选择题

　　(1) 《跟单信用证统一惯例》中对"约量"的解释幅度为不超过(　　)。
　　　　A. 30%　　　　　　B. 50%　　　　　　C. 10%　　　　　　D. 15%
　　(2) 有关订立品质条款时应注意的问题，下列说法不正确的是(　　)。
　　　　A. 根据商品不同特点确定不同的表示方法
　　　　B. 表明商品品质的文字要准确
　　　　C. 尽量规定公差或机动幅度
　　　　D. 尽量以最高标准规定品质
　　(3) 信用证没有规定最晚交单期，一般为装期后(　　)，但必须在信用证有效期内。
　　　　A. 10 天　　　　　B. 15 天　　　　　C. 20 天　　　　　D. 21 天
　　(4) 信用证有效期为 5 月 31 日，装期为 5 月 20 日，如果信用证没有规定最晚交单期，则最晚交单期应为(　　)。
　　　　A. 5 月 30 日　　B. 5 月 31 日　　C. 6 月 10 日　　D. 6 月 11 日
　　(5) 按照 C 组术语成交，货物启运后的风险由(　　)负担。
　　　　A. 卖方　　　　　B. 买方　　　　　C. 承运方　　　　D. 保险公司
　　(6) 在下列贸易术语中，应该由买方办理出口手续的是(　　)。
　　　　A. FOB　　　　　B. EXW　　　　　C. FAS　　　　　D. FCA

◆　多项选择题

　　(1) 以下合同形式具有法律效力的是(　　)。

  A. 合同　　　　　B. 确认书　　　　　C. 协议书　　　　　D. 备忘录

  E. 采购单

(2) 接到订单时，跟单员应审核(　　)等内容。

  A. 品名规格、数量　　　　　　　　B. 单价、金额

  C. 交期　　　　　　　　　　　　　D. 付款方式

(3) 合同成立的有效条件主要有(　　)。

  A. 当事人有合法订约能力　　　　　B. 合同必须是书面的

  C. 合同有对价或约因　　　　　　　D. 合同内容合法

(4) 根据我国法律规定，下列现象不能构成有效合同的是(　　)。

  A. 通过欺骗对方签订的合同

  B. 采取胁迫的手段订立的合同

  C. 我国某公司与外商以口头形式订立的货物买卖合同

  D. 走私物品的买卖合同

(5) 国际贸易中的支付方式主要有(　　)。

  A. 信用证　　　　　B. 汇付　　　　　C. 托收　　　　　D. 现金支付

(6) 以下对于贸易术语变形的说法正确的是(　　)。

  A. 不改变费用的负担　　　　　　　B. 不改变交货地点

  C. 不改变风险划分的界限　　　　　D. 不改变支付条件

(7) 风险划分以货交第一承运人为界，并适用于各种方式的贸易术语是(　　)。

  A. FAS　　　　　B. CPT　　　　　C. CIF　　　　　D. CIP

(8) 跟单员在审查货物的品名条款时，应注意下列(　　)事项。

  A. 内容是否明确、具体，避免空泛、笼统的规定

  B. 该货物是否是企业能够供应且买方需要的商品

  C. 是否使用国际通用名称，若使用地方性名称，交易双方是否事先就其含义达成共识

  D. 是否选用了合适的品名，以便减低关税、方便进出口和节省运费开支

◆ 判断题

(1) 不论是外贸公司还是生产企业，就出口而言，按时、按质、按量完成信用证或合同的要求是卖方履行合同的基本任务。(　　)

(2) 询盘、发盘和接受是洽商交易不可缺少的步骤。(　　)

(3) 发盘在其生效前是可以修改或撤回的。(　　)

(4) 接受和发盘一样也是可以撤销的。(　　)

(5) 只要对发盘的主要条件做出接受，则此项接受肯定为有效接受。(　　)

(6) 一项有效的发盘，一旦被受盘人无条件地完全接受后，合同即告成

立。（　）

(7) 从法律效力来看，合同和确认书这两种形式的书面合同没有区别。（　　）

(8) 信用证的到期地点一般最好要求在境外。（　　）

◆ 问答题

(1) 交易磋商的主要环节有哪些？

(2) 如何签订一项有效的外贸合同？

(3) 外贸跟单员应从哪些方面对合同或订单进行审查？

◆ 案例分析题

(1) 我某进出口公司向德国某商人询购某种商品。不久，我方收到对方 8 月 20 日的发盘，发盘的有效期至 8 月 27 日。我方于 8 月 24 日向对方复电："若价格降至 60 美元/件，我方可接受。"对方未做答复。8 月 26 日，该商品国际市场价格上涨，我方立即于当日向对方去电表示"完全接受你方 8 月 20 日的发盘"。请问：我方 26 日去电能否使合同成立？为什么？

(2) 英国 BROWN 公司于 7 月 8 日向浙江某企业发出一供售某商品的实盘。该企业于 11 日收到后，即于当日下午 3 点向邮局交发了接受电报。英公司发盘后发现行情猛涨，遂于 11 日上午 8 点致电要求撤销发盘，该撤销电报于 11 日下午 5 点送达中方，中方接受电报于 7 月 14 日上午 10 时送达英公司。请判断：英公司能否成功撤销 8 日发盘？双方是否已形成合同关系？

◆ 实务操作题

请以宁波进出口贸易公司跟单员张辉的身份，根据销售确认书的内容签订加工合同。

1) 操作资料

售货确认书

SALES CONFIRMATION

编号

No. 093241001

日期

DATE　FEB. 20,2009

THE SELLER:　　　　　　　　　　THE BUYER:

宁波进出口贸易公司　　　　　　　　GRAF IMPORT CO. LTD.

NINGBO IMP. / EXP. TRADE CORP　　30 KING STREET, LONDON E1

1234 ZHONGSHAN ROAD NINGBO CHl　　UK

TEL：0086-574-568765　FAX:：0086-574-568764

双方同意按下列条款达成协议：

The undersigned sellers and buyers have agreed to close the following transaction as per terms and conditions stipulated below:

品名与规格 Commodity and Specification	数量 Qantity	单价 Unit Price	金额 Amount
MEN'S YARN DYED L/S SHIRT，WITH ONE LEFT CHEST POCKET WITH EMB，BUT CANCEL THF RIGHT CHEST POCKET DETAILS AS PER ORDER NO. 2009333	2880PCS	CIF SOUTHAM-PTON USD12.00	USD34560.00

总值
Total value: SAY U. S. DOLLARS THIRTY FOUR THOUSAND FIVE HUNDRED AND SIXTY ONLY
目的地
Destination: SOUTHAMPTON UKALLOWING TRANSSHIPMENT &PARTIAL SHIPMENTS
装运期限：JUNE，2009
Shipment: FROM SHANGHAI TO SOUTHAMPTON
保险
Insurance: CFR TO BE EFFECTED BY THE BUYERS CIF TO BE EFFECTED BY THE SELLERS AT 110% OF INVOICE VALUE COVERING ALL RISKS AND WAR RISKAS PER CHINA INSURANCE CLAUSES
付款方式
Payment: BY T/T AFTER SHIPMENT
一般条款
General Terms :
合理差异：质地、重量、尺寸、花型、颜色均允许合理差异。对合理范围内的差异提出索赔，概不受理。
Reasonable tolerance in quality, weight, measurements, designs and colors is allowed, for which no claims will be entertained.

2) 卖方免责

买方对下列各点所造成的后果承担全部责任: (甲)使用买方指定包装、花型图案等；(乙)不及时提供生产所需的商品规格或其他细则; (丙)不按时开用证: (丁)信用证条款和售货确认书不同而不及时修改。
The buyers are to assume full responsibilities for and consequences arising from: (a) the use of packing, designs or pattern made to order; (b) late submission of specifications or any other dtails necessary for the execution of this Sales Confirmation; (c) late establishment of L/t of L/C(d) late amendment of L/C inconsistent with the provisions of The Sales Confirmation.

买方：GRAF IMPORT CO. LTD.(签章)　　　　卖方：宁波进出口贸易公司(签章)
THE BUYFR : GRAF　　　　　　　　　　　　THE SELLER: 张辉

3) 补充资料
(1) 加工合同编号：09324200　日期：2009 年 3 月 30 日。
(2) 供方：上海浦东服装厂(代理人李放)。
(3) 加工数量：2 880 件。
(4) 加工费：每件 100 元。
(5) 交货期：2009 年 6 月 25 日。

(6) 质量要求：必须完全按客户生产样及最终确认的规格表生产。

(7) 包装要求：4 条混码装入一个胶袋，3 个胶袋装入一只出口纸箱，其尺寸要适中；胶袋上需有可反复使用的自封口，每箱毛重不能超过 25kg。

(8) 交货地点：需方指定仓库。

(9) 结算方式及期限：交货后 10 个工作日凭全额增值税发票付款。

(10) 验收方式：交货时应将厂检证及双方商定的其他技术资料随同产品交给需方据以验收。需方在验收中如发现产品规格、包装、数量、质量等不符合同规定，应及时向供方提出书面异议，并有权拒收该产品。

4) 拟制加工合同

宁波进出口贸易公司

加工合同

需方： 合同编号：

供方： 签订时间与地点：

品名、规格	数量	单位	单价	金额	交货期	备注

地区：	客户：	外销合同：

1. 质量要求：

2. 包装要求：

3. 交货地点：

4. 结算方式及期限：

5. 验收方式：

6. 违约责任：如有违约，按《合同法》划分并承担相应的违约责任。

7. 争议解决：一旦发生合同纠纷，经协商无效后，向合同签订地人民法院提起诉讼。

8. 其他约定事项：本合同一旦签订，即具有法律效率，双方均应严格执行。如一方因需变更或解除合同，应经双方协商同意。否则，本合同仍然有效。

供方： 需方：

3 供应商跟单

关键词

供应商　供应商调查跟单　供应商选择跟单　供应商管理跟单

知识目标

◆ 了解供应商跟单的常识；

◆ 熟悉供应商管理跟单必备知识；

◆ 掌握供应商的定义与分类。

技能目标

◆ 会供应商跟单的常识；

◆ 能选择合适的供应商及供应商跟单。

导入案例

中国深圳 KK 服装公司新接了订单要采购服装面料及辅料，有很多国内外的服装面料、辅料供应商发来供货信息，但是深圳 KK 服装公司对这些前来供货的公司不是很了解，如果你是深圳 KK 服装公司的跟单员，应该怎样帮公司选择合适的供应商呢？选择好了合适的供应商后，怎样对他们的供货情况进行跟踪监控呢？

3.1 供应商

供应商是指那些向买方提供产品或服务并相应收取货币作为报酬的实体，是可以为企业生产提供物料、设备、工具及其他资源的企业。供应商可以是生产企业，也可以是流通企业，企业要维持正常生产，就必须有一批可靠的供应商为企业提供各种各样的物资供应。

一个企业的供应商有很多，通常可以分为 3 类：

(1) 物料供应商是指本企业产品生产中经常使用的物料的供应商或策略伙伴，可称为管理型供应商，也是如今 ERP 中所提的供应链的主要部分。

(2) 小额服务性供应商是指一些小金额的固定长期服务供应商，如食堂供应、电脑维护商、设备维护商、快递公司、办公用品供应商等，可称为服务型供应商。

(3) 临时性供应商是指一次性供应商，如设备供应商等。

3.2　供应商调查跟单

供应商跟单的首要工作就要了解供应商、了解资源市场。要了解供应商，就需要对其进行调查。供应商调查，在不同的阶段有不同的要求，通常可以分为三种：初步供应商调查、资源市场调查和深入供应商调查。

3.2.1　初步供应商调查

3.2.1.1　初步调查的目的

所谓初步供应商调查，是对供应商基本情况的调查。主要是了解供应商的名称、地址、生产能力、能提供什么产品、能提供多少、价格如何、质量如何、市场份额有多大、运输进货条件如何等。

初步供应商调查的目的，一是为选择最佳供应商做准备；二是为了解和掌握整个资源市场的情况，因为许多供应商基本情况的汇总就是整个资源市场的基本情况。

3.2.1.2　初步调查的方法

初步供应商调查只是了解一些简单的、基本的情况，最好能够对资源市场中所有供应商都有所调查、有所了解，从而总体掌握资源市场的基本状况。初步供应商调查的基本方法，一般有访问调查法，即通过访问有关人员而获得信息。例如，可以访问供应商的市场部有关人士，或者访问有关用户、市场主管人员，或者相关知情人士。

通过访问应建立供应商卡片(卡片格式如表 3.1 所示)。这是一种很有用的文件，是采购管理的基础工作。在采购工作中，经常要选择供应商，可以利用该卡片来进行。跟单员必须如实填写卡片资料，以作为评估合格供应商的基础依据，也可作为调查表由供应商自行填写。当然，供应商卡片要根据情况变化，经常进行补充、修改和更新。

在开展计算机信息管理的企业中，供应商管理应当纳入信息管理系统。将供应商卡片中的信息输入计算机，借助计算机处理速度快、计算量大、储存量大、数据传递快等优点，利用数据库进行操作、查询、修改、补充、汇总和分析，充分发挥供应商信息管理的优越性。

表 3.1　供应商卡片

公司名称			公司地址			
负责人		电　话		传　真		
创建日期		品保负责人		企业性质		
人员数量		生产负责人		注册资本		
工商登记号		税务登记号		转厂核销		□ 可　□ 否
营业项目				增值税发票		□ 有　□ 无
主要产品： 1. 2.			通过何种品质系统认证：			
技术力量：						
人力资源						
	研究生	本科生	大专	中专	高中	初中
人数						
比例						
主要设备资源						
序号	名称	型号	购买日期	产量/小时	设备供应商	设 备 数 量

3.2.2　资源市场调查跟单

3.2.2.1　资源市场调查的内容

除了初步供应商调查，资源市场调查还包括以下一些基本内容：

(1) 资源市场的规模、容量、性质。例如，资源市场究竟有多大范围？有多少资源量？多少需求量？是卖方市场还是买方市场？是完全竞争市场、不完全竞争市场还是垄断市场？是一个新兴的成长的市场，还是一个陈旧的没落的市场？

(2) 资源市场的环境。例如，市场的管理制度、法制建设、规范化程度、市场经济环境、政治环境等外部条件如何？发展前景如何？

(3) 资源市场中各个供应商的情况。即通过初步供应商调查，对得到的众多供应商的调查资料情况进行综合分析，可以得出资源市场自身的基本情况。例如资源市场的生产能力、技术水平、管理水平、可供资源量、质量水平、价格水平、需求状况以及竞争性质等。

3.2.2.2 资源市场分析

资源市场调查的目的就是要进行资源市场分析，这对于企业制定采购策略产品策略、生产策略等具有重要的指导意义。

资源市场分析的内容主要有：

(1) 要确定资源市场是紧缺型市场还是富余型市场，是垄断性市场还是竞争性市场。对于垄断性市场，企业应当采用垄断性采购策略；对于竞争性市场，企业应当采用竞争性采购策略，例如采用招标投标制等。

(2) 要确定资源市场是成长型市场还是没落型市场。如果是没落型市场，则要趁早准备替换产品，不要等到产品被淘汰了再去开发新产品。

(3) 要确定资源市场的总体水平，并根据整个市场水平来选择合适的供应商。通常应选择在资源市场中处于先进水平的供应商，选择产品质量优而价格低的供应商。

3.2.3 深入供应商调查跟单

深入供应商调查，是指对经过初步调查后，准备发展为自己的供应商的企业进行更加深入仔细的考察活动。这种考察，需要深入到供应商企业的生产线、各个生产工艺、质量检验环节甚至管理部门，对其现有的工艺设备、生产技术、管理技术等进行考察，确认能否满足本企业所采购的产品应当具备的生产工艺条件、质量保证体系和质量管理规范的要求。有的甚至还要根据生产所采购产品的具体要求，进行资源重组并进行样品试制，试制成功以后才算考察合格。

3.2.3.1 适用情况

进行深入的供应商调查，需要花费较多的时间和精力，调查成本较高，因此并非所有的供应商都需要，要根据具体情况具体分析。

3.2.3.2 调查阶段

对于最高级的深入供应商调查，可以分成三个阶段进行：

(1) 样品检验。通知供应商生产样品，最好生产一批样品，从中随机抽样进行检验。如果抽检不合格，允许其改进再生产一批，再检一次。如果还是不合格，则这个供应商就落选，不再进入下一阶段。抽检合格的进入第二阶段。

(2) 进行生产和管理过程的全面考察。对于样品生产合格的供应商，还要对其生产过程、管理过程进行全面详细地考察。检查其生产能力、技术水平、质量保障体系、装卸搬运体系、管理制度等，看能否达到要求。如果基本符合要求，则该供应商中选，深入调查可以到此结束。如果检查结果不符合要求，则进入下面第三阶段。

(3) 对供应商提出改进措施并限期改进。对于生产工艺、质量保障体系、规章制度等不符合要求的供应商，要协商提出改进措施，限期改进。供应商愿意改进并且限期改进合格者，可以中选企业的供应商。如果供应商不愿意改进，或者限期改进不合格者则落选，深入调查也告结束。

3.2.4 供应商问卷设计与运用

问卷调查是供应商调查的主要方式之一。使用问卷调查表对供应商进行调查比较普遍。一般来说，一份调查表是由向被调查者提问并请对方回答的一组问题所组成。调查表可以设计许多灵活的提问方法，当然需要经过认真仔细地测试和调整，才可大规模地使用。

3.2.4.1 问卷的设计

在设计问卷调查表时，跟单员要协助企业采购主管根据调查的主要目的和对象，精心地挑选要问的问题、提问的形式、问题的次序和措词等。

3.2.4.2 问卷的运用

调查问卷的运用如下：

(1) 可作为供应商评价前的参考。

(2) 可以印证供应商所提供信息的真实性。

(3) 帮助了解供应商的实力及潜能。

(4) 作为制定企业采购政策的参照。

表 3.2 是某公司设计使用的供应商问卷调查表，可供参考。

表 3.2 供应商能力调查表

1	企业名称:
2	负责人或联系人姓名:
3	地址: 邮编:
4	电话: 传真:
5	企业成立时间:
6	主要产品:
7	职工总数: 其中技术人员 人；工人 人
8	年产量/年产值(万元):
9	生产能力:
10	样机、样品、样件生产周期:
11	生产特点: □ 成批生产 □ 流水线大量生产 □ 单台生产
12	主要生产设备:□ 齐全、良好 □ 基本齐全、尚可 □ 不齐全
13	使用或依据的产品、质量标准: a. 国际标准名称/编号: b. 国家/行业标准名称/编号: c. 供应商企业标准名称/编号: d. 其他:
14	工艺文件:□ 齐全 □ 有一部分 □ 没有
15	检验机构及检测设备: □ 有检验机构及检测人员、检测设备良好 □ 只有兼职检测人员，检测设备一般 □ 无检测人员，检测设备短缺，需外协
16	测试设备校准状况:□ 有计量室 □ 全部委托外部计量机构
17	主要客户(公司/行业):
18	主要物料来源:
19	新产品开发能力: □ 能自行设计开发新产品 □ 只能开发简单产品 □ 没有自行开发能力
20	国际合作经验: □ 是外资企业 □ 是合资企业 □ 给外企提供产品 □ 无对外合作经验
21	职工培训情况:□ 经常、正规地进行 □ 不经常开展培训
22	是否通过产品或体系认证:□ 是(指出具体内容) □ 否
	备注:
	企业负责人签名盖章: 日期: 年 月 日

3.3　供应商选择跟单

外贸跟单员在工作中常会遇到选择供应商的问题。挑选合格的供应商非常重要，有时甚至可以决定一个企业的成败。有的企业就因供应商选择不当，造成重大损失，甚至破产。如何找到合适的供应商或生产企业按时、按质、按量完成订单？如何在已有的供应商中好中选优？如何避免或降低企业的经营风险？这都需要跟单员在实践中尽快学习掌握。

不同的企业在对供应商的选择上有不同的管理要求。内部管理体制较健全的企业，会确定一个牵头部门，会同采购部、质检部专项管理这项工作。许多经营规模较大的外贸企业也有专职部门或专项工作小组管理这项工作。在实际工作中也存在一些企业分散管理供应商的情况。

但不论企业内部采用什么形式管理，跟单员直接面对多个供应商，应掌握科学地分析判断供应商优劣的基本技能，为本企业减少经营风险提供准确参考。供应商选择跟单需要详细核实企业法人登记注册情况、了解其生产经营状况、测算其实际生产能力。

3.3.1　核实企业法人登记注册情况跟单

企业法人工商登记注册主要事项包括：企业法人名称、住所、经营场所、法定代表人姓名、经济性质(注册类型)、经营范围、经营方式、注册资本、实收资本、从业人数、成立时间、营业期限、分支机构等情况。营业执照上载明企业的名称、住所、注册资本、实收资本、经营范围、法定代表人姓名等事项。

核实企业法人登记注册情况，任何个人或组织都可以到当地工商注册管理部门查询。工商部门对企业注册登记表上的几十项内容是开放的，个人查询也可获得较为全面、真实的情况。但对于查询企业注册、变更的全部文件档案，需要办理相关批准手续。在实际工作中许多企业或经营人员忽视利用这一手段，往往只请有关企业自行提供营业执照复印件等，有的营业执照等复印件可能已被人为修改过，对今后的业务发展埋下隐患。跟单员要十分重视这项基础工作，掌握被调查企业的工商注册登记情况，这对于真实了解被调查企业现状，核定业务规模，降低经营风险是非常必要的。

3.3.1.1　核实营业执照

(1) 工商管理部门核发的《中华人民共和国企业法人营业执照》，是企业取得法人资格和合法经营权的凭证。

(2) 工商管理部门核发的《中华人民共和国营业执照》，是经营单位取得合法经营权的凭证。经营单位凭据《中华人民共和国营业执照》可以刻制公章，开立银行账户，开展核准的经营范围以内的生产经营活动。

(3) 工商管理部门核发的《外商投资企业办事机构注册证》，是外商投资企业设立的办事机构从事业务活动的合法凭证。办事机构凭据《外商投资企业办事机构注册证》，可以刻制公章，开立银行账户，从事业务活动。

(4) 每年工商管理部门都要对企业进行年检年审，在营业执照上加贴年检标签。跟单员查看营业执照须加以注意，如发现没有工商部门年检标签的，应当查明原因。

3.3.1.2 核实企业法人名称

企业法人名称一般由企业所在地行政区划名称、字号(或者商号)、行业或者经营特点、组织形式构成。从名称中可以判断企业的行业、经营特点和组织形式等。如：某百货集团公司、某实业总公司、某有限公司、某投资公司、某公司、某分公司等等。从名称上判断企业的要点有：

(1) 鉴别名称中的行政区划。如安徽合肥某某有限公司，表明该公司在合肥市注册。如果该企业地址不在合肥市，跟单员应引起注意，须向工商部门了解真伪，以防上当。

(2) 鉴别名称中的行业、经营类型。如某小百货有限公司、某五金矿产进出口公司、某阀门分公司、某机械制造实业总公司、某东方贸易有限公司等，可以判断出该企业是生产型还是贸易型等。同时还可以判断出该企业主营的业务大类。如果在名称中只列明"中大"、"东方"等中性内容，跟单员需要认真了解该企业内部具体经营商品的内容，以防与不熟悉产品的企业开展经营活动。

(3) 鉴别名称的组织形式。一般而言"集团公司"规模大于"实业公司"，"实业公司"规模大于"有限公司"，"分公司"不是独立法人企业，需要由上一级企业授权经营等等。

3.3.1.3 核实企业注册地址及经营场所

企业注册地址及经营场所是工商部门按企业所在市、县、乡(镇)及街道门牌号码的详细地址确定注册登记的。按照《中华人民共和国公司登记管理条例》规定，住所是企业主要办事机构所在地，经工商部门登记注册的公司住所只能有一个。

(1) 营业执照企业注册地与企业经营办公地不一致。凡出现不一致的，需要跟单员认真查明原因。如有的企业近期搬新址，还来不及进行工商变更；如有的老企业，在当初注册时就存在住所、办公场所、生产场所分处三地或多地的情况；如有的企业违法经营，有意搬离注册地等。因此，跟单员要认真了解被调查企业的历史发展过程。否则一旦双方经营合作后出现纠纷，若需诉诸法律，就会涉及法律文书送达事宜，如无法送抵，起诉人将无法进行法律诉讼。在实际工作中有些信誉不好、行为不端的供应商，就常常通过这一方式逃避债务纷争。

(2) 对企业改变地址的应予以重视。最好到工商管理部门查询变更的原因。

① 场地改变，条件改善。通常新的经营场所较过去有所改善的，表明企业经营状况较好，有一定的积累并想加快发展。

② 场地改变，规模缩小。通常新的经营场所较过去更小、条件更差的，表明经营情况不好，企业正在进行收缩。对这类企业需要注意。

③ 场地规模扩大。在实际工作中常遇到一些企业大规模投资建厂，搬入新址后，因固定资产投入过量，导致资金紧张或断链，出现停产、倒闭的情况，采购商往往会遭受连带损失。跟单员不应被大规模投资的表面繁荣所迷惑，要注意认真评估该企业搬入新址的资金投入给企业正常经营所带来的资金压力。

3.3.1.4　核实法定代表人、授权委托人

企业的法定代表人是经工商管理部门登记注册的代表企业行使职权的主要负责人，是代表企业法人根据章程行使职权的签字人。其签字包括：符合企业法定代表人身份的承诺签字；企业文件、证件真实性的承诺签字；董事会成员、经理、监事任职证明的亲笔签字；产权人的签字；被委托人的签字；企业提交股东会议决议、董事会决议、章程修正案等，每一项签字都很重要，必须真实有效，并承担相应的法律责任。鉴于法定代表人签字的重要性，凡要求由其签字的，均应由其本人亲笔签字，盖人名章将被视为无效。

跟单员在工作中对于要求法定代表人或被委托人签字的合同、订单等重要的经营性文件需做到：

(1) 企业重要的经营性文件须由法定代表人或经其授权的合法委托人签字并加盖公章。

(2) 法定代表人变更时，要注意变更前后法定代表人的有效签字权限及授权委托人签字权限，防止出现各种问题。

(3) 对业务中首次出现的合作企业法定代表人的有效签字印鉴，须做好复印、留底、备查工作。因重要文件中签字不一致，可能会对本企业造成不可挽回的损失，跟单员需特别注意。具体业务往来时要核对印鉴，以防风险。

(4) 认真对合同、订单等重要经营性文件的法定代表人或被委托人的签字笔

记的真实性进行审查。对于同一次提交的文件上的同一签字人签字不一致的、同一份文件中几个人的签字笔体都一样的、同一姓名的不同文件的签字不一致的，需要认真与印鉴留底核对，查清原因，以避免因此产生问题。

(5) 可直接与需要签字人员取得联系，询问当事人是否亲自签署了某某文件，确定是否为亲笔所签。

3.3.1.5 核实经济性质(注册类型)

核实供应商或生产企业注册类型是很重要的。与不同注册类型的企业合作，若出现经营问题等，所采取的措施将是不同的。工商管理部门根据注册企业提交的文件和章程所反映的财产所有权、资金来源和分配形式，核准企业的经济性质，并将企业登记注册类型分为三大类：

1) 内资企业 包括：

(1) 国有企业。是指企业全部资产归国家所有，并按《中华人民共和国企业法人登记管理条例》规定登记注册的非公司制的经济组织。不包括有限责任公司的国有独立公司。

(2) 集体企业。是指企业资产归集体所有，并按《中华人民共和国企业法人登记管理条例》规定登记的经济组织。

(3) 股份合作企业。是指以合作制为基础，由企业职工共同出资入股，吸引一定比例的社会资产投资组建，实行自主经营，自负盈亏，共同劳动，民主管理，按劳分配与按股分红相结合的一种集体经济组织。

(4) 联营企业。是指两个及两个以上相同或不同所有制性质的企业法人或事业单位法人，按自愿、平等、互利的原则，共同投资组成的经济组织。

(5) 有限责任公司。是指根据《中华人民共和国企业法人登记管理条例》规定登记注册，由两个以上、五十个以下的股东共同出资，每个股东以其所认缴的出资额对公司承担有限责任，公司以其全部资产对其债务承担责任的经济组织。包括国有独资公司以及其他有限责任公司。国有独资公司是指国家授权的投资机构或者国家授权的部门单独投资设立的有限责任公司。其他有限责任公司是指国有独资公司以外的其他有限责任公司。

(6) 股份有限公司。是指根据《中华人民共和国企业法人登记管理条例》规定登记注册，其全部注册资本由等额股份构成并通过发行股票筹集资本，股东以其认购的股份对公司承担有限责任，公司以其全部资产对其债务承担责任的经济组织。

(7) 私营企业。是指由自然人投资设立或由自然人控股，以雇佣劳动为基础的营利性经济组织。包括按照《公司法》、《合伙企业法》、《私营企业暂行条例》

规定登记注册的私营有限责任公司、私营股份有限公司、私营合伙企业和私营独资企业。

2) 港、澳、台商投资企业　主要包括港、澳、台商合资经营企业，港、澳、台商合作经营企业，港、澳、台商独资经营企业和港、澳、台商投资股份有限公司。

3) 外商投资企业　分为中外合资经营企业、中外合作经营企业、外商独资企业和外商投资股份有限公司。

3.3.1.6　核实经营范围

经营范围是指国家允许企业法人生产和经营的商品类别、品种及服务项目，反映企业法人业务活动的内容和生产经营方向，是企业法人业务活动范围的法律界限，体现企业法人民事权利能力和行为能力的核心内容。经营范围分为"许可经营项目"和"一般经营项目"。"许可经营项目"是指企业在申请登记前依据法律、行政法规、国务院决定应当报经有关部门批准的项目。"一般经营项目"是指不需批准，企业可以自主申请的项目，但企业从事未经登记的一般经营项目，工商部门将按照超范围经营依法予以查处。

跟单员需要关注该企业经营范围所涉及的经营项目内容，如果该企业未经有关部门"许可经营项目"批准，或超一般经营项目范围开展业务，就不能与之从事未经许可经营项目和超一般经营项目范围的业务。

3.3.1.7　核实注册资本、注册资金

公司的注册资本是指公司在工商登记机关登记注册的资本额，也称法定资本。公司的注册资金是国家授予企业法人经营管理的财产或者企业法人自有财产的数额体现。注册资本与注册资金的概念有很大差异，注册资金所反映的是企业经营管理权；注册资本则反映的是公司法人财产权，所有的股东投入的资本一律不得抽回，由公司行使财产权。注册资金是企业实有资产的总和，注册资本是出资人实缴的出资额的总和。注册资金随实有资金的增减而增减，当企业实有资金比注册资金增加或减少20%以上时，需要办理工商变更登记。

跟单员在核实注册资本时需要注意：

(1) 严格核实注册资本。注册资本中以实物、工业产权、非专利技术和土地使用权出资的，需要查看是否报工商登记机关备案以及公司章程中的相关约定。

(2) 严格核查虚假出资企业。对股东或者发起人以欺诈手段，或以临时借款(成立后抽逃)形式或以非货币出资，未按要求报工商登记机关备案，或者备案内容与公司章程规定的内容不符等，均为虚假出资。这类企业实质上就不具备竞争资格，

一旦出现经营危机，不具备应有的偿付能力，随时都存在损害其投资人、债务人、消费者、职工等相关利益人利益的可能。工商登记部门对此也较难掌握和管理。因此，跟单员一定要认真核查，不能敷衍了事。对注册登记资料不仅要在形式上进行必要的核查，还要在实质内容上进行有效的审核，不仅要对新的供应商、生产企业的注册登记资料进行审查，还要对已合作的供应商、生产企业实施不定期的审查。

(3) 分析判断能否与其开展业务。跟单员应认真核实企业注册资本，依据注册资本及企业的财务审计报告，判断其生产经营能力。例如，一家新办的企业只有 30 万注册资本，但需要做一笔 400 万元的业务，显然选择这家企业不太合适，一旦遇到风险就容易使公司利益受损。

3.3.1.8 核实成立时间

企业成立时间，是指企业在工商管理部门注册登记批准的日期。通常企业注册成立的年限越长，积累的经营经验、专业经验就越多，内部管理机制就越健全。对于成立时间在一两年内的生产企业，跟单员需要实地认真考察，要严格地估计其实际生产经营能力，而不能过多地相信该企业的自我介绍。

3.3.1.9 核实经营期限

经营期限是指联营企业、外商投资企业等在章程、协议或者合同中所确定的经营时限。经营期限自工商管理部门核准登记之日起计算。跟单员要关注并核实企业的经营期限：

(1) 与其开展经营必须在该企业经工商管理部门核准的经营期限之内。

(2) 经营范围属"许可经营项目"的，需注意有关批准部门批准的有效经营期限。

(3) 中外合资、合作企业，一般经营期限较短，跟单员尤其需要核实是否在经营期限内。

3.3.1.10 核实联系方式

企业联系方式通常应包括电话号码、手机号码、传真号码、邮政编码、电子邮箱和网站地址等。跟单员在核实时要注意以下几点：

(1) 通过 IE 浏览器直接登录企业官方网址，查看其中所需的内容。

(2) 查找企业在网上披露的所有信息。在互联网上搜索到的企业信息相对集中和单一，表明这家企业相对稳定。因为每家企业需要宣传推广本企业产品，目前都会采用网上低成本发布信息这一手段。如果网上查询没有这家企业的任何信息或记录，原则上不宜与其开展业务。事实上不诚信的企业或想做非法事情的企业，一般都会在网上留下蛛丝马迹，只要跟单员用心、细心，都会查到一些有用的信息以做出正确的分析判断。

(3) 利用互联网搜索查询功能，直接输入该企业的名称、地址、联系电话，分别搜寻网页相关内容，并逐条仔细查看，认真寻找疑点。需要注意，采用多个网上搜索系统查询，有时会出现不同的情况。

3.3.1.11　核实企业集团下属公司情况

企业集团是指以资本为主要联结纽带的母子公司为主体，以集团章程为共同行为规范的母公司、子公司、参股公司及其他成员企业或机构共同组成的具有一定规模的企业联合体。母公司应当是依法登记注册，取得企业法人资格的控股企业；子公司应当是母公司对其拥有全部股权或者控制权的企业法人。

对于重大业务可能需要与企业集团发生经营往来的，为防止经营风险，跟单员需要对企业集团投资的下属公司逐一进行核实，核实调查的内容与上述基本雷同。然后根据其有效资产状况，确定业务经营规模，同时也为以后可能出现的经营风险提前做好工作准备。

3.3.2　供应商生产经营情况跟单

了解和判断一个企业真实的生产经营条件和情况是选择合格供应商的关键，是最终落实合同(订单)、按时、按质、按量交货的根本保障，也是跟单员的一项重要能力。

3.3.2.1　了解供应商生产经营情况

跟单员可以通过对供应商下列生产经营能力指标的调查，基本了解企业的总体生产经营情况。下述指标的取得应以企业年度财务报表和经会计事务所年检审计报告为准。没有经会计事务所年检审计的数据，不能作为分析的依据。

1) 工业企业的生产经营能力指标　工业企业的生产经营能力指标主要包括：

(1) 工业总产值。指生产企业在报告期内生产的以货币形式表现的工业最终产品和提供工业性劳务活动的总价值量。其内容包括：本期生产成品价值、对外加工费收入和自制半成品在制品期末期初差额价值。

(2) 工业销售产值。是以货币形式表现的，生产企业在报告期内销售的本企业生产的工业产品或提供工业性劳务价值的总价值量。其内容包括：销售成品价值、对外加工费收入。

(3) 出口交货值。指生产企业交给外贸部门或自营(委托)出口(包括销往香港、澳门、台湾地区),用外汇价格结算的在国内批量销售或在边境批量出口的产品价值,以及外商来样、来料加工、来件装配和补偿贸易等生产的产品价值。

(4) 本年生产量。指生产企业在报告期内生产的并符合产品质量要求的实物数量,包括商品量和自用量两部分。

(5) 本年销售量。指报告期内生产企业实际销售的由本企业生产(包括上期生产和本期生产)的工业产品的实物数量。不包括用订货者来料加工生产的成品(半成品)。

(6) 出口交货量。指生产企业在报告期内交给外贸部门或自营(委托)出口(包括销往香港、澳门、台湾地区),用外汇价格结算的批量销售,在国内或在边境批量出口等的产品数量;还包括外商来样加工、来料加工、来件装配和补偿贸易等生产的产品数量。

(7) 本年销售额。指产品的销售额,即企业在报告期内按各种价格销售同一种产品所得到的销售总金额,与销售量的口径是一致的,凡是计算了销售量的产品都应该计算其销售额。

(8) 本企业自用量。又称企业自产自用量,指生产企业在报告期内生产的,已作为本企业产量统计,又作为本企业生产另一种产品的原材料使用的产品数量。

(9) 产品库存量。指在某一时点尚存在企业产成品仓库中暂未售出的产品的实物数量。

(10) 年末生产能力。一般指产品的综合生产能力,有时也指设备生产率。

2) 批发和零售业企业的经营能力指标　批发和零售业企业的经营能力指标包括:

(1) 商品销售总额。指售与本企业以外的单位和个人的商品金额(含增值税)。销售总额包括零售额和批发额两部分。该指标反映批发零售业在国内市场上销售商品以及出口商品的总量。

(2) 批发额。指批发零售企业(单位)向境内外的生产经营企业(单位)批量销售商品的金额。

(3) 零售额。指售与城乡居民和行政事业单位、社会团体、军队和武警及企业管理机构作为生活消费和公共消费的商品金额。

(4) 全年营业收入。指企业(单位)全年生产经营活动中通过销售商品或提供劳务等取得的收入。包括主营业务收入和其他业务收入。

(5) 主营业务收入。因企业所从事的主要业务活动的不同而有所区别,如:生产企业规模以上企业是指主营业务收入,规模以下企业是指产品销售收入,包括销售产成品、自制半成品收入和对外加工费收入。商品流通企业是指商品的销售收入，包括自购自销商品的销售收入、接受其他单位委托代销商品的销售收入以及代购代销手续费收入。

3.3.2.2　核实企业生产经营条件

(1) 核实企业生产设备。包括各类生产设备数量，生产用工模、夹具、机架数量，运输装卸工具数量，使用及保养记录等。

(2) 核实经营场地。主要包括：总面积、建筑面积、生产厂房面积、仓库面积、其他辅助用房面积等。

(3) 核实从业人员。指在本企业工作并取得劳动报酬的年末实有人员数，并核实其学历构成、技术资格，了解工人的工资待遇。

(4) 核实质量管理情况。有无质量检验部门、有无质检总监和质量控制人员、有无检测设备、检测标准和测试报告、有无 ISO 证书及其他认证证书等。

(5) 核实交通运输条件、水电气热供应情况。

(6) 了解环保、安全情况。如环保设施、生产排污过程是否符合要求，厂区附近是否有干扰型企业，有无消防设施和消防安全制度等。

(7) 了解技术能力情况。比如，技术人员是否知道产品在技术上的改进点，是否了解产品的竞争对手在技术上的差异；生产工人是否知道产品技术上的特征和技术重点；公司是否有技术专业杂志及资料；技术人员是否关心行业的技术开发动向和前沿技术等。

(8) 了解企业内部经营管理能力。主要查看物料采购单、仓库物料收发货记录、出入账本、生产计划、产品设计、产品生产流程图、生产指导书、试产后(产前)评审记录及生产绩效记录、来料、过程、最终检验指引及报告、不合格品记录或检验报告、停产记录及不合格品处理记录、纠正及预防措施记录等。

3.3.3　测算供应商实际生产能力

企业生产能力简称产能，是指单一企业的生产设备在一定时间内所能生产的产品数量，通常以工时为单位。跟单员应该会分析计算企业产能，衡量企业能否按期保质保量交货。对一个企业生产能力的计算，一般通过以下步骤。

3.3.3.1　理想产能计算

假定所有的机器设备完好，每周工作 7 天，每天工作 3 班，每班工作 8 小时，期间没有任何停机时间，这是生产设备最理想的满负荷生产能力，与实际有效产能是有较大的区别。

以车床为例，可用车床有 10 台，每台配置车工 1 人，总人数为 10 人，按每周工作 7 天，每天 3 班，每班 8 小时，1 周理想产能标准工时为 10×7×3×8=1680 工时。

3.3.3.2 计划产能计算

计划产能是对企业理想产能的修正，但它仍不代表企业的实际有效产能。此计算根据企业每周实际工作天数、排定的班次及每班次员工工作时间来确定。

以 10 台车床为例，每周计划开动 5 天，每天 2 个班次，每班次员工工作 8 小时，因此计划产能标准工时为：10×5×2×8=800 工时。

3.3.3.3 有效产能计算

有效产能是以计划产能为基础，减去因停机和产品不合格率所造成的标准工时损失，是考核生产部门的业绩的标准指标。

仍以 10 台车床为例，车床存在设备检修、保养、待料等待的时间，实际工作时间只有计划时间的 80%，产品不合格率为 95%，则有效产能标准工时为：

800×80%×95% = 608 工时。

跟单员在得出各种设备一周有效产能后，再根据单一产品各工序生产所需工时，计算出完成订单总数量在各工序所需总工时，以检查企业生产能力能否在订单规定的期限内完成生产和对外交货。

3.3.3.4 对企业生产能力不足的对策

在现实工作中，确实存在一些企业因各种原因，出现生产能力不足的问题。有的是因接单过多，来不及生产；有的是企业本身规模小、设备落后、生产能力有限；有的是内部计划安排不周，影响产能发挥等。当发现企业生产能力不足，不能保证订单按时交货时，为了确保按时交货，跟单员必须要求企业或生产部门采取以下措施：

(1) 延长工作时间，由一班制改为两班制、三班制，或延长员工工作时间。

(2) 增加机器设备台数，延长开机时间。

(3) 增加其他车间生产支持，或将部分生产任务拨给其他车间承担。

(4) 调整生产计划，将部分生产向后推。

(5) 部分产品进行外包生产。

(6) 增加临时用工。

(7) 产能长期不足时，应增加人员和机器设备。

3.4　供应商管理跟单

所谓供应商管理就是对供应商进行调查、开发、选择、使用和控制等综合管理行为的总称。其中调查了解是基础，选择、开发、控制是手段，合理使用是目的。供应商管理的目的就是要为本企业建立起一支稳定可靠的供应商队伍，为企业生产提供稳定可靠的物资供应保障。

3.4.1　供应商管理方法

企业针对不同的供应商，管理方法亦有区别。对于优质可靠的一类供应商，通常应按照供应商管理体系去运作，对供应商进行相应评分并予以长期的维护；对于合格且相对稳定的二类供应商，通常只需保存几个相关的供应商名单，当对某个供应商不满意时，随时可以更换；对于三类供应商，通常只是在偶然需要时再去联系或寻找，可以同时找几家供应商联系，然后再从中选择一个。

3.4.2　供应商行业结构布局管理

企业为了长远的发展或在供应商链上更有保障，往往会对供应商的地理位置布局、各行业供应商的数量、各供应商在其行业中的大小、供应商性质的内容做一份详细的规划，便于跟单员的工作更有方向和目标。具体的规划内容为：

(1) 合理的供应商地理位置布局。指企业与供应商在地理上的分布状态要合理。一般来说，供应商的生产基地最好在企业的附近，或在交通便利的地方。若较远，可以与供应商协商沟通，让其在附近设一个仓库。

(2) 合理的行业供应商数量结构。是指所需产品或所用材料的数量多寡不同，其供应商的数量也应有所不同。如对于采购数量较多的产品或材料，为了形成长期良性的竞争机制，一般应至少选择三家以上的供应商。在做供应商结构规划时，一般要对本企业的产品或材料按 ABC 分析法先分等级，对每一类产品或材料在一定时期内选定几个主要的供应商，对其他供应商也要适当下一些订单，用以维持合作关系，也可应对突发情况。

(3) "门当户对"的供应商。在选定供应商时，一般也讲究规模的"门当户对"，即大企业的供应商最好也是相对大规模的生产企业，至少也不能小于中型企业；中型企业的供应商一般都为中小型企业，如选择相对大型的企业，则不利于企业对供应商的控制，但也不宜用"家庭作坊"式的企业，否则难以保证品质。

3.4.3 供应商关系管理

企业通过科学的供应商管理系统，在生产和经营活动中，有意识有计划有目标地逐步构建起与各类供应商长期而友好的合作伙伴关系，建立一支优质而稳定的产品或物料供应商队伍，维护好与他们的关系，是企业能长期稳定发展的关键所在。外贸跟单员应清晰地意识到这一重要性，在实践中，切实做好与供应商的沟通、联系、协作和维护工作，为本企业生产经营活动的正常顺利开展奠定基础。

综合测试

◆ 单项选择题

(1) 以下不属于企业产品库存的是(   )。
   A. 产品入库后发现有质量问题，但未办理退库手续的产品
   B. 凡企业生产的，报告期内经检验合格入库的产品
   C. 非生产企业和境外订货者来料加工产品尚未拨出的
   D. 属于提货制销售的产品，已办理货款结算和开出提货单，但用户尚未提走的产品

(2) 关于企业印章的使用范围，以下错误的是(   )。
   A. 凡属以企业名义对外发文、开具介绍信、报送报表等一律需要加盖公司相关部门印章
   B. 凡属企业内部行文、通知等，使用公司内部印章
   C. 凡属部门与公司、部门与部门业务范围内的工作文件等，加盖部门印章
   D. 凡属经营类的合同、协议等文本，一般使用企业合同专用章或企业公章

(3) 关于测算企业的实际生产能力，以下说法错误的是(   )。
   A. 跟单员不需要懂得企业的产能计算方法
   B. 理想产能是假定所有的机器设备完好，工人一天 24 小时上班，期间没有任何停机时间的理想状态生产能力
   C. 计划产能是计算根据企业每周实际工作天数、排定的班次及每班次员工工作时间来确定
   D. 有效产能是以计划产能为基础，减去因停机和产品不合格率所造成标准工时损失。产品不合格的损失，包括可避免和不可避免的报废品的直接工时

(4) 营业执照企业注册地与企业经营办公地不一致的原因，不可能的是(   )。

　　A. 企业近期搬新址，还来不及进行工商变更

　　B. 有的老企业，在当时注册时就存在住所、办公室、生产场所分处三地或多地的情况

　　C. 企业违法经营，有意搬离注册地

　　D. 企业注册地与企业经营办公地不一致是我国法律允许的行为

(5) 对于注册资本与注册资金的关系，以下正确的是(　　)。

　　A. 注册资本就是注册资金，两者含义相同

　　B. 注册资本随着企业经营效益的变化而变化

　　C. 注册资本是所有的股东投入的资本，一律不得抽回

　　D. 注册资金反映的是公司法人财产权

◆ 多项选择题

(1) 从企业法人名称"杭州威风化工有限公司"，跟单员可以准确地得到企业的信息是(　　)。

　　A. 企业的行业　　　　　　　　　B. 企业注册地

　　C. 企业组织形式　　　　　　　　D. 企业经营范围

(2) 下列(　　)的投资者对企业债务承担无限责任。

　　A. 私营合伙企业　　　　　　　　B. 私营独资企业

　　C. 股份有限公司　　　　　　　　D. 联营企业

(3) 对合同、订单等重要经营性文件的印章和签字，跟单员应该做到(　　)。

　　A. 需要法定代表人签字及盖公章。不是法定代表人签字的，要由法定代表人的授权委托人签字并加盖公章

　　B. 可直接与需要签字人员取得联系，询问当事人是否亲自签署了某某文件，确认其是否为亲笔所签

　　C. 对业务中首次出现的合作企业法定代表人等有效签字印鉴，须做好复印、留底、备查工作

　　D. 认真对合同、订单等重要经营性文件的对方法定代表人或被委托人的签字笔迹真实性进行审查

(4) 跟单员对合作方企业的印章核实工作主要有(　　)。

　　A. 跟单员对业务中首次出现的合作企业的印章印鉴样，须做好复印、留底、备查工作

　　B. 合同、订单等印章是否符合用印有效性规定

　　C. 双方经济合同用印是否合理、完整

　　D. 核实对方企业公章名称与营业执照企业名称是否一致

(5) 跟单员测算供应商企业实际生产能力采取的工作步骤有(　　)。

A. 理想产能计算　　　　　　B. 计划产能计算

C. 有效产能计算　　　　　　D. 对企业生产能力不足实施对策

◆ 判断题

(1) 有限责任公司股东以其所有财产对公司承担责任。（　　）

(2) 经工商部门登记注册的公司住所只能有一个。（　　）

(3) 有关批准部门批准企业的属于"许可经营项目"的经营范围，企业的依法经营期限是无限的。（　　）

(4) 对于合同、订单等印章使用只要是本公司的印章如企业财务专用章都合法有效。（　　）

(5) 确认样完成后，跟单员就应该立即寄送一份给客户。（　　）

◆ 问答题

跟单员在工作中对于合同、订单等重要的经营性文件的法定代表人或被委托人的签字应该注意哪些问题？

◆ 实务操作题

中国深圳 KK 服装公司新接了订单要采购服装面料及辅料，有很多国内外的服装面料、辅料供应商发来供货信息，但是深圳的 KK 服装公司对这些前来供货的公司不是很了解，如果你是深圳 KK 服装公司的跟单员，应该怎样帮公司核实供应商的资料呢？选择好了合适的供应商后，怎样对他们的供货情况进行跟踪监控呢？

供应商提供的具体信息是：

企业名称：广州 S 进出口公司；

企业地址：广东省广州市西湾路 688 号国际贸易大厦；

电话号码：020-8888888；

传真号码：020-8888688。

4 样 品 跟 单

✈ 关键词

样品　样品种类　样品跟单　样品运费

📖 知识目标

◆ 了解样品的概念、作用及种类；
◆ 掌握样品的一般跟单流程及注意事项；
◆ 熟悉样品运费的计算方法。

📖 技能目标

◆ 能够准确计算样品运费；
◆ 能熟练进行样品的制作、寄送、通知、管理、跟踪及确认跟单。

📖 导入案例

中国深圳 KK 公司收到非洲一客商的邮件，称需要大量订购公司产品，要求寄各类样品供其参考，只留下收件姓名与地址，其他一概没有细谈。公司将其样品目录与价格快递一周后，客商发来邮件称：看了样品目录与价格后很满意，只要质量好，价格高点不是问题。在没有派人来实地考察的情况下，即称要签 500 万美元的合同。你作为 KK 公司的外贸跟单员，认为这个样品要不要寄？为什么？

4.1 样品的定义、作用与种类

4.1.1 样品的定义

样品(sample)是能够代表商品品质的少量实物。它或者是从整批商品中抽取出来作为对外展示的模型和产品质量检测所需；或者是在大批量生产前根据商品设计而先行由生产者制作、加工而成，并将其标准作为全部交易商品的交付标准。

4.1.2 样品的作用

样品是企业获得订单的主要途径，其作用及重要性体现在以下方面：

(1) 样品是一个企业的形象代表。样品直接反映了一个企业的经营推广能力、生产制造能力、售后服务能力。

(2) 样品是产品品质的代表。一个样品就能体现一个企业所经营的产品的档次，以及适合的消费群体。

(3) 样品是价格的代表。样品质量的高低直接决定了产品价格的高低。

(4) 样品是生产的代表。生产企业是根据确认的样品来生产的，确认样的难度、工艺要求、结构直接关系到生产的难度、时间、进程。

(5) 样品是验货和索赔的依据。验货是根据确认的样品来验的，索赔也是根据确认的样品来进行的。所以一旦验货不通过或者发生索赔，就必须以确认的样品作为谈判依据。

4.1.3 样品的种类

一般来说，在报价后，如客户觉得价格接近或者是可以接受，会要求安排备样。样品的种类很多，主要有：推广样、参考样、测试样、修改样、确认样、成交样、产前样、生产样、出货样等。服装的出货样又包括：款式样、广告样、齐色齐码样、水洗样、生产样/船样、色样、绣/印花样、辅料样。下面重点介绍几个常见样品种类。

1) 推广样(salesmanship sample) 指企业用于境内外参展、对外展示的实物。通常是从一批商品中抽取，或设计加工出来的，能代表交货商品的品质，向公众反映出商品品质全貌的实物形态。

2) 参考样(reference sample) 指卖方向买方提供仅作为双方谈判参考用的样品。参考样与成交样品的性质不同，不作为正式的检验依据。样品寄给买方只做品质、样式、结构、工艺等方面的参考，为在产品的某一方面达成共识创造条件。

3) 测试样(test sample) 交由买方客户通过某种测试检验卖方产品品质的样品。有些客户要求做测试的，就需要提供此样。比如，成衣的测试样主要是测试水洗、颜色、环保方面是否符合客人要求。测试样也可能要做多次，如果测试不通过，客户往往就不会下订单。

4) 确认样(approval sample) 指买卖双方认可的,最后经买方确认的样品。一旦买方确认,卖方就要据此来生产产品。一般来说,确认样是给设计师看的,所以生产出来的确认样必须符合设计师的设计要求,并能准确体现设计师的设计理念。在完成确认样后,必须由技术检验部门评估,评估合格的样品才可发送给客户。确认样是否符合客户的要求直接关系到交易能否顺利达成,因而此项工作非常重要,跟单员必须高度重视。确认样的评估重点通常须注意:

(1) 所选的材料是否与客户要求完全一致。

(2) 样品各个部位的尺寸是否与客户的图纸完全一致。

(3) 样品的颜色和包装是否与客户的要求完全一致。

(4) 样品的数量是否与客户的要求完全一致。

(5) 本企业是否有留样。留样至少需保留一件,以便做日后生产大货订单的实物依据。

5) 成交样(quality sample) 指卖方交付的标的物与买方保留的样品具有同一质量标准的样品。凭成交样品买卖的商品不多,一般限于不能完全使用科学方法和文字数据来表示品质的一些商品才采用。例如皮鞋、服装、土特产品、少数轻工产品以及工艺美术品等。

在采取凭成交样品买卖时,由于某种商品的特点,事实上是难以做到"货"与"样"完全一致的,外贸企业在成交时应争取以我方提供的样品为依据,在合同中订明"品质与样品大致相同"的条款,以争取主动。跟单员对出口商品的成交样品要慎重把握,成交样必须具有代表性,应当能够代表今后交货的实际质量,不能偏高或偏低。

成交样的确认有以下几种方式:

(1) 由卖方或买方提出,经过双方确认。

(2) 由买方提供样品,经卖方复制样品(又称回样)再寄买方确认。

(3) 由买卖双方会同签封。

(4) 申请出入境检验检疫机构一式三份审验签封,买卖双方各执一份,另一份由检验检疫机构留存,供今后检验时对照。

6) 产前样(pre-production sample) 指生产之前需寄客户确认的样品。也称为"PP版",一般是客户为了确认大货生产前的颜色、工艺等是否正确,向卖方提出的基本要求之一。

7) 生产样(production sample) 是大货生产中随机抽取的样品,反映大货生产的品质等情况。客人根据生产样,可能会做出一些新的改进指示。

8) 出货样(shipment sample) 指货已经做好并准备出货之前的样品。有些客人就根据这个样品来决定这批货的品质。

此外，不同的行业，还会有该行业特有的一些样品种类。比如，以纺织服装为例，常见的样品有：

9) 款式样(pattern sample)　一般情况下，款式样主要是给客户看做工的，可以用代替面料，但当有配色时，一定要搭配合适才行，尺寸做工完全按照客户指示及要求。有时客户可能会在这个款式样品上做些简单修改。

10) 广告样(advertisement sample)　广告样一般来说是在订单确定后，大货出货前，客户用来扩大宣传，增加销售量的样品。齐色齐码，外观效果要好，一定要起到门面作用。这个样品一般用来参加展会或者由业务员展示给外商看。

11) 齐色齐码样(size/color set sample)　款式确定后，客户会要求出口商按照其工艺要求，提供所有颜色和尺寸的样品　假如颜色有 3 种、尺码有 4 种，厂家就会打出 12 种齐色齐码样品供外商确认。

12) 水洗样(washing sample)　有些布料需要水洗，所以厂家会出水洗样品。水洗样是产品进行水洗生产工序后的样品，目的是检查成衣经过水洗后，尺寸是否变化及形态如何。

13) 生产样/船样(production sample/shipping sample)　是代表出口货物的品质水平的样品，是下了订单之后，从厂家生产出来的第一批产品中随机抽出的样品，也称为大货样。

14) 色样(lap dip)　指出口商(生产商)按客户的"色卡"要求，对面料和辅料进行染色后的样品。有的产品的颜色要求很高，会在生产前做出比较详细的色样。色样制作和检验时，需注意以下问题：

(1) 色样的制作和检验要好看、及时，保存要完整，自己必须留存一份，用于以后生产过程中对大货的颜色进行核对。

(2) 在制作和检验色样时，跟单员要问明客户是在自然光还是在灯光下对色。由于光线会影响人的眼睛对颜色的辨认，因此颜色的核对必须在统一的光线下进行，通常需要在自然光或专用灯箱光线下进行颜色辨认。

(3) 同一种颜色的色样至少要有三种以上，以便客户确认最接近的颜色。

15) 绣/印花样(embroidery/printed sample)。首先是要求尽可能用正确颜色的布、线打样，特别是绣花，绣花线一定要用正确颜色，如确有难度，可以与客户沟通，变通安排。绣(印)花资料必须保证准确，如颜色搭配、花型等，要及时同客户沟通不明确的地方，争取缩短确认周期。

16) 辅料样(accessory material sample)。是通过采购或加工生产的辅料样品。大多数的生产企业，不可能自己生产所有需要的辅料，因此辅料多数通过向外采购来解决。跟单员在打样时，就应考虑找一些好做、好找的辅料，减少大货生产时不必要的麻烦，对辅料的总体要求为价格低、质量好。

4.2 样品管理与跟单

4.2.1 样品制作及其跟单

4.2.1.1 样品的制作流程

样品制作是进出口业务中不可缺少的一部分，是订单确认的前奏。在样品制作方面，跟单员要做以下工作，主要流程如下：

(1) 辨析客户索样意向。每个公司对样品都会有一套措施，一般实行"按需分配，整体统计"的原则。按需分配，即按跟单员所需来制作样品；整体统计，即对每个跟单员打样数量进行统计。跟单员因为与客户接触最多，话语权也最大。作为跟单员来说，当然是寄出的样品越多，接单的可能性也越大。但从公司整体利益及长远的发展来说，外贸跟单员需分辨是否有必要为客户提供样品。如：① 公司资源有限，跟单员应综合考虑公司每天制作的样品数量、样品制作成本、公司整体出样效率等；② 产品款式曝光过多会缩短其销售寿命，减少新款式利润。

(2) 与样品制作部门进行沟通，保证寄出的样品符合要求，质量令客户满意。一旦样品不符合客户要求(颜色、结构、配置、包装等)、质量出现问题或根本非客户所需，都会令客户对企业的生产及服务能力产生怀疑，后果可想而知。所以跟单员如果决定安排样品，就需要制做出质量合格、符合客户要求的样品。

(3) 确认样品制作细节，合理使用样品制作部门的资源。在向样品制作部门下单要求制作样品前，需要和客户完成样品所有细节方面的确认，然后再向样品制作部门下达制作指示，发出《样品制作通知单》(见表 4.1)。因为样品细节的任何更改将为样品制作部门增加很大的工作量并会影响其他样品的制作。

(4) 样品完成时间也是体现企业能力的一部分。样品制作部门应尽一切办法协助外贸跟单员保证在要求时间内完成样品的制作。

(5) 样品收费原则没有绝对的规定。公司制订样品费用规定后，跟单员需按照规定来执行。

(6) 跟单员需对制作完成的样品进行检查，以确保所有细节符合客户要求。同时，跟单员必须留存一套相同样品，作为将来与客户进行沟通的基础，也是订单确认的标准，这一点非常重要。而有些公司没有充分认识到此套样品的重要性，为客户提供样品时，没有留存相同的样品作为标准，只是留下纸样、材料样等。当客户需要进一步确认细节时，跟单员就没有任何与客户进行沟通的基础和依据了。

(7) 样品制作进度和情况需向客户进行反馈，以便其了解样品的制作进展。

(8) 样品制作完成后需拍照后才能寄出。样品寄出时，需妥善包装，以保证在运输过程中不被损坏。样品寄出后，应立即向客户提供快递单号以方便查收。

表 4.1　样品制作通知单

样品单编号：　　　　　　　　　　客户编号：　　　　　　　　　　交期：

项号	产品代码	名称规格	颜色	数量	工艺要求	包装要求

审核：　　　　　　　　　　　　　　　　　　　　制表：

4.2.1.2　样品制作费用承担

样品制作产生的费用主要包括开模具费、原材料费、加工费等。这些费用可以由国外客户、生产厂家或外贸公司独自承担，也可以通过商谈由多家共同分担等。由于在国际贸易中涉及大量的样品，其费用承担形式有一定的处理技巧。常见的处理方式有：

(1) 国外客户支付模具费用，外贸公司承担原材料费，生产工厂承担加工费。外贸公司在收到国外客户的模具费用后，将客户提供的样品和工艺要求、完成时间等资料信息交生产工厂或生产车间，由其在规定的时间内完成样品制作。原材料费由外贸公司承担，加工费由生产工厂承担。

(2) 模具费和加工费、原材料费均由生产厂家承担。外贸公司在收到国外客户提供的样品后，选定某一生产厂家制作样品并承担一切相关费用。生产厂家为了维护自身利益，一般会提出由外贸公司先全额垫付样品制作费，待达到一定生产约定量后再予退还。

(3) 国外客户支付模具费用，生产厂家承担原材料费和加工费。外贸公司收到国外客户的模具费用后，将国外客户的样品和工艺要求一并交生产厂家，生产厂家承担原材料费和加工费，并在规定的时间内完成样品制作。

(4) 外贸公司承担原材料费、模具费和加工费。这种方式的特点是国外客户和生产厂家均不承担所有费用，而是由外贸公司全部承担。为了维护自身的利益，外贸公司往往会要求生产厂家妥善保管样品。

需要指出的是，样品的制作不但涉及制作费用，而且还涉及知识产权和所有权。因此，一般应该在事先进行有效地约定。

4.2.2　样品寄送及其跟单

4.2.2.1　寄样前的准备工作

1) 样品的确认　确认客户需要的样品型号及规格、包装、说明书、每单数量要求、形式发票的格式等细节不容忽视，必要时可结合邮件及光盘、照片。

2) 取样原则　包括：

(1) 样品要有代表性，一般从批量生产的产品中抽样而得。

(2) 保证待寄样品的质量是严格符合客户要求的。

(3) 制作样品标签。

(4) 要留下样品及其生产批次等相关资料以备日后核查。

3) 与客户确认寄样地址　以免损失样品和错过商机。

4.2.2.2　样品的寄送方式

1) 邮政的航空大包　价格较便宜，航程大约在两星期左右(不含目的国的海关检验和其国内的邮政递送时间)。此方法可适用于大宗的低值产品寄送，可在各地邮局办理。一般商品(非危险品)可正常寄送，如系普通化工产品，仅需要出具一般的品质证书(证明其无毒、无害、无爆炸性等)，便于海关查验核实。如系危险化工或者疑似危险化工(如钛白粉)产品，需要出具特殊的证明，以及特殊托运。需要注意：最小邮寄重量是 2 kg，20 kg 为一个限重单位。如超出部分，需要另行打包计费。

2) 航空快递　主要可通过国内邮政的国际 EMS 和国际快递公司寄送(如FedEx 联邦快递、DHL 中外运敦豪、TNT 等，其费用大致相当)。当企业与快递公司有协议时，可以享受折扣价。邮寄时间大约需 3～5 天。一般而言，国际特快专递公司对特定物品的寄送有相关要求，可以通过其官方网站或电话查询。

4.2.2.3　样品运费的处理

企业在样品运费的处理上，应考虑以下一些因素：

首先，有诚意的客户通常不会在乎一点运费，如果客户下订单的话，供应商还可以考虑免费提供样品，仅在付款时扣除其所支付的运费；其次，还要防止一些客户借着样品采购之机，来模仿或复制供应商的产品。市场竞争十分激烈，要随时有保护自己产品的意识；最后，样品的运费成本也是很大一笔开销，需要加以重视。

1) 样品运费的计算　实践中，样品一般是通过快递公司寄送给客户的。跟单员必须了解快递公司的运费构成和计算方法。以下是某个时期某快递公司寄往世界各地的快件运费价格表(见表 4.2)。

表 4.2　快件运费价格表

单位：人民币元

区域	寄往国家或地区	基价 500g (文件)	增加 500g (文件)	基价 500g (包裹)	每增加 500g (包裹)
1	中国香港、中国澳门	50	20	60	25
2	日本	100	40	200	45
3	东南亚(含韩国、中国台湾)	125	45	200	50
4	南太平洋	160	40	240	50
5	欧洲	190	65	310	75
6	美国、加拿大	185	75	280	85

从表 4.2 中可以看出快递的运费是根据不同的地区，按文件或包裹来计算的。其计算方法是：首先确定国家(地区)；然后确定分类(是文件还是包裹)，从而找出对应的价格；再以 0.5 kg 作为基准重量，此基准重量也称首重，超过 0.5 kg 部分，按每 500 g(或每增加 0.5 kg)作为一个续重(也有称为超重部分)。那么，总的快件邮寄费就可按下式来表示：

总快件邮费=首重十续重价格×续重个数

[例 4.1]　某跟单员以快件方式邮寄重量为 2 150 g 测距器样品至英国和 1 880 g 样品目录至澳大利亚。他选择了某快件公司，请按该快件公司的资费表(见表 4.3)计算出各需支付多少人民币邮寄费？

解：

(1) 重量为 2 150 g 的测距器样品寄去英国，属欧洲地区，按三区"包裹类"资费计算：

首重：500 g；

续重：个数=(2 150−500)÷500 = 3.3 = 4(个)；

总快件邮费=首重价格＋续重价格×续重个数= 320＋70×4 = 600(元)。

表 4.3 快件资费表

单位：人民币元

资费区	国家或地区	文件 首重 500 g	包裹 首重 500 g	续重每 500 g	
				文件	包裹
一区	中国香港、中国澳门	90	150	20	35
二区	日本、韩国、中国台湾	120	210	45	55
三区	欧洲	210	320	60	70
四区	南太平洋	180	260	55	65
五区	中南美	250	445	80	100

(2) 重量为 1 880 g 的样品目录寄去澳大利亚，属南太平洋地区，按四区"文件类"资费计算：

首重：500 g；

续重：个数=(1 880−500)÷500 = 2.76 = 3(个)；

总快件邮费=首重价格＋续重价格×续重个数= 180＋55×3 = 345(元)。

需要指出的是，寄送样品可能会在途中丢失或受损，因此，寄件人在将样品交付快递公司时，必须在运单上写明样品价值，即办理"保价"手续，以维护自己的利益。另外，样品或文件的重量是包含包装材料的，包装材料的重量会对邮费有一定的影响。实际操作中，对于重量类似于 1 010 g 或 1 510 g 等的样品或文件，可以采用适当削减包装材料的方法，将总重量控制在 1 000 g 或 1 500 g 以内，以达到节省快件邮费的目的。

2) 样品运费支付方式　在国际贸易中，寄送样品一般通过 EMS、FEDEX、DHL、TNT、UPS、宅急便、佐川等快递公司。这些快递公司的邮寄费用通常采用寄件预付、收货方支付(到付)和第三方支付的方法。

(1) 预付(freight prepaid)：寄件方支付所需邮寄费用。此方式一般适用于寄送费用低、客户信誉好或老客户的情况。

(2) 到付(freight collect)：收件人交付所需邮寄费用。此方式多用于寄送费用高，客户信誉差或新客户，成交希望无法确定的情况。但需要重视的是，有时收件人会在当地拒付，最后快递公司仍要求寄件方支付费用。因此，一般要求收件人必须提供某一快递公司的到付账号，如 DHL 的全球到付账号是以 96 开头的，例 96××××××。

(3) 第三方支付(pay by the third party)：是指邮寄费用实际上由寄件方或收件人以外的第三方支付。

在实际操作中，发件人若选择第三方支付方式，需在运单的"payment of charges"一栏填写第三方付款公司名称、账号及国家名，并承担由于账号失效或关闭所产生的所有连带责任，包括支付运费。需要指出的是，发件人虽然选择到付或第三方付款方式，收件人或第三方拒付运费的风险自始至终仍由发件人承担。

4.2.3　样品通知

在办理完样品寄送的手续后，需要第一时间通知收件人，以方便客户做好接收准备。通知的信息主要有：

(1) 发样信息：包括样品名称、材料规格、样品编号、数量、重量、体积等。

(2) 邮件底单的内容：发送时间和预计到达时间、样品跟踪号码、承运公司名称。

(3) 送交形式发票。形式发票既是客户清关的必要单据，又是出口商进行样品管理的重要记录凭证。

(4) 请客户收到样品后进行确认。

4.2.4　样品管理

(1) 建立样品管理库，内容包括样品基本资料管理、样品图纸管理、样品材料管理、样品试验管理、样品工时与估价管理、样品进出库管理、样品需求分析管理等。

(2) 建立样品间或样品柜，用以陈列已经寄出国外的留样。可以按寄送样品的区域(如欧洲、北美、南美、澳洲、亚洲等)分别存放，也可以按时间年份分别存放，还可以按照已成交和未成交的样品分别存放。这些样品除了组织生产、交货或处理质量纠纷时作核对之用外，还可以用于向参观者展示公司的面貌和实力。

(3) 可设计样品管理表，包括送样国别、客户、样品名和材料规格、样品的版本及生产批次、编号、样品数量、金额、客户对样品的评估内容、寄送时间等。

(4) 妥善保存好形式发票，用以留档。

4.2.5　样品跟踪

样品是获得订单的有效途径之一，样品跟踪是引领下一单生意的准备，是将新客户转化成老客户的基本手段。在样品寄出以后，必须跟踪样品在途和客户签收情况，一旦发现样品到达目的地，要提醒客户注意查收。询问样品顺利到达与否，既可表达对客户的重视程度，体现外贸的专业服务精神，又可避免被客户遗忘。此外，对于需要进行测试的样品，还要跟进每一测试项目的进展情况，如测试终端用户使用之后的感受等。对于客户参展的样品，要了解市场消费者的反映，如果反映不满意的话，要积极从设计、制造、原材料等方面寻找原因，在规定的时间内改进瑕疵，以取得客户或消费者的信任。

在实际操作中不是每一次提供样品后，客户都会下单。因此每一次寄样后，都要及时倾听客户的意见，了解市场需要何种类型的商品以及客户的目标价格等，这可以通过以下方法进行：

(1) 定时与客户联系。无论短期内有无订单，尽量与拿样客户建立起一种稳定的联系，适时通知新样品(产品)开发的最新情况。要注意沟通时机和沟通节奏的把握，不要引起客户的反感。

(2) 专人与客户联系。国际贸易有一种明显特点，就是喜欢与特定的人联系。一方面是双方都了解贸易的整个过程，容易沟通和理解；另一方面也是经过长期的联系产生了情感。因此，要珍惜这种难得的情感，与客户建立稳定持久的联系。

(3) 建立稳定的联系渠道。跟单员在跟踪样品中，要保持畅通的联系渠道。除了传统的传真外，还有电子邮件、手机、电话等现代联系渠道，养成定时查询邮件的习惯，最好是将电子邮件与手机短信捆绑，一旦邮箱收到邮件就会收到短信通知，以便及时知晓邮件并回复。

4.2.6　样品确认

外贸跟单员在样品制作完成并通过国际快递将样品寄送至客户处后，还需要请其确认。在客户对样品确认无误后，跟单员需填写样品确认鉴定表，并由双方鉴定人员签名。如果发现问题，应及时与客户协商处理；如有重大错误，要重新试制样品。样品确认鉴定表上要有双方签章，以确定法律效力。

经客户最终确认后，要将样品装入样品袋中，注明送样日期、质量状况、材质情况、检验人姓名及其他要求事项并加封，注明封口人姓名，此即为封样。封样的目的是为日后的批量生产或在一旦发生争议的情况下提供依据。因此，封样要经双方共同确认，并加盖封样章，方可生效。

综合测试

◆ 单项选择题

(1) 下面关于确认样在发给客户前评估的错误表述是(　　)。

    A. 所选的材料是否与客户要求完全一致

B. 样品的颜色和包装是否与客户的要求完全一致

C. 样品的数量是否与客户的要求完全一致

D. 留样至少保留两件，以便作为日后生产大货订单的实物依据

(2) 大货样的英文是(　　)。

A. approval sample　　　　　　　　B. pre-production sample

C. lap dip　　　　　　　　　　　　D. bulk production sample

(3) 如果凭样品买卖的买方不知道样品有瑕疵，则损失由(　　)。

A. 买方承担

B. 卖方承担

C. 如果瑕疵是隐蔽的，则损失由卖方承担

D. 视具体情况而定

(4) 国外老客户要求寄送一般丝绸面料样品，量不多但要求快速，用(　　)方式寄送样品和处理样品寄送费用。

A. 邮政的航空大包，寄费到付　　　B. 邮政的航空大包，寄费预付

C. 航空快递，寄费预付　　　　　　D. 航空快递，寄费到付

(5) 以下不属于出货样的是(　　)。

A. pattern sample　　　　　　　　B. washed sample

C. production sample　　　　　　　D. lap dip

(6) 对于一个重量为 2 010 g(含双瓦楞纸板包装材料)的样品，跟单员为了节省邮寄费用，可以采用的措施是(　　)。

A. 将样品减少　　　　　　　　　　B. 将邮寄单位降低

C. 改用牛皮纸包装样品　　　　　　D. 适当减少双瓦楞纸板包装材料

(7) 如果某样品的重量为 2 050 g，以下说法正确的是(　　)。

A. 首重为 2 050 g，续重个数为 0　　B. 首重为 500 g，续重个数为 3

C. 首重为 500 g，续重个数为 4　　　D. 首重为 500 g，续重个数为 2

(8) 潘通色卡是外贸跟单中常用的工具，属于(　　)。

A. 广告样　　　　B. 标准颜色样　　　　C. 船样　　　　D. 生产样

(9) 以下商品中(　　)适用于凭样品成交。

A. 服装　　　　B. 电视机　　　　C. 手机　　　　D. 电脑

(10) 你认为最重要的样品是(　　)。

A. 参考样　　　　　　　　　　　　B. 修改样

C. 确认样　　　　　　　　　　　　D. 所有样品都重要

◆ 多项选择题

(1) 样品的重要性体现在(　　)。

A. 样品是产品品质的代表　　　　B. 样品是价格的代表

C. 样品是生产的代表　　　　　　D. 样品是验货和索赔的依据

(2) 成交样的确认方式有(　　)。

A. 由卖方或买方提出，经过双方确认

B. 由买方提供样品，经卖方复制样品(又称回样)再寄买方确认

C. 由买卖双方会同签封

D. 申请出入境检验检疫机构签封，一般以相同的样品一式三份，经审核后签封，买卖双方各执一份，另一份由出入境检验检疫机构留存，供今后检验时对照

(3) 在确认样完成前，通常还要准备和处理(　　)样品。

A. 宣传推广样　　B. 参考样　　　　C. 修改样　　　　D. 产前样

(4) 样品的跟踪方式主要有哪些(　　)。

A. 询问样品是否顺利到达。体现了对客户的重视程度和外贸服务技能，避免被客户忘记

B. 以质量检验报告跟进客户端样品进展情况(准入测试、终端用户使用体验、参展效果等)

C. 跟踪客户反馈意见。客户对样品的评估，想办法请客户给出具体满意或不满意的说明

D. 以上三项都不是

◆ 判断题

(1) 样品是验货和索赔的依据。(　　)

(2) 推销样是指卖方向买方提供仅作为双方谈判参考用的样品。(　　)

(3) 到付的支付方式多用于寄送费用低，客户信誉好或老客户。(　　)

(4) 船样是代表出口货物的品质水平的样品。(　　)

(5) 在实际操作中，对于重量类似于 1 010 g 或 1 510 g 的样品或文件，可以采用适当削减包装材料的方法，将总重量控制在 1 000 g 或 1 500 g 以内，以达到节省快件邮费的目的。(　　)

◆ 问答题

(1) 样品制作费的处理方式通常有哪几种？

(2) 对样品通知工作的处理主要有哪些？

(3) 跟单员在准备成交样时应该注意哪些问题？

◆ 实务操作题

DESCRIPTION OF GOODS：

Ladies coat，style no.：118899

Shell： woven twill 100% cotton 22s×18s/130×64 stone washed

Lining：100% polyester 230T

Padding：100% polyester, body 120g/m2,sleeve 100m/m2

SAMPLES：

The pre-production samples could be made after the fabric has been tested and passed by SGS, Shanghai Branch, then will be sent to customers' quality assurance department. "Go" for production can only be given after their approval.

PURCHASE CONDITIONS：

The material composition of each article has to be advised on the sew-in lapel in following languages： Spain and English. If the lapeling of the goods is not correct, we will debit the supplier 3% of purchase price.

(1) Lap Dips 是什么样品？写出其含义。

(2) 在 Pre-production samples 制作之前，需要到哪个机构办理什么手续？

(3) 浙江金苑有限公司收到英国 ROSE Co.,Ltd.寄来的参考洗水唛样品，内容如下：

Shell：80% cotton 20% polyester.

Lining：100% polyester

First time wash separately, with similar colors and inside out.

① 请指出洗水唛的错误之处，并说明原因。

②若按此洗水唛出货，会产生什么后果？为什么？

相关单词：

款式：style　　　　面料：shell fabric　　　里料：lining fabric

填充料：padding　　滌纶 T：polyester　　　棉 C：cotton

斜纹布：twill　　　罗纹：rib　　　　　　梭织：woven

针织：knit　　　　衫身：body　　　　　袖子：sleeve

5　物料采购跟单

关键词

物料采购　物料采购单　物料采购跟单　物料采购跟单流程

知识目标

- ◆ 了解物料采购的含义及起因；
- ◆ 熟悉物料采购跟单的含义、内容及容易出现的问题；
- ◆ 掌握物料采购跟单的流程、方法与要求。

技能目标

- ◆ 能够熟练进行物料采购跟单的操作；
- ◆ 能正确处理物料采购中经常出现的问题。

导入案例

　　中国深圳 KK 服装公司在经过多方面地对供应商的考察招标后,最后决定向美国 G 公司采购服装面料及辅料。如果你是深圳 KK 服装公司的跟单员,你了解物料采购的全过程吗? 在公司采购物料的过程中你认为应该怎样帮公司把好物料采购关呢?

5.1　物料采购跟单概述

　　资源市场是指经过买家认可、信得过的采购资源,由一些供应商组成。资源可能是一个有形的物品,如一颗螺丝、一块集成电路;也可能是一个无形的物品,或者是参与一个系统运行的组成部分,如一个软件、一项服务。有形物品的采购称之为"有形采购";无形物品的采购称之为"无形采购"。

5.1.1　物料采购

5.1.1.1　物料采购的定义

在有形采购中仅用于生产目的的采购，称之为"物料采购"。物料采购是指企业为了完成既定的产品生产的需要，以事先规定的方式、方法和程序，对物料(包括原材料、设备、仪器仪表、软件及技术服务)的购买。物料采购不仅是指具体的采购过程，也是对采购政策、采购程序、采购过程及采购管理的总称。物料的获得是通过采购行为来实现的。物料采购通常主要指组织或企业的一种有选择的购买行为，其购买的对象主要是生产资料，如企业生产服装需要采购布料和其他辅料。

5.1.1.2　物料采购的起因

企业物料采购主要有以下原因：

(1) 生产企业因生产交货需要，在接单备货生产前，为控制和计算成本需要备料进行物料采购。

(2) 生产企业因产品(成套)配套生产需要，向其他企业采购零部件、组件和辅料等。

(3) 外贸公司因来料加工、供料加工需要而采购物料提供给生产企业进行生产加工以有效降低出口成本。

(4) 外贸公司因成套出口需要，采购物料、设备、零部件等供生产企业配套以降低出口成本。

(5) 外贸公司在物料价格看涨时，为锁定成本，确保对外合同的签订及签订后的正常履行，需进行物料采购，向生产企业直接提供材料。

5.1.1.3　物料采购的内容

企业物料采购的内容主要有：

(1) 原料。是未经转化或只有最小程度转化的原材料，在生产流程中作为基本材料而存在。即使在产品制造中其形体发生物理或化学变化，它依然存在于产品中不会消失。原材料是占产品制造成本比率最高的项目。如为电脑生产采购的主板、内存条、硬盘等物料，建房中用的钢筋、水泥、沙石，生产集成电路所用的晶片，生产钢材用的矿石等都是生产各项产品的主要原料。

(2) 辅助材料。简称为辅料或副料，是指在产品制造中除原料之外被使用或耗费的所有其他材料。有些辅料与产品制造有直接关系，但在产品制成时基本消失，如化学制品所需的催化剂；有些虽然还附着在产品上，但由于其价值不高，仍被视为辅料，如成衣上的纽扣、机械制品上的螺丝等；有些辅料与产品制造没有直接关系，只是消耗性的材料或工具，如锉刀、电刷等；还有生产能量所消耗的燃料，如汽油、液化气、煤炭等。此外，包装材料如纸箱、塑料袋、包装纸、打包带等也属于辅料。

(3) 半成品。是指已经过一次或多次加工，并将在后续阶段进行深加工的产品。如钢板、钢丝和塑料薄片等，它们在最终的成品中实际存在。

(4) 成品。是指加工完毕，质量合格，可以向外供应的产品，如为汽车制造商提供的附件、汽车收音机、空调器等，在经过可以忽略的价值增值后，与制成品一起销售。制造商并不生产，而是从专门的供应商那里取得这些产品。百货公司所销售的消费品也属于这个范围。另外，有些不需要经过额外物理变化，但是通过其他部件相连接被包进某个系统中的产品，如：汽车上的轮胎、灯泡、电池等，也可以称之为成品。

(5) 固定设备。是指企业或个人需长期使用而又不会被立刻消耗掉，但其价值经过一段时间后会贬值的产品。其账面价值一般会逐年以折旧的形式在资产负债表中报出。

(6) MRO 物品。是指为了保持组织的运转而需要的降解材料或用于消耗的物品。这类物品主要包括办公用品、清洁材料和维护材料及备件，如桌椅板凳、笔、纸、计算机、油墨、茶具等，一般由库存供应。

5.1.2　物料采购跟单

5.1.2.1　物料采购跟单的定义

物料采购跟单是指外贸跟单员根据外贸合同、订单所列明的品名、规格、质量、数量及交货期等，在国内市场采购物料，向生产企业提供制造加工产品所需的原料、零部件或辅料等的采购跟进工作。物料采购跟单的目的在于满足外贸合同履行中对物料的需求，它是保障贸易合同履行的重要组成部分。

5.1.2.2　物料采购跟单的基本要求

物料采购跟单的基本要求包括适当的交货时间、适当的交货质量、适当的交货地点、适当的交货数量及适当的交货价格。外贸跟单员的具体工作内容如下：

(1) 适当的交货时间。是指生产企业所需的物料要在规定的时间内获得有效供应。它是外贸跟单员进行物料采购跟单的中心任务。

(2) 适当的交货质量。外贸跟单员不能只看重交货时间，适当的交货质量也是跟进工作的重点之一。所谓适当的交货质量，是指采购的物料可以满足生产企业的正常使用要求。质量过低是不容许的，但质量过高会导致成本增加，削弱产品的竞争力，同样不可取。

(3) 适当的交货地点。为了减少企业的运输、装卸、仓储费用，外贸跟单员在进行物料跟单时应要求供应商在适当的地点交货。只要离企业或装运地较近、交通方便、便于装卸的港口、物流中心仓库，甚至是企业的生产线都可以成为适当的交货地点。

(4) 适当的交货数量。是指每次交来的物料刚好满足企业使用，不会产生过多的库存。交货数量越多，虽然价格会便宜，但并非是越多越好。外贸跟单员要考虑企业资金占用、资金周转率、仓库储存运输等直接影响物料采购成本的因素，根据这些影响因素和物料采购计划综合计算出最经济的交货量。

(5) 适当的交货价格。是指在市场经济条件下，对企业及供应商双方均属适当的，并与市场竞争、交货质量、交货时间及付款条件相称的价格。外贸跟单员长期与众多供应商打交道，对物料价格应十分熟悉。因此，在跟单时要特别注意交货的价格。

5.2 物料采购跟单流程

5.2.1 物料采购的基本流程

一个完整的物料采购流程应包括以下环节：

(1) 确认需求。是采购的起点，采购部门应首先确定需要采购哪些货品、需要多少、何时需要、何时采购、由谁负责等，并协助生产、销售、维修等部门预测物料需求，要求生产部门尽量填写标准的采购单，尽量减少特殊需求订单和紧急订单。

(2) 描述需求。是指对所需物料的品质、数量、包装、售后服务、运输和检验方式等细节进行准确的叙述。这是采购部门和使用者或是跨职能的采购团队的共同职责，也是后期合理选择供应来源和价格谈判的基础。

(3) 选择供应商。是采购作业中的重要一环。供应商的质量直接关系到采购品的质量、交付、数量、价格和售后服务等。供应商与采购相关的品质要素，包括历史记录、设备状况、技术力量、财务状况、组织管理、声誉、系统、通信、位置和供应柔性等也是采购部门要关注的。

(4) 确定价格。是采购过程中的一项重要决策。选择可能的供应商，对其报价进行分析，与之谈判，确定好供应商，最后发出订单。为此采购人员必须了解各种定价方法及其使用时机，并能利用价格谈判技巧来取得满意的支付价格。

(5) 订单安排。价格谈妥后，应办理订货签约手续。在采购过程中，如果使用的合同、订单不是供应商的销售协议或总括订单，采购人员就要拟定购货/加工合同或物料采购单，明确列出买卖双方的具体权利与义务。

(6) 货物跟催。采购合同、订单签订后，为使供应商按时、按质、按量交货，还需做好订单跟踪和催货工作。跟踪、催货通常可以通过电话、E-mail、走访等方式进行，以督促供应商严格履行合约，发现问题也可尽早及时解决。

(7) 验收货物。为了确保所采购的货物实际到达、数量、质量与合同相符，需要对其进行验收。凡供应商所交货物与合同不符或验收不合格者，应依据合同规定协商补货或退货等事宜并立即办理重购。

(8) 支付货款。供应商交货验收合格后，采购人员应核查发票内容是否正确，然后财务部门才能付清货款。

(9) 结案。凡验收合格付款或验收不合格退货的采购事项，均需办理结案手续。查清各项书面资料有无缺失，审查采购成效好坏等，签报高级管理部门或权责部门校阅批示。

(10) 记录并维护档案。凡经结案的采购事项均应完整地列入档案、登记编号、分类予以保管，以便参阅或事后发生问题时查考。采购档案的保管应有一定的时限规定。如：一张可以作为和外界所签合同的证据的采购订单一般要保存7年，而作为备忘录的采购申请单保存的时间更长。

5.2.2　物料采购跟单的基本流程

应物料采购工作的需要，物料采购跟单的一般流程包括：制作采购单、内部报批、采购单跟踪、原材料检验与原材料进仓。

5.2.2.1　制作物料采购单

外贸跟单员在接到物料采购指令或需用部门的《采购物料申请单》后，应立即制作《物料采购单》，传真或发电子邮件给供应商采购物料。企业的物料采购单，常用于长期合作的供应商。对于新发展的供应商，双方在初次合作时，需要做一份总物料采购合同，明确一系列交易行为。初次合作成功后，一般多转用物料采购单这种简单、快捷的形式(物料采购单的格式及内容参见本书第2章)。

在制作物料采购单时应注意以下要点:

(1) 审查《采购物料申请单》。《采购物料申请单》的发出是物料采购跟单的起点。物料采购需求,通常应由需用部门以书面申请单的形式明确提出。尽可能将物料采购的内容及标准详细列出,包括物料的成分、尺寸、形状、强度、精密度、耗损率、合格率、色泽、操作方式、维护次数、地点、厂牌或商标、形状或尺度、化学成分或物理特性、生产方式或制作方法、市场登记、标准规格、样品、图纸、性能、效果、用途等,见表5.1。

表5.1　采购物料申请单(样本)

日期:　　　　　　　　　　　　　　　　　　　　　　　　　　　订单编号:

供应商名称					供应商编号			
供应商地址					电话/传真			
序号	料号	规格名称	单位	数量	单价	金额	交货数量	交货日期
合　　计								
交货方式					交货地点			
交易条款:								
1. 交期:								
2. 品质:								
3. 不良品处理:								
4. 其他:								
5. 附生产图纸　　　　张,检验标准　　　　份。								
承制供应商		总经理		采购经理		采购主管		采购员

(2) 确认质量标准。物料质量直接影响生产产品的品质。跟单员必须认真检查所采购物料的质量,使物料符合贸易合同的要求。外贸跟单员配合其他部门人员在与供应商接触时,应注意供应商的实力有无变化,物料采购单的质量标准是否需要随之调整,及时提出合理的建议。

(3) 确认物料采购量。物料采购数量应与贸易合同、订单总量相匹配。对需求部门的物料采购量进行复核,如发现错误,外贸跟单员应及时提出并进行弥补工作。

5.2.2.2 跟踪物料采购单

物料采购单跟踪是外贸跟单员花费精力最多的环节。对于那些长期合作的、信誉良好的供应商,可以不进行物料采购单跟踪。但对一些重要或紧急的物料采购单,外贸跟单员则应全力跟踪。

(1) 跟踪物料供应商的生产加工工艺。物料生产加工工艺是进行加工生产的第一步。对任何外协件(需要供应商加工的物料)的物料采购单,外贸跟单员都应对供应商的加工工艺进行跟踪。如果发现供应商没有相关加工工艺和能力,或者加工工艺和能力不足,应及时提醒其改进,并提醒如不能保质、保量、准时交货,则要按照物料采购单条款进行赔偿,甚至取消今后的物料采购。

(2) 跟踪物料。备齐物料是供应商执行工艺流程的第一步。有经验的外贸跟单员会经常发现,供应商有时会说谎,因此外贸跟单员必须实地考察了解实际情况,遇到与供应商所述不符的情况时,跟单员必须提醒供应商及时准备物料,不能存在马虎侥幸心理,特别是对一些信誉较差的供应商更要提高警惕。

(3) 跟踪加工过程。不同物料的生产加工过程是有区别的。为了保证货期、质量,外贸跟单员需要对加工过程进行监控。对有些物料采购,其加工过程的质检小组要有外贸跟单员参加。对于一次性大开支的项目物料采购、设备物料采购、建筑材料物料采购等,外贸跟单员要特别重视。

(4) 跟踪组装总测。外贸跟单员有时需向产品零部件生产厂家采购成批零部件,有的零部件需要组装,因此,必须进行组装检测。如:出口企业接到电脑整机订单,该企业直接向五家企业下达零部件物料采购计划,分别采购电源总成、键盘、显示器、主板、音箱等,指定另一家企业进行总装交货。外贸跟单员需要对电源总成、键盘、显示器等物料采购进行组装测试。对这些零部件组装总测是完成整机产品生产的重要环节。

(5) 跟踪包装入库。此环节是整个物料、零部件跟踪环节的结束点,外贸跟单员要与供应商联系,了解物料、零部件最终完成的包装入库信息。对重要的物料、零部件,外贸跟单员应去供应商的仓库实地查看。

5.2.2.3 物料检验跟单

对一般物料,采用正常的检验程序;对重要物料,或供应商在此物料供应上存在质量不稳定问题的,则要严加检验;对次要物料,或者供应商在此物料供应上质量稳定性一直较好的,则可放宽检验。检验的结果应以数据检测以及相关记录描述为准。

　　物料检验的结果分为两种情况：合格材料与不合格材料。不合格材料的缺陷种类有：致命缺陷、严重缺陷和轻微缺陷。对于有致命缺陷的物料应予退货，要求相关赔偿；对于有严重缺陷的物料，外贸跟单员应要求供应商换货；对于有轻微缺陷的物料，可与质量管理人员、设计工艺人员协商，同时考虑生产紧急情况，确定是否可以代用；对于偶然性的质量问题，跟单员要正式书面通知供应商处理；对于多次存在的质量问题，要提交企业质量管理部门，正式向供应商发出《质量改正通知书》，要求供应商予以改正；对于出现重大质量问题的，则由物料采购方企业组织设计人员、工艺人员、质量管理人员和业务员、跟单员等召开专题会议，查找问题原因，研究解决对策。属于设计方案问题的，要修改设计方案；属于供应商问题的，要对供应商进行处理，包括扣款、质量整改、降级使用、取消供应商资格等。

5.2.2.4　物料进仓跟单

　　物料的库房接收过程如下：

　　(1) 检查即将送达的货物清单信息是否完整(包括物料的采购单、型号、数量等)。

　　(2) 接受物料，对照物料采购单进行核查。

　　(3) 检查送货单据及装箱单据。

　　(4) 检查包装与外观。

　　(5) 物料检验合格后允许卸货。

　　(6) 清点物料。

　　(7) 搬运入库。

　　(8) 填写"物料入库单"。

　　(9) 将物料入库信息录入存储信息系统中。

　　由于供应商或者外贸跟单员方面的原因，物料在接收环节上可能会出现物料型号与物料采购单中要求不一致、未按采购单中指定的物料数量送货、交货日期不对、物料的包装质量不符合要求等问题。出现此类问题，跟单员需协助有关领导一同解决，处理方法要务实。

5.2.3　物料采购跟单中易出现的问题

　　在物料采购跟单工作中，跟单员常常需要预计到可能发生的一些问题，其要诀在于对物料供应商、采购方企业的控制方面。

　　1) 供应商方面的问题　物料供应商因管理能力有限，易出现交货时间计算错误、质量管理不到位、交货期意识不强;生产能力方面,易出现超过产能接单、临时插入急单、不合格产品过多造成物料用料过多等;技术能力方面,常出现超过本厂生产技术能力接单、对新下单产品不熟悉、机器设备故障率高等问题。其他方面,如员工流动性大、员工待遇低对工作产生抵触情绪等。

2) 采购方企业方面的问题　物料采购方对供应商的生产能力或技术能力调查不深入,出现选择失误;采购方提供材料、零部件出现迟延,延误生产方生产;与供应商的沟通与衔接出现问题,技术指导、图纸接洽、变更说明不到位,质量要求不明确;外贸跟单员经验不足,确保货期意识不强,未及时掌握供应商产能变动情况,对生产进度掌握与督促不够等。

为避免发生上述问题,外贸跟单员须在物料采购的整个过程中全程跟进。尤其在下达物料采购任务给物料供应商后,并非可以高枕无忧地等供应商将所采购的物料按时、按质、按量送达指定仓库,期间还要做大量艰苦细致的跟进工作,付出大量的精力、细心与耐心。

5.3　物料采购跟单方法

物料采购单发送给供应商后,外贸跟单员不能坐等供应商送货上门。需要在预定的交货期开始前数天提醒供应商,一方面给供应商适当的压力;另一方面可及时掌握其能否按期按质按量交货的情况,从而尽快采取相应措施,即催单。催单的目的是使供应商在规定的时间送达所采购的合格物料,以使企业降低生产经营成本和风险,保证生产销售的正常运行。

5.3.1　物料采购催单的方法

物料采购催单的方法主要有按物料采购单跟催和定期跟催两种。

1) 按物料采购单跟催　即按物料采购单预定的进料日期提前一定时间进行跟催。通常可采用:

(1) 联单法:将物料采购单按日期顺序排列好,提前一定时间进行跟催。

(2) 统计法:将物料采购单统计成报表,提前一定时间进行跟催。

(3) 跟催箱法:制作一个 31 格的跟催箱,将物料采购单依照日期顺序放入跟催箱中,每天跟催相应的采购单。此方法尤其适合于工作繁忙容易遗漏重要事项的外贸跟单员。

(4) 计算机提醒法:利用微软 Outlook 系统中的日历安排计划功能,将每月需要办理的催单事项输入日历。每天上班开机，打开 Outlook 系统，它会自动提醒跟单员当天需要办理的事项。

2) 定期跟催　即于每周固定时间，将要跟催的物料采购单整理好，打印成报表定期统一跟催。

5.3.2　物料采购催单的规划

5.3.2.1　一般监控

外贸跟单员在下达物料采购单或签订物料采购合同时，就应决定监控的方法。倘若采购的物料为一般性、非重要性的商品，通常仅需注意是否能按规定的期限收到检验报表，仅作一般的监控即可。有时可用电话或 E-mail 查询实际进度。但若采购的物料较为重要，可能影响企业的营运，则应考虑实施周密的监控。

5.3.2.2　预定进度管理时间

对于较重大的业务，外贸跟单员可在物料采购单或物料采购合同中明确规定，供应商应编制预定进程进度表。此项内容可在报价说明中或招标须知中列明，并应在物料采购单或采购合同中明确约定。所谓预定进程进度表，应包括全部筹划供应生产的进程。例如：企划方案、设计方案、物料采购方案、生产企业产能扩充、工具准备、组件制造、分车间装配生产、总装配生产、完工试验及装箱交运等全过程。此外，应明确规定供应商必须编制实际进度表，将预估进度并列对照，说明延误原因及改进措施。

5.3.2.3　生产企业实地考察

对于重要物料的采购，除要求供应商按期递送进度表外，外贸跟单员还应前往供应商生产企业进行实地考察。此项考察，应在物料采购单内明确约定，必要时可派专人驻厂监督。

5.3.3　物料采购催单的工作要点

外贸跟单员要进行有效的催单，必须做好交货管理的事前规划、事中执行与事后考核。具体如下：

(1) 事前规划。包括确定交货日期及数量、了解供应商生产设备利用率、要求供应商提供生产计划表或交货日程表、提高供应商的物料及生产管理、贮备替代来源等。

(2) 事中执行。包括了解供应商备料情况和生产效率、提供必要的材料模具或技术支援、加强交货前的催单工作、尽量减少规格变更、及时通知交货期及数量的变更等。

(3) 事后考核。包括对交货延迟的原因进行分析并做好对策措施准备、分析是否需要更换供应商、执行对供应商的奖惩办法、完成物料采购交易后对余料、模具、图纸等收回处理、做好考核结案记录和归档工作。

综合测试

◆ 单项选择题

(1) 适当的交货地点是指(　　)。

    A. 供应商企业的仓库

    B. 采购商仓库

    C. 供应商企业的生产线上

    D. 只要离企业最近、方便企业装卸运输的地点都是适当的交货地点

(2) 跟单员花费精力最多的跟单环节是(　　)。

    A. 制作采购单　　B. 内部报批　　　C. 采购单跟踪　　D. 原材料检验

(3) 跟单员跟踪采购单的最后环节是(　　)。

    A. 跟踪原材料供应商的生产加工工艺

    B. 跟踪原材料

    C. 跟踪加工过程　　　　　　　　D. 跟踪包装入库

(4) (　　)不属于供应商因管理方面原因造成的原材料供应不及时。

    A. 质量管理不到位　　　　　　　B. 对再转包管理不严

    B. 交货期责任意识不强　　　　　D. 超过产能接单

(5) (　　)不是属于原材料供应商在生产能力方面出现的问题。

    A. 生产交货时间计算错误

    B. 临时急单插入

    C. 小批量订单需合起来生产

    D. 需调度的材料、零配件采购延迟，生产量掌握不准确

    E. 不合格品产生较多

◆ 判断题

(1) "采购"的"采"是从众多对象中选择若干的意思;"购"就是取得或购买,是通过商品交易的手段把所选对象从对方手上转到自己手中的一种活动。(　　)

(2) 采购就是指在一定的时间、地点、条件下，通过交易手段，实现从一个备选对象中选择取得能满足自身需求的物品的活动过程。(　　)

(3) 在有形采购中仅用于生活目的的采购，称之为"物料采购"。(　　)

(4) 物料采购指企业为了完成既定的产品生产需要，以事先规定的方式、方法和程序，对物料(包括原料、设备、仪器仪表、软件及技术服务)的购买。(　　)

(5) 所采购的物料的交货时间宜早不宜迟，因此交货期越早越好。(　　)

(6) 物料采购的交货地点，只要离企业近、方便装卸运输，都是适当的交货地点。(　　)

(7) 物料价格的确定是其他人交代的，是其他人的责任，跟单员不需要进行价格的确认。(　　)

(8) 一般而言，长期合作的供应商的报价是最低的。(　　)

(9) 《采购物料申请单》通常由跟单员制作。(　　)

(10) 跟单员要进行有效的催单，必须做好交货管理的事前规划、事中执行与事后考核。(　　)

◆ 问答题

(1) 跟单员跟踪加工过程主要做什么工作？

(2) 对于原材料能不能按时供应，跟单员应事先预计可能发生的问题，就采购企业来说会产生哪些问题而导致原材料供应出现问题？

(3) 对采购单的跟踪，跟单员应主要跟踪哪些环节？

◆ 实务操作题

Moon Co.Ltd. 2005 年 12 月 15 日收到 KKK Co.Ltd.的订单，资料如下：

ORDER NO.： 040426
DATE：14Dec，2005
SUPPLIER：Hangzhou Moon Co.Ltd。
ADDRESS：No.118 Xueyuan Street，
Hangzhou，China
DESCRIPTION OF GOODS：
LADIES JACKET，woven，fur at collar，with bronze-coloured buttons,2 pockets at front and 2 pockets without flaps at chest,inside pocket & inside mobile phone pockets,like original sample but without flaps ai chest.
COUNTRY OF ORIGIN:China
CODE NO.:6202 9200 00
DOCUMENTS:Certificate of Origin
QUALITY:
Shell: 100%cotton twill $20 \times 16/128 \times 60$,reactive dyed,stone washed
Lining: 100%polyester 230T
Padding: 100%polyester,body 140g,sleeve 120g
UNIT PRICE:USD7.10 per piece FOB SHANGHAI
QUANTITY:14400pcs

AMOUNT:USD102240.00

More or less1%of the quantity and the amount are aiiowed.

TERMS OF PAYMENT:

L/C 60days after B/L date

DATE AND WETHOD OF SHIPMENT:20 Jun.,2006-30Jun.,2006 by sea; otherwise 1 Jul.,2006 on seller's account by air.

PORTOF LOADING:SHANGHAI

PORT OF DESYINATION:HAMBURG

PARTAL SHIPMENT:PROHIBITED

FORWARDING AGENT: Kuehne und Nagel

PURCHASE CONDITIONS:

Attn.-AZO and Nickel.

The import and of products with AZO- colors nickel accessories into Germany is strictly forbidden. The supplier warrants that manufacture of the delivered goods has not involved work by children in an exploiting ,health-endangering or slave-like manner, forced labor or exploitative prison work.

The material composition of each article has to be advised; for garments on the sew-in label in following languages: German, English, Spanish and French; for non-textiles in the packing according to the special instructions which will be specified for each individual order.

If the labeling or pricing of the goods is not correct, we will debit the supplier 3% of purchase price. Place of performance and court of jurisdiction: Dortmund /Germany.

SHIPPING MARKS:

040426

KKK

BREMEN

C.NO.:   1-UP

SIDEMARKS:

LIEF-NR: 70019

AUFTR.NR: 040426

EKB: DOB1

WGR.:   938

ST/KRTN1/:   8

SIGNATURE: SIGNATURE:

(SELLER)   (BUYER)

　　根据上面的订单进行分析，然后回答下面的问题：

(1) "shell" 有什么质量要求?

(2) "lining" 有什么质量要求?

(3) "padding" 有什么质量要求?

(4) "button" 有什么质量要求?

(5) "accessories" 总的有什么质量要求?

6　生产进度跟单

中国深圳 KK 服装公司新接了订单要马上开始生产。如果你是深圳 KK 服装公司的跟单员，国外客户对生产的要求比较严格，业务经理让你负责这个订单的生产跟进工作。对于刚毕业而且没有任何工作经验的你来说，这个工作的确是个不小的挑战，你觉得应该怎样进行跟单以确保生产的顺利进行呢？你了解有关工厂生产的全过程吗？你会制订生产计划并对生产情况进行跟踪吗？

6.1　生产进度跟单概述

生产进度跟单的核心是生产计划，它是生产制造企业的行动纲领，是企业安排生产任务的依据，也是外贸跟单工作的一项重要内容。它的制定及实施直接关系到生产与交货的成败，外贸跟单员必须高度重视。

6.1.1　生产进度跟单的概念

生产进度跟单就是对生产计划进行跟踪，是外贸企业的一个主要工作环节。它对于全方位的监控生产情况，确保按时按质按量顺利完成合同、订单有着重要的作用。

6.1.2　生产进度跟单的内容与要求

生产进度跟单的主要内容包括工厂管理跟单和生产计划跟单。

6.1.2.1　工厂管理跟单

外贸跟单员都要跟工厂接触，所以必须熟悉工厂管理的细节，对生产企业的各个部门的基本运作都要有一个基本的了解。生产企业接单生产的基本流程如图6.1 所示。

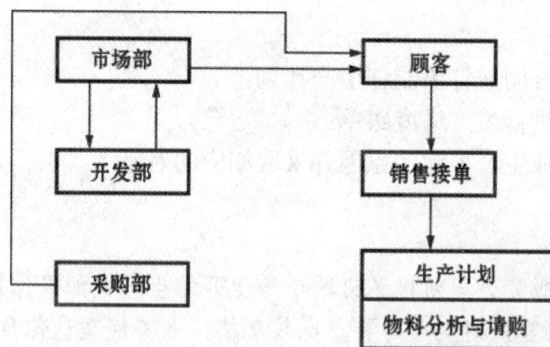

图 6.1　生产企业接单生产的基本流程

工厂管理主要是执行生产计划，处理从下生产单到产成品入库的全过程。外贸跟单员应协助生产管理人员将合同、订单及时转化为生产计划，以便产品的顺利制造。

6.1.2.2　生产计划跟单

1) 生产计划的类别　包括：

(1) 长期生产计划。属于企业生产和发展的远期计划，一般有两年、三年、五年的时间跨度。目的是为了更好实施产品决策、生产能力决策和发展战略决策。

(2) 中期生产计划。一般指年度、季度或月生产计划，是安排生产前的准备计划。通常是为满足市场需求、调节及控制库存、充分利用现有资源而制订。

(3) 短期生产计划。一般是指半月、周或日的生产计划，是生产部门为确定生产的实际作业进度、控制生产进度、满足顾客的交期而进行生产安排的具体作业计划。

2) 生产计划的制订　主要是依据合同或订单要求、前期生产记录、计划调度及产能而制订。计划的内容应包括各月份、各规格、设备及销售类别的生产数量，并且每月应该修订一次。

(1) 生产计划的制定原则有：

① 交货期先后原则：交期越短，交货时间越紧急，越应当优先安排生产。

② 客户分类原则：客户有重点、一般之分。重点客户的排程应该优先。

③ 产能平衡原则：各生产线生产应该顺畅；半成品生产线与成品生产线的生产速度相同；应考虑机器负荷；不能产生生产瓶颈，出现停工待料事件。

④ 工艺流程原则：工序越多的产品，制造的时间越长，应该重点关注。

(2) 制定生产计划应考虑的因素有：

① 工作部门的工种因素。

② 工作部门所需要的时间因素，如产品设计需要的时间；接到订单至物料分析需要的时间；物料采购、运输及进货检验所需要的时间；生产需要的时间；成品完成到出货准备需要的时间等。

(3) 周生产计划的制订。周生产计划是生产的具体执行计划，其准确性应该较高。它是由月份生产计划或紧急订单转换而制订的，也是具体生产安排及物料供给的依据，其样表见表6.1。

表 6.1　周生产计划表(样表)

周别：				日期：							
项次	制单号码	品名	计划生产数	计划日程							备注
1											
2											
3											
4											
5											
6											

周生产计划应该在月生产计划和周出货计划的基础上进行充分协调，应该考虑以下因素：

① 人力负荷是否可以充分支持，不行的话，加班是否可以解决？

② 机器设备是否准备好，其产能是否能达到预定产能，如人力或机器无法达到，发外包是否可以解决？

③ 物料是否已到位，未到位是否完全有把握在规定的时间到位？

④ 工艺流程是否有问题，有问题能否在规定时间内解决？

⑤ 生产环境是否适合生产该产品的环境要求？

(4) 月度生产计划的制订。月度生产计划是由三个月生产计划转化而来，它是生产安排的依据，也是物料采购计划制订的依据。计划的内容应包括当月各批号、产品名称、生产数量、生产日期、生产单位的产量等，其样表见表 6.2。

表 6.2　月度生产计划表(样表)

日期：　　年　　月　　日　　　　　　　　　　　　共　　页，第　　页

编号	批号	产品名称	数量	金额	生产单位	生产日期		预定出货日期	备注
						开工	完工		

厂长：　　　　　　　　　生产主管：　　　　　　　　　　制表：

6.2　生产进度跟单流程与操作

6.2.1　生产进度跟单的流程

生产进度跟单的基本要求是使生产企业能按合同、订单及时交货。及时交货就必须使生产进度与订单交货期相吻合，尽量做到不提前交货，也不延迟交货。

1) 生产进度跟单的流程　　下达生产通知单→制订生产计划→跟踪生产进度。

2) 生产进度跟单的步骤

(1) 根据合同、订单安排合理的生产计划，制作《生产通知单》，见表 6.3。

表 6.3 生产通知单(样单)

日期：　　　　　　　　　　　　　　　　　　　订单编号：

订单号码		品牌		数量	
验货日期		交货日期			

一、生产项目总览表

序号	规格名称	颜色	条形码	工艺要求	包装要求	数量	总数
合　计							

二、生产特别要求	
三、附件	
制表	审核　　　　　　编号

(2) 跟催物料部门分析物料需求制定采购进货计划，见表 6.4。

表 6.4 主要材料进货台账(样表)

材料名称：　　　　　　　规格负责人：　　　　　　计量单位：

进货日期	供货单位	应收数量	实收数量	产地	质量证明编号	批号	检验报告单号	结算日期	结算编号	合同或协议号	备注

(3) 跟催物料检验部门按规程检验物料并及时处理异常情况。

(4) 跟催生产部门按照生产计划进行生产，控制好产能，将生产进度及时反馈给计划部门的相关人员，填好《生产进度跟单表》，见表 6.5。

表 6.5　生产进度跟单表(样表)

序号	品名	数量	交期	采购	到料	备料	上线	完成情况	结案

6.2.2　生产通知单的有关要求

外贸跟单员制作并下达生产通知单时必须注意:

(1) 落实生产通知单内的各项内容。外贸跟单员接到订单后,应将其转化为企业下达生产任务的生产通知单。在转化时应明确客户所订产品的名称、规格型号、数量、包装、出货时间等要求;与生产企业或本企业有关负责人对订单内容逐一进行分解,转化为生产企业的生产通知单内容;在交货时间不变的前提下,对本通知单内涉及的料号、规格、标准、损耗等逐一与生产部门衔接,不能出现一方或双方含糊不清或任务下达不明确的问题。

(2) 协调生产通知单所遇到的问题。外贸跟单员不应有生产通知单下达后就完成任务的想法,还必须及时了解掌握生产通知单具体下达到车间后,在生产执行时遇到的各种情况,比如在具体生产操作上的技术、物料供应等问题。外贸跟单员需要及时与车间或有关部门衔接协调解决具体问题;对于生产车间不能解决的技术问题或生产出来的产品无法达到客户要求的情况,跟单员应及时与有关部门衔接,在技术问题无法解决前不能生产。

(3) 做好生产通知后的意外事件处理。许多生产厂家为接合同、订单,有时会出现抢单情况。即生产企业对于一些自认为可以生产的产品,在生产工艺、技术设备还达不到的情况下,冒险对外承诺,冒险对外接单。一旦订单下达,企业内部在具体安排生产时,受到生产车间技术、设备、工艺等达不到的局限,一时又无法解决外协的情况下,会给按时按质按量完成交货带来严重的影响。对此,外贸跟单员需要反复核实,并做好多种应急处理准备工作,及时调整生产通知单个别内容,或及时调整生产厂家另行下达生产通知。

6.2.3 按时交货跟单的工作要点

按时交货跟单的工作要点如下:

(1) 加强与生产管理人员的联系,明确生产、交货的权责。

(2) 减少或消除临时、随意的变更,规范设计、技术变更要求。

(3) 掌握生产进度,督促生产企业按进度生产。

(4) 加强产品质量、不合格产品、外包(协)产品的管理。

(5) 妥善处理生产异常事务等。

6.2.4 生产企业不能及时交货的主要原因

生产企业不能及时交货的原因有很多,但是归纳起来主要有:

(1) 企业内部管理不当。如紧急订单插入,生产安排仓促,导致料件供应混乱,延误生产交货。

(2) 计划安排不合理或漏排。原材料供应计划不周全、不及时,停工待料,或在产品生产加工各工序转移过程中不顺畅,导致下道工序料件供应延误。

(3) 产品设计与工艺变化过多。图纸不全或一直在变动,使车间生产无所适从,导致生产延误。

(4) 产品质量控制不好。不合格产品增多,成品合格率下降,影响成品交货数量。

(5) 生产设备跟不上。设备维护保养欠缺,设备故障多,影响生产效率的提高。

(6) 产能不足。外包(协)计划调度不当或厂商选择不当,生产分配失误等。

6.2.5 生产进度控制

6.2.5.1 生产进度控制的工作程序

生产进度控制的工作程序如下:

(1) 外贸跟单员通过生产管理部门每日的"生产日报表"统计,调查每天的成品数量及累计完成数量,对比每日实际生产数据同预定生产数据,看是否有差异,以追踪记录每日的生产量,了解生产进度并加以跟踪控制,确保能按合同、订单要求准时交货。

(2) 外贸跟单员如发现实际进度与计划进度产生差异,应及时查找原因,并填报《生产异常通知书》(见表 6.6)，及时通知相关部门进行整改。如属进度延误影响交货期，除追究责任外，应要求企业尽快采取各种补救措施，如外包或加班等。

表 6.6　生产异常通知书(样单)

发文时间：　　年　　月　　日　　　　　　　　　　　　　　编号：

发文部门		发文人签名	
收文部门		收文人签名	
要求反馈时间		时间反馈时间	
生产异常现象具体说明： 责任人签名：　　　　　　　　　　　　　年　月　日			
应急措施： 责任人签名：　　　　　　　　　　　　　年　月　日			
防止再发生措施： 责任人签名：　　　　　　　　　　　　　年　月　日			
发问部门改善效果跟踪： 责任人签名：　　　　　　　　　　　　　年　月　日			

(3) 企业采取补救措施后，外贸跟单员应调查其措施是否有效。如效果不佳，外贸跟单员应要求企业再采取其他补救措施，一直到问题得到解决。

(4) 补救措施无效，仍无法如期交货时，外贸跟单员应及时联络客户并取得客户的谅解，同时协商延迟交货的日期。

6.2.5.2　生产进度控制重点

控制生产进度须抓住以下工作重点：

(1) 生产计划执行情况。

(2) 机器设备运行情况。

(3) 物料供应保障。

(4) 不合格及报废率情况。

(5) 临时任务或特急订单插入情况。

(6) 各道工序进程。

(7) 员工工作情绪等。

6.2.5.3 生产异常的处理

发生各种生产异常,生产进度将无法正常进行。外贸跟单员在产品生产过程中要随时掌握生产异常情况,及时进行跟踪处理。通常的生产异常情况及处理方法见表 6.7。

表 6.7 生产异常对策表

生产异常情况	影 响	处 理 对 策
应排产,未排产	影响生产及交货	1. 通知相关部门尽快列入排产计划 2. 告知或提醒交货期有关约定
应生产,未生产	影响生产进度及交货	1. 通知相关部门尽快列入车间日生产计划 2. 向相关部门发出异常通知 3. 应至少于生产前三天催查落实情况
进程延迟	影响交货进度	1. 通知相关部门加紧生产 2. 查清进程延迟原因,采取对应措施 3. 进程延迟较严重,发出异常通知,要求给予高度重视 4. 应至少每天催查生产落实情况
应入库,未入库 应完成,未完成	影响整体交货	1. 查清未入库原因,采取对应措施 2. 通知相关部门加班生产 3. 发出异常通知,要求采取措施尽快完成
次品、不合格产品增多	影响整体交货	1. 通知相关部门检查设备性能是否符合要求 2. 检查模具、工艺是否符合要求 3. 检查装配流程是否正确 4. 增加补生产备料及增加补生产指令
补生产	影响整体交货	1. 进行成品质量抽查或检查 2. 发出新的补生产指令

生产进度跟单主要是掌握企业的生产进度能否达到合同、订单要求的交货期,

产品能否保质保量生产。为此，外贸跟单员应深入企业车间，掌握各车间的实际产能，确定合理的生产顺序，检查产品生产进度，发现问题需及时进行协调处理。

综合测试

◆ 多项选择题

(1) 周生产计划应在月生产计划和周出货计划基础上进行充分协调，应该考虑(　　)因素。

    A. 人力负荷是否可以充分支持　B. 机器设备是否准备好

    C. 物料是否已到位　　　　　　D. 工艺流程是否有问题

(2) 制定生产计划的原则有(　　)。

    A. 交货期先后原则　　　　　　B. 客户分类原则

    C. 产能平衡原则　　　　　　　D. 应考虑机器负荷、工艺流程原则

(3) 制定生产计划应该考虑的工作部门所需要的时间因素有(　　)。

    A. 产品设计需要的时间和接到订单至物料分析需要的时间

    B. 物料采购、运输需要的时间

    C. 物料进货检验需要的时间

    D. 生产需要的时间和成品完成到出货准备需要的时间

(4) 生产进度跟单的步骤有(　　)。

    A. 根据订单安排合理的生产计划，制作《生产通知单》

    B. 跟催物料检验部门按规程检验物料并及时处理异常情况

    C. 跟催生产部门按照生产计划进行生产

    D. 填好《生产进度跟单表》

(5) 按时交货跟单要点是(　　)。

    A. 加强与生产管理人员的联系，明确生产、交货的权责

    B. 减少或消除临时、随意的变更，规范设计、技术变更要求

    C. 掌握生产进度，督促生产企业按进度生产

    D. 加强产品质量、不合格产品、外协产品的管理，妥善处理生产异常事务

◆ 判断题

(1) 生产计划是制造企业的行动纲领，是企业安排生产任务的依据，它的制订及实施关系到生产及交货的成败。(　　)

(2) 生产计划主要依据生产计划的要求、前期生产记录、计划调度以及产能而制订。(　　)

(3) 产能即生产能力，是指生产设备在固定的时间内所能生产的产品数量。

( )

(4) 正常产能指历年来生产设备的平均产出量。( )

(5) 生产进度跟单的流程：下达生产通知单→制订生产计划→跟踪生产进度。

( )

◆ 问答题

(1) 生产企业不能及时交货的主要原因有哪些？

(2) 按时交货跟单要点有哪些？

(3) 跟单员进行生产进度控制的工作程序如何？

◆ 实务操作题

假如有一家服装厂要生产数量为 14 000 件的订单，其生产能力为：现有工作设备每工时平均生产 34 件订单要求的女式夹克。员工数可排一天两个班次，一周常规的工作时间为 5 天，每天每个班次工作 8 小时，工作时间目标为 90%，产品合格率为 95%。计算该厂的理想产能、计划产能和有效产能，分析该厂是否具备在 6 周内完成订单数量的生产能力？

7 出口产品包装跟单

关键词

出口产品包装　出口产品包装合理化　出口产品包装标志
出口产品包装纸箱跟单

知识目标

◆ 了解出口产品包装的定义与作用；
◆ 熟悉出口产品包装的材料、标志与要求；
◆ 掌握出口产品包装纸箱/盒跟单实务。

技能目标

◆ 能够正确选择出口包装方式；
◆ 能熟练进行出口产品纸箱包装跟单。

导入案例

中国深圳 KK 服装公司完成了出口产品生产后要对其进行包装，如果你是 KK
公司的跟单员，应该怎样帮助公司选择合适的包装材料呢？选择了合适的包装材
料后，怎样对出口产品包装进行跟踪监控呢？

7.1　出口产品包装概述

对于大多数出口产品而言，只有经过包装，才算完成出口产品的全部生产过
程，进入流通和消费领域。包装不足、包装不当、包装过度都有碍于出口产品价
值和使用价值的实现。

外贸产品的出口涉及产品包装，而中国的包装业目前对外已具有很强的竞争
力。许多境外客商为降低本国用工及包装成本，已将出口产品的包装工作转移到

中国，在我国直接进行各类出口产品境外上柜销售的包装工作。但一些出口企业对出口包装往往不够重视，以致在出口过程中，出现包装问题，产生赔偿、退货等，增大了成本支出。因此，做好符合境外客商要求的出口产品包装是外贸业务的一个重要环节，也是外贸跟单员跟单的一项重要内容。

7.1.1   产品包装的定义

各国对产品包装所作的定义都不太一样。表 7.1 列出了一些贸易国对包装的不同解释。

表 7.1   美、日、加、中等国对包装的不同解释

国别	对包装的定义
美国	包装是指采用适当的材料、容器，施于一定的技术，使其能将产品安全到达目的地——即在产品输送过程中的每一阶段，不论遭到怎样的外来影响，皆能保护其内物品，而不影响其产品价值
日本	包装是指在物品的运输、保管交易或使用当中，为了保护其价值与原状，用适当的材料、容器等加以保护的技术和状态
加拿大	包装是指将产品由供应者送到顾客和消费者手中，而能保持产品完好状态的工具
中国	包装是指为在流通中保护产品、方便储运、促进销售，按一定技术方法，而采用的容器、材料及辅助物等的总体名称，及为了达到上述目的而采用的容器、材料和辅助物的过程中施加一定技术方法等的操作活动

7.1.2   出口产品包装的特点及作用

7.1.2.1   出口产品包装的特点

虽然各国对包装的定义各异，但不难看出，包装具有以下几个特点：
(1) 包装所选用的包装材料要合适。
(2) 包装可以保护出口产品不受损失。
(3) 包装需要采用一定的包装技术。

7.1.2.2   出口产品包装的作用

出口产品包装的主要作用如下：

(1) 保护产品。出口产品从生产领域到流通领域，需经多次、多种方式、不同时间和空间条件下的装卸、搬运、堆码、储存等。科学合理的包装，能使出口产品抵抗各种外界因素的破坏，也可以把与内因有关的质量变化控制在合理、允许的范围之内，从而保证出口产品质量、数量的完好。

(2) 便于流通。合理的出口产品包装，材料选用得当，容器的形状、尺寸恰当，标志明了清晰。这些将有利于出口产品的安全装卸、合理运输和最大限度地利用仓储空间。同时，也便于企业对包装过程中的出口产品进行识别、验收、计量和清点。

(3) 促进销售。装潢设计恰到好处的包装，是无声的推销员。它既能通过保持和维护出口产品质量提高出口产品的市场竞争力，又能以装潢中匠心独具的艺术元素去吸引顾客、图文并茂的说明内容去指导消费。

(4) 方便消费。成功的出口产品包装，尤其是直接出售给消费者的销售包装，可通过充分研究消费者需求，以人为本，在包装造型的别致性、包装数量的适中性、使用方法的便利性以及完成包装使命之后的可持续使用性或绿色环保易于处理性等方面做文章，最大限度地方便消费者。

(5) 提高价值。合理的出口产品包装必然会促进出口产品使用价值的实现，也必然会促进出口产品价值的提高。同时，出口产品包装本身也是具有价值和使用价值的特殊出口产品。

7.1.3　出口产品包装的分类

根据包装所选用的材料、用途等的不同，出口包装可按以下方法加以分类：

1) 按包装在流通领域中的作用分类

(1) 销售包装。又称内包装，指能与出口产品配装成一个整体，随同出口产品一起出售，并能适应人们复杂的消费需要，在人们的消费行为中发挥作用的包装。

(2) 运输包装。又称外包装，是指将一件或数件货物装入特定包装容器，或用特定方式包扎成件或箱的包装。常见的运输包装有木箱、纸箱、铁桶、竹篓、柳条筐、集装箱、集装袋及托盘等。其作用是保护出口产品，方便运输、装卸和储存。

2) 按包装使用次数分类

(1) 一次使用包装。

(2) 多次使用包装，坚固，可再次回收。

3) 按包装适用性分类

(1) 专用包装。具有特定使用范围的包装。例如，盛装硝酸、硫酸的专用陶瓷包装，盛放鸡蛋用的纸格箱等。

(2) 通用包装。适应性强，使用范围广的产品包装称为通用包装。如木箱、麻袋等。

4) 按包装耐压程度分类

(1) 硬质包装。如木箱、木桶、铁箱、铁桶等耐压性较强的包装均属于硬质包装。

(2) 半硬质包装。如纸板箱、竹篓、柳条筐等均属于半硬质包装。

(3) 软质包装。如麻袋、布袋、纸袋，耐压力差的包装等均属于软质包装。

5) 按包装制造材料分类　可分为纸制品、纺织制品、木制品、塑料制品、金属制品、玻璃、陶瓷、复合材料制品、草类编制品包装等。

7.1.4　出口产品包装合理化的要求

合理的出口产品包装应符合以下要求：

(1) 适应出口产品特性。出口产品包装必须根据出口产品的特性，分别采用相应的材料与技术，使包装完全符合出口产品合理化性质的要求。

(2) 适应运输条件。要确保出口产品在流通过程中的安全，其包装应具有一定的强度，坚实、牢固、耐用。对于不同运输方式和运输工具，还应有选择地利用相应的包装容器和技术处理。总之，整个包装要适应流通中的储存运输条件和强度的要求。

(3) 要"适量、适度"。对于销售包装而言，包装容器大小应与内装出口产品相宜；包装费用应与内装产品价值相吻合。预留空间过大、包装费用占出口产品总价值比例过高，都属于有损消费者利益，误导消费者的"过度包装"。

(4) 应标准化、通用化、系列化。出口产品包装必须推行标准化，即对出口产品包装的包装容(重)量、包装材料、结构造型、规格尺寸、印刷标识、名词术语、封装方法等加以统一规定，逐步形成系列化和通用化，以有利于包装容器的生产，提高包装生产效率。简化包装容器的规格，节约物料，降低成本，易于识别和计量，有利于保证包装质量和出口产品安全。

(5) 要做到绿色、环保。出口产品包装的绿色、环保要求要从两个方面认识：首先，材料、容器、技术本身应对出口产品、对消费者而言是安全的和卫生的；其次，包装的技法、材料容器等对环境而言，是安全的和绿色的。在选材和制作上，遵循可持续发展原则，节能、低耗、高功能、防污染，可以持续性回收利用，或废弃之后能安全降解。

7.2　出口产品包装材料

7.2.1　出口产品包装材料的定义

包装材料是指用于制造包装容器和包装运输、包装装潢、包装印刷、包装辅助材料以及与包装有关的材料的总称。在考虑选用包装材料时，必须兼顾经济实用和可回收再利用的原则，即通常所说的"绿色包装"。"绿色包装材料"是指能节约资源和能源，废弃后能迅速自然降解或再利用，不会破坏生态平衡，而且来源广泛、耗能低、易回收再生循环利用率高的材料或材料制品。

出口包装材料的品种很多，如木材、纸、塑料、金属等，此外还有玻璃、陶瓷、天然纤维、化学纤维、复合材料、缓冲材料等。它们的成分、结构、性质、来源、用量及价格，决定着包装的性质、质量和用途，并对包装的生产成本和用后处理有重要影响。

7.2.2　出口产品包装材料的分类

7.2.2.1　木材包装材料

木材作为包装材料，具有悠久的历史。它具有很多优点：木材分布广，可以就地取材；质轻且强度高，有一定的弹性，能承受冲击和振动；容易加工，具有很高的耐久性，价格低廉等。虽然现在优质的包装材料层出不穷，但木材在当代的包装工业中仍占有很重要的地位。

1) 主要的包装用木材　我国的树木种类约7 000多种，适于制材的树木也在2 000种以上。目前，用于包装的木材主要有：红松、马尾松、白松、杉木、桦木、椴木、毛白杨。

2) 木质包装箱的用材选择　外贸跟单员应了解出口包装箱对使用木材的基本要求，不同的木材价格不同。目前，产品包装正在进行一场革命，尽管木包装正在被塑料制品包装、纸制品包装、金属包装等所取代，但在出口包装行业中其作用仍然举足轻重。出口常用的木制品包装有木箱、木桶、夹板等。较笨重的五金、机械和怕压、怕擦的仪器、仪表以及纸张等出口产品大都使用这类包装。木制品包装的木材根据出口产品包装的内容物不同，也有不同的要求。因此，木材的密度、相应的硬度等性能及木材的价格是决定包装用材等级的重要依据。

3) 出口包装用人造板材 人造板材的种类很多,主要有胶合板、纤维板、刨花板等。除胶合板外,所使用的物料均系木材采伐过程中的剩余物,这使枝杈、截头、板皮、碎片、刨花、锯木等废料都得到利用。且人造板材强度高、性能好。$1m^3$ 的人造板材可相当于数立方米的木材;3mm 厚的纤维板、胶合板相当于 12mm 厚的板材。因此,世界各国为了充分利用木材,都竞相发展人造板材。

7.2.2.2 纸质包装材料

纸质包装材料是当前国际流行的"绿色包装"所采用的材料。由于纸质包装材料的主要成分是天然植物纤维素,易被微生物分解,减少了处理包装废弃物的成本,而且纸质包装的物料丰富易得,在包装材料中占据主导地位。与其他包装材料相比,纸类包装材料性价比高,有良好的弹性和韧性,成型性和折叠性较好,对被包装物有良好的密封保护作用,符合环保要求,可回收利用等优点,因而被广泛利用。纸质包装材料包括纸、纸板及其制品。从发展趋势预测,纸与纸板无论在今天还是将来,都是一种主要的包装材料。世界纸业产品结构中,有 40%服务于各行业包装;中国的造纸产品有 70%服务于包装。

1) 出口包装用纸 包装用纸大体上可分为食品包装用纸与工业品包装用纸两大类,但有些包装纸既可作为食品包装用,也可作为工业品包装用。食品包装用纸除要求有一定强度外,还要符合卫生标准。而工业包装纸则要求强度大、韧性好,以及某些符合特种包装要求的特别性能。这两大类包装用纸都要求不但能保护出口产品安全,还能起到装潢产品的作用。目前主要使用的包装用纸有纸袋纸、牛皮纸、玻璃纸、鸡皮纸、羊皮纸、邮封纸、糖果/茶叶包装纸、感光防护纸等。

2) 出口包装用纸板 主要有牛皮箱纸板、箱纸板和瓦楞纸板。

牛皮箱纸板又称挂面纸板,是运输包装用的高级纸板。它具有物理强度高、防潮性能好、外观质量好等特点。主要用于制造外贸包装纸箱及国内高级出口产品的包装纸箱,作为电视机、电冰箱、大型收录机、缝纫机、自行车、摩托车、五金工具、小型电视机等出口产品的运输包装用。国家标准有一号、特号牛皮箱纸板两种。一号主要用于包装高档轻纺产品、日用百货、家用电器等。特号主要用于外贸出口包装,不但要具有高于一号牛皮纸箱的物理强度,还要具有更高的防潮性能,可用于包装出口冷冻食品,能经受-5~-30℃低温冷藏,且纸箱不易变形。

箱纸板取材于木浆、废纸或草浆。与牛皮箱纸板一样,都是制作运输包装纸箱的主要材料,但箱纸板质量低于牛皮箱纸板,以其为材料制作的是中、低包装纸箱,用于一般百货包装。国产箱纸板按部颁标准规定分为一号、二号、三号三种。一号为强韧箱纸板,二号为普通箱纸板,三号为轻载箱纸板。我国生产的多数为二号、三号两种，一般都统称为普通箱纸板。

7.2.2.3 塑料包装

塑料包装是指以人工合成树脂为主要原料的各种高分子材料制成的包装。目前主要的塑料包装材料有：PE(聚乙烯塑料)、PVC(聚氯乙烯塑料)、PP(聚丙烯塑料)、PS(聚苯乙烯塑料)、PET(聚酯塑料)、PA(聚酰胺塑料)等。主要的塑料包装容器有塑料箱、塑料袋、塑料瓶、塑料盒和编织袋。

塑料包装具有良好的物理机械性能及化学稳定性；材质轻；加工成型工艺简单；适合采用各种包装新技术；印刷性、装饰性强等优点。但同时，其强度和耐热性能不太好；有些塑料有毒，带有异味；塑料废弃物如果处理不当，还会造成环境污染。

7.2.2.4 金属包装

金属容器包装是一种消费者喜爱的高档包装物。品种繁多、形状各异，主要产品包括：铝质二片罐、马口铁二片罐、马口铁三片罐、气雾罐、食品罐头罐、各种固体食品桶、罐、盒、防盗盖、皇冠盖、旋开盖、易拉盖和不同规格的钢桶。金属包装物的优点是外印美观、内涂防腐蚀、保质期长、携带方便。它为食品、饮料、油脂、化工、药品、文教用品及化妆品等相关行业的出口产品包装配套服务做出了积极贡献。

7.2.2.5 玻璃包装

玻璃最突出的优点是化学稳定性好，透明性好，无毒、无味、卫生、安全；玻璃密封性良好，不透气、不透湿；易于加工成型，原料来源丰富，制作成本低；易回收，能重复使用，利于环保。玻璃难以克服的缺点是耐冲击强度低、热稳定性不好、笨重，这些都给运输、装卸、储藏出口产品带来困难，所以很少以玻璃制成运输包装容器。

陶瓷与玻璃有许多共同之处，而且成本更低廉，具很好的遮光性，所以经常被制成缸、罐、坛等运输包装容器，广泛用于包装运输各种化工产品、特色传统食品等。

7.2.2.6 绿色包装

绿色包装又称环保包装，是指既可充分发挥各种包装功能，又有利于环境保护，废弃物最少，易于循环复用及再生利用或自行降解的包装。

德国是最早推崇包装材料回收的国家，制定了"循环经济法"；丹麦率先实行"绿色税"制度；很多国家要求制造商、进口商与零售商负起将包装材料回收利用与再制造的责任。目前，在国内外市场风行和消费者最崇尚的"绿色包装"有纸包装、可降解塑料包装、生物包装材料等。如"人造果皮"就是未来的一种新纸种，人们像吃橙子那样，把皮剥开即食，同时废弃物可回收利用。我国目前已将可食性果蔬液态保鲜膜用于果蔬包装保鲜。

7.2.2.7 新型产品包装技术

目前市场上常见的出口产品包装技术有以下几种：

(1) 泡罩包装。将透明的热塑性塑料薄膜或膜片加热预成型，加热封口，或粘合底版四周。使用于药品、小日用品等的包装。

(2) 收缩和拉伸包装。收缩是将薄膜裹包物品，然后对薄膜进行适当的加热处理，使薄膜收缩而紧贴于物品的包装技术方法；拉伸是由收缩包装发展起来的，它是依靠机械装置在常温下将弹性膜围绕待包装件拉伸、紧裹，并在其末端进行封口的一种方法。

(3) 真空和充气包装。对于易腐化变质的食品均可采用真空包装。充气包装采用 C 或 N_2 等不活泼气体以转换包装中空气的一种包装技术。

(4) 脱氧包装。利用脱氧剂除去包装内的游离氧，防止内装物变质的一种包装方法。脱氧剂能大大降低包装内的氧气浓度，防止食品霉腐、氧化、生锈。

(5) 缓冲包装技术。为了减缓出口产品在储运过程中受到挤压、碰撞、冲击和振动，采用一定的防护措施的包装方法。

(6) 防潮包装技术。可用涂防潮剂或加以衬垫与裹包，或放干燥剂的方式解决。

(7) 集合包装。是介于出口产品运输技法与出口产品包装技法之间，兼有二者作用与功能的特殊运输包装方式。

7.3 出口产品包装标志

7.3.1 出口产品包装标志的定义

出口产品包装标志主要是指出口产品运输包装标志，即按规定在包装上印刷、粘贴、书写的文字、数字、图形以及特定记号和说明事项等，是出口产品运输、装卸和储存过程中不可缺少的辅助措施。

包装标志便于识别出口产品，便于运输、仓储等部门工作人员收货。对保证安全储运，减少运转差错，加速出口产品流通具有重要作用。

　　包装标志按表现形式，可以分为文字标志和图形标志两种；按内容和作用，可以分为收发货标志、包装储运图示标志和危险货物包装标志以及国际海运标志等。

7.3.2　出口产品包装标志的种类

　　出口产品包装标志有以下几种：

　　(1) 收发货标志(识别标志)。出口产品运输的收发货标志是指在运输过程中识别货物的标志，也是一般贸易合同、发货单据和运输保险文件中记载的有关标志事项的基本部分。发货标志，又称唛头，通常由一个简单的几何图形和一些字母、数字及简单的字母组成，它不仅是运输过程中辨认货物的根据，还是一般贸易合同、发货单据、运输及保险文件中，记载有关标志的基本部分。

　　(2) 包装储运图示标志。是根据不同出口产品对物流环境的适应能力，用醒目简洁的图形和文字标明在装卸运输及储存过程中应注意的事项。按国家标准GB191-85 规定，标志共分为 10 种。

　　(3) 危险货物包装标志。是对易燃、易爆、易腐、有毒、放射性等危险性出口产品，为起警示作用，在运输包装上加印的特殊标记，以文字与图形构成。国家标准《危险货物包装标志》(GB190-85)对危险货物包装标志的图形、适用范围、颜色、尺寸、使用方法均有明确规定。

　　(4) 国际海运标志。联合国海运协商组织对国际海运货物规定了"国际海运指示标志"和"国际海运危险品标志"两套标志。我国出口产品同时使用这两套标志。

　　出口产品运输包装上除了上述标志外，有时也印有质量认证标志、商检标志、出口产品条码等其他标志。

7.4　出口产品包装纸箱跟单实务

　　出口产品包装纸盒与纸箱主要是用瓦楞纸板做材料。外贸跟单员必须先熟悉有关出口产品包装纸用材的基本常识。

7.4.1　瓦楞纸板

7.4.1.1　瓦楞纸板的楞形

　　不同波纹形状的瓦楞粘结成的瓦楞纸板的功能也有所不同。即使使用同样质量的面纸和里纸，由于楞形的差异，瓦楞纸板的性能也有一定区别。目前国际上通用的瓦楞楞形分为四种，它们分别是 A 型楞、C 型楞、B 型楞和 E 型楞(其技术指标和要求见表 7.2)。A 型楞制成的瓦楞纸板具有较好的缓冲性，富有一定的弹性；C 型楞较 A 型楞次之，但挺度和抗冲击性优于 A 型楞；B 型楞排列密度大，制成的瓦楞纸板表面平整，承压力高，适于印刷；E 型楞由于薄而密，更呈现了它的刚强度。

表 7.2 瓦楞楞型技术参数

楞型	楞高/mm	楞数/(个/300mm)
A	4.5～5	34±2
C	3.5～4	38±2
B	2.5～3	50±2
E	1.1～2	96±4

7.4.1.2 瓦楞的波形形状

构成瓦楞纸板的波形瓦楞纸的形状分为 V 形、U 形和 UV 形。

V 形瓦楞波形的平面抗压力值高，使用中节省粘合剂用量，节约瓦楞原纸。但这种波形的瓦楞做成的瓦楞纸板缓冲性差，瓦楞在受压或受冲击变散后不容易恢复；U 形瓦楞波形虽不像 V 形楞那样脆弱，粘合强度高，但平面扩压力强度不如 V 形楞；目前，国内外普遍使用的是综合了前二者优点制作的 UV 形瓦楞纸。既保持了 V 形楞的高抗压能力，又具备 U 形楞的粘合强度高，富有一定弹性的优点。

7.4.2 瓦楞纸箱

出口包装纸箱最常见的是瓦楞纸箱，主要用于产品的运输包装。其作用一是保护产品在长时间和远距离的运输过程中不被损坏和散失；二是方便产品的搬运和储存。

7.4.2.1 瓦楞纸箱及其附件的造型

瓦楞纸箱由于世界各国根据使用情况的不同，分类也不同。国际上目前通用的是由欧洲纸板制造工业联合会(FEFCO)、欧洲硬纸板箱制造协会(ASSCO)提出的瓦楞纸箱与瓦楞纸盒分类方法，称为《国际纸箱箱型标准》。该标准把各种样式的瓦楞纸箱、瓦楞纸盒及其附件按四位数分别编号。如我们通常称做对口瓦楞纸箱的，国际纸箱箱型标准中称它为 0201 型箱，这种分类方法现已为世界各国所接受。我国关于瓦楞纸箱、瓦楞纸盒及其附件造型的标准分类就采用了这种方法(如图 7.1～图 7.17)。

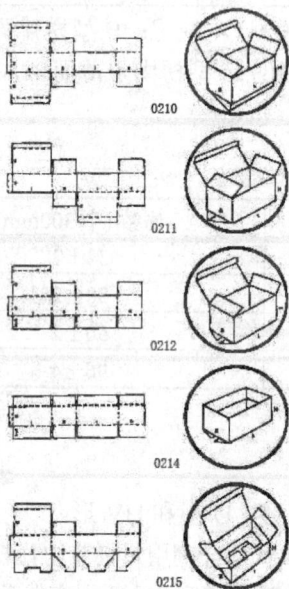

图 7.1　开槽型瓦楞纸箱结构图

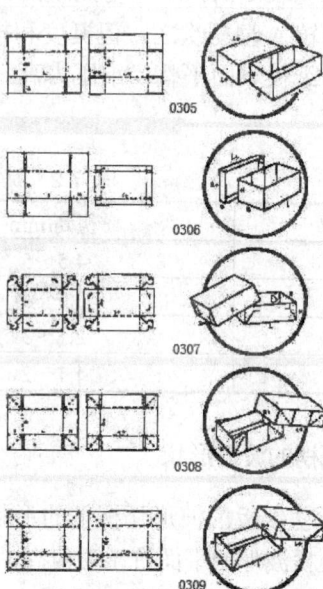

图 7.2　套盒型瓦楞纸箱结构图一

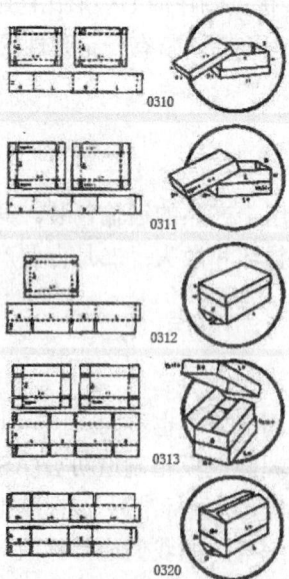

图 7.3　套盒型瓦楞纸箱结构图二

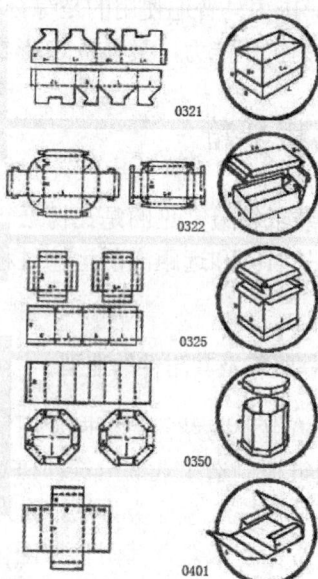

图 7.4　套盒型瓦楞纸箱结构图三

0402

0403

0404

0405

0409

0410

0411

0415

0416

0420

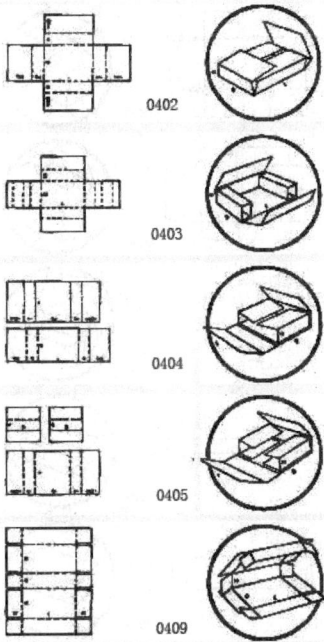

图 7.5 折叠型瓦楞纸箱结构图一

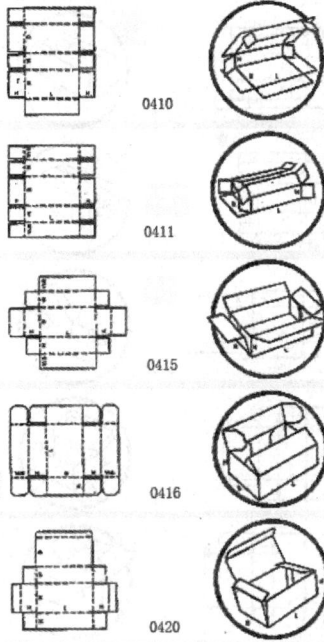

图 7.6 折叠型瓦楞纸箱结构图二

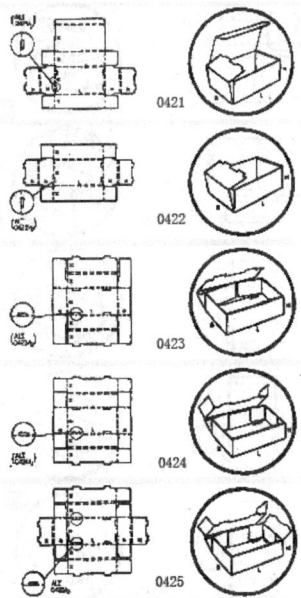

0421

0422

0423

0424

0425

0426

0427

0430

0431

0432

图 7.7 折叠型瓦楞纸箱结构图三

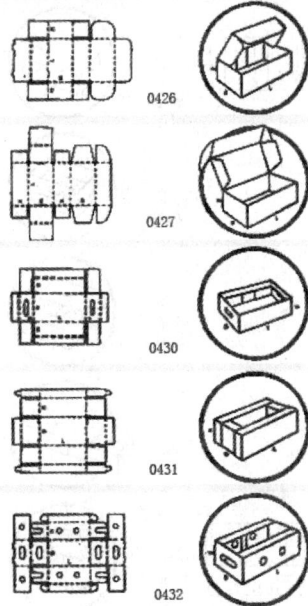

图 7.8 折叠型瓦楞纸箱结构图四

0433

0434

0440

0441

0442

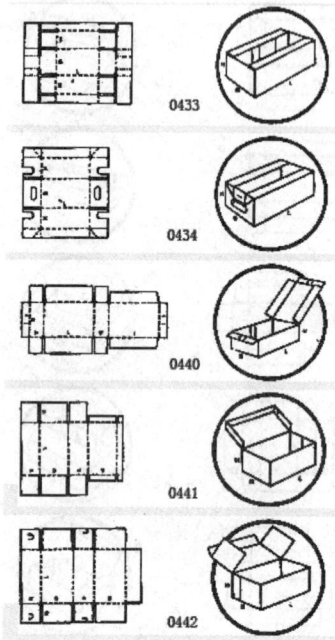

图 7.9 折叠型瓦楞纸箱结构图五

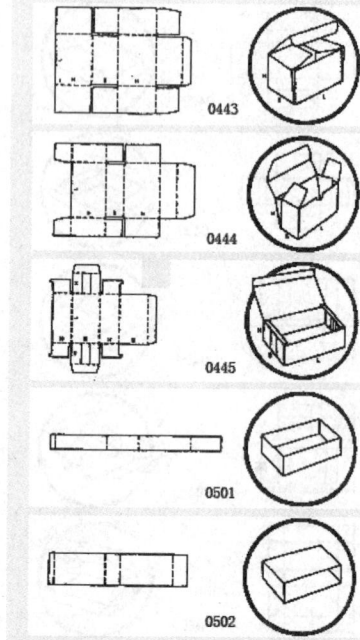

0443

0444

0445

0501

0502

图 7.10 滑入型瓦楞纸箱结构图一

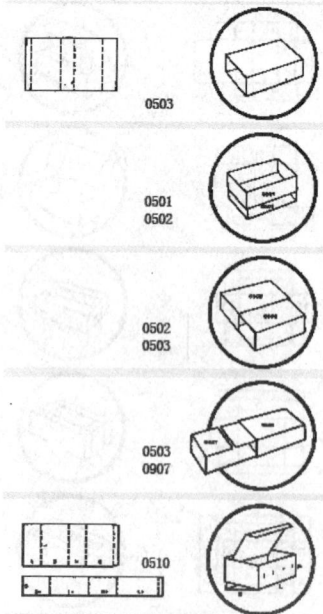

0503

0501
0502

0502
0503

0503
0907

0510

图 7.11 滑入型瓦楞纸箱结构图二

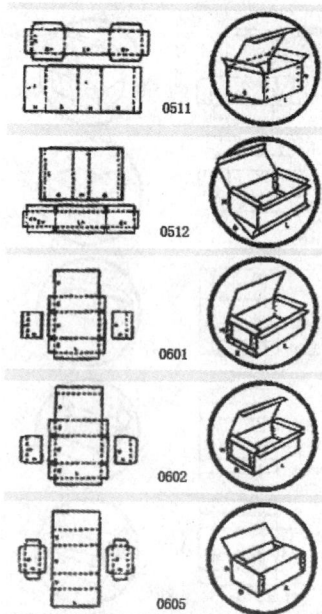

0511

0512

0601

0602

0605

图 7.12 滑入型瓦楞纸箱结构图三

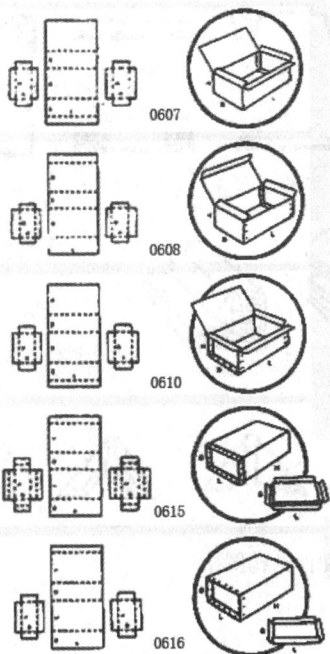

图 7.13　硬体型瓦楞纸箱结构图

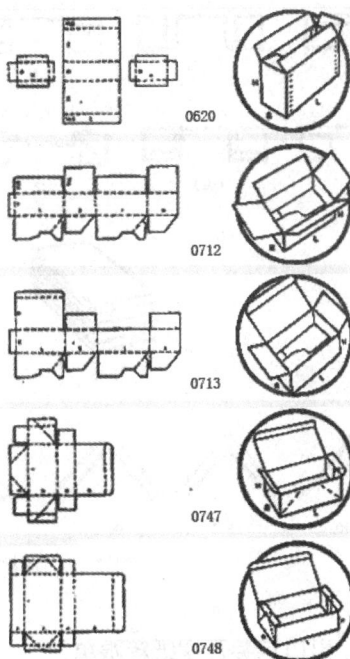

图 7.14　预粘型瓦楞纸箱结构图一

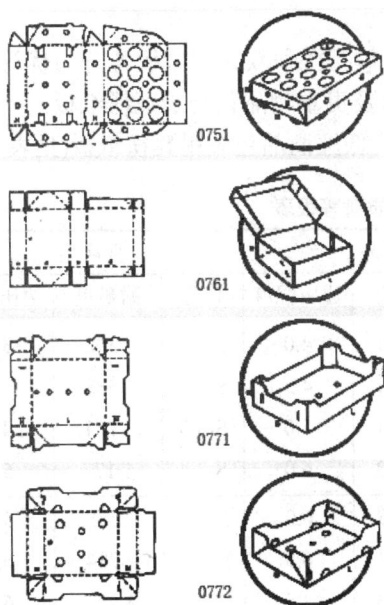

图 7.15　预粘型瓦楞纸箱结构图二

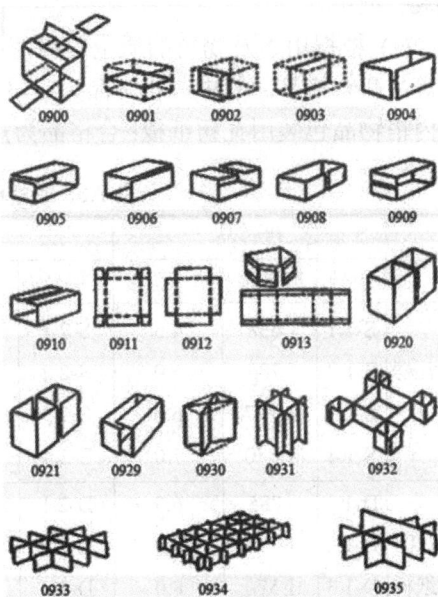

图 7.16　瓦楞纸箱内配件结构图一

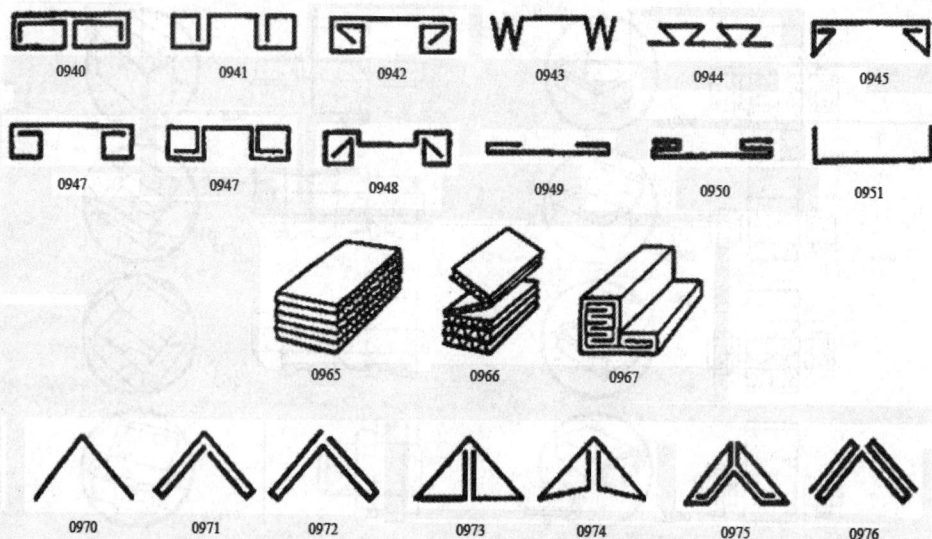

图 7.17　　瓦楞纸箱内配件结构图二

7.4.2.2　出口包装瓦楞纸箱跟单

外贸跟单员应该了解瓦楞纸箱相关的技术参数，并学会计算和选用各种瓦楞纸板、纸箱。

(1) 根据用途及物料的质量等级，可将单瓦楞和双瓦楞纸板各分为优等品、一等品和合格品。其中，优等品为出口商品及贵重物品包装用瓦楞纸板；一等品为内销物品包装用瓦楞纸板；合格品为短途、低廉商品包装用瓦楞纸板(见表 7.3)。

表 7.3　瓦楞纸板质量等级表

种类	优等品			一等品			合格品		
	代号	耐破度	边压强度	代号	耐破度	边压强度	代号	耐破度	边压强度
单瓦楞纸板	S-1.1	638	4.5	S-2.1	410	4.0	S-3.1	392	3.5
	S-1.2	785	5.0	S-2.2	686	4.5	S-3.2	588	4.0
	S-1.3	1 177	6.0	S-2.3	980	5.0	S-3.3	784	4.5
	S-1.4	1 570	7.0	S-2.4	1 373	6.0	S-3.4	1 177	5.0
双瓦楞纸板	D-1.1	785	6.5	D-2.1	686	6.0	D-3.1	588	5.5
	D-1.2	1 177	7.0	D-2.2	980	6.5	D-3.2	784	6.0
	D-1.3	1 570	8.0	D-2.3	1 373	7.5	D-3.3	1 177	6.5
	D-1.4	1 960	9.0	D-2.4	1 765	8.0	D-3.4	1 570	7.0

(2) 按照瓦楞纸箱的包装容量及所使用瓦楞纸板的种类，可分为表 7.4 中 8 种。

表 7.4　瓦楞纸箱包装容量表

种　类	最大总容量/kg	最大尺寸(长+宽+高)/mm	极限偏差
单瓦楞箱第 1 种	10	1 000	+4
单瓦楞箱第 2 种	20	1 400	−3
单瓦楞箱第 3 种	30	1 750	+5
单瓦楞箱第 4 种	40	2 000	−3
双瓦楞箱第 1 种	20	1 400	+4 −3
双瓦楞箱第 2 种	30	1 750	+5 −3
双瓦楞箱第 3 种	40	2 000	
双瓦楞箱第 4 种	50	2 500	

(3) 瓦楞纸箱使用的瓦楞纸板其各项技术指标应符合 GB6544-86《瓦楞纸板》的规定，见表 7.5。

表 7.5　各种纸箱对瓦楞纸板的技术要求

名称	类别	瓦楞纸箱代号	瓦楞纸板代号
单瓦楞纸箱	1 类	BS-1.1	S-1.1
		BS-1.2	S-1.2
		BS-1.3	S-1.3
		BS-1.4	S-1.4
		BS-1.5	S-1.5
	2 类	BS-2.1	S-2.1
		BS-2.2	S-2.2
		BS-2.3	S-2.3
		BS-2.4	S-2.4
		BS-2.5	S-2.5
	3 类	BS-3.1	S-3.1
		BS-3.2	S-3.2
		BS-3.3	S-3.3
		BS-3.4	S-3.4
		BS-3.5	S-3.5

(续表)

名称	类别	瓦楞纸箱代号	瓦楞纸板代号
双瓦楞纸箱	1类	BD-1.1	D-1.1
		BD-1.2	D-1.2
		BD-1.3	D-1.3
		BD-1.4	D-1.4
		BD-1.5	D-1.5
	2类	BD-2.1	D-2.1
		BD-2.2	D-2.2
		BD-2.3	D-2.3
		BD-2.4	D-2.4
		BD-2.5	D-2.5
	3类	BD-3.1	D-3.1
		BD-3.2	D-3.2
		BD-3.3	D-3.3
		BD-3.4	D-3.4
		BD-3.5	D-3.5

(4) 尺寸偏差如表 7.6 所示。

表 7.6　瓦楞纸箱、纸板偏差表

种类	1类箱		2类箱及 3类箱			
			综合尺寸不大于 1 000 mm		综合尺寸大于 1 000 mm	
尺寸偏差/mm	±3	±5	单瓦楞箱	双瓦楞箱	单瓦楞箱	双瓦楞箱
			±3	±5	±4	±6

(5) 结构及其尺寸。瓦楞纸板的楞型结构及尺寸要求应符合表 7.7 的要求，其瓦楞形状均为 UV 型。

表 7.7　瓦楞纸板的楞型结构及尺寸

楞型	楞高/mm	楞数/个(300mm)
A	4.5～5.0	34±2
C	3.5～4.0	28±2
B	2.5～3.0	50±2
E	1.1～2.0	96±4

6) 按照瓦楞纸板的物理强度，可分为表 7.8 中所示 4 种。

表7.8 瓦楞纸板物理强度表

种类		面里纸总克重 g	耐波度 kgf/cm²	戳穿强度 kg·cm	边压强度 kgf/cm	粘合强度 kgf/楞·10 cm	水分 %
单瓦楞纸板	1	400 以下	8	50	4	6	11±3
	2	401～500	12	65	5	6	
	3	500～640	16	85	6	6	
	4	641 以上	20	100	7	6	
双瓦楞纸板	1	400 以下	12	90	6	6	11±3
	2	401～500	16	105	7	6	
	3	500～640	20	125	8	6	
	4	641 以上	26	140	9	6	

注：① 水分是指瓦楞纸板离机后 30～60min 时的水分；② 此表不包括 B 型单瓦楞纸板和 B/B 型双瓦楞纸板；③ 各项指标均按本标准附录 A 中规定的方法进行测试。

7) 瓦楞纸板使用的箱板纸，必须符合表 7.9 的技术要求。

表7.9 瓦楞纸板对箱纸板的技术要求

指 标	规 定							
定量/(g/m²)	180 (±5%)	200 (±5%)	220 (±5%)	250 (±5%)	280 (±5%)	300 (±5%)	320 (±5%)	360 (±5%)
紧度不小于/(g/cm²)	0.72	0.72	0.72	0.72	0.72	0.72	0.72	0.72
耐破度不小于/(kgf/cm²)	6	6.6	6.8	7	8	10	11	12
耐折度(横向)不小于				80	120	400	420	500
环压强度(横向)不小于/kg	21	24	26	28	31	33	35	40
表面吸收重量(正/反)不大于/(g/mw)				30/60	30/60	30/60	30/60	30/60
水分/%	7～11	7～11	7～11	7～11	7～11	7～11	7～11	7～11

注：(1) 加工瓦楞板使用的瓦楞原纸，必须符合上表的技术要求。

(2) 加工瓦楞纸板使用淀粉粘合剂或具有同等粘合效果的其他粘合剂，不得使用硅酸钠。

8) 楞型采用见表 7.10。

表7.10 楞型采用表

种 类	瓦楞高度/mm	楞数/个(300 mm)
A	4.5～5	34±2
B	3.5～4	40±2
C	2.5～3	50±2

9) 楞型强度的采用见表 7.11。

表 7.11　楞型强度采用表

指　标	规　定		
	125 g/m²	125 g/m²	125 g/m²
定量/(g/m²)	125(±4)	150(±4.5)	180(+5,−9)
厚度/mm	0.22(+0.03,−0.22)	0.24(+0.03,−0.22)	0.27(+0.03,−0.22)
耐破度不小于(kgf/cm²)	2.5	3	3.5
裂断长(纵向)不小于/m	4000	4000	4000
环压强度(横向)不小于/kg	14	18	24
水分/%	9±2	9±2	9±2
施胶度/mm	0.5~0.75	0.5~0.75	0.5~0.75

综合测试

◆ 单项选择题

(1) 下列纸板中作为销售包装的主要材料是(　　)。

　　A. 牛皮箱纸板　　B. 箱纸板　　　　C. 瓦楞纸板　　　D. 白纸板

(2) 塑料包装材料的优点不包括(　　)。

　　A. 质轻　　　　　　　　　　　　B. 耐腐蚀

　　C. 聚氯乙烯　　　　　　　　　　D. 全部可回收环保

(3) 以下不属于热塑性塑料的是(　　)。

　　A. 聚乙烯　　　　B. 聚丙烯　　　C. 聚氯乙烯　　　D. 酚醛塑料

(4) 金属包装材料中产量和消耗量最多的是(　　)。

　　A. 镀锡薄纸板　　B. 铝合金薄板　C. 镀铬薄钢板　　D. 镀锌薄钢板

(5) (　　)因加工性能好,是制作易开瓶罐的专用材料。

　　A. 镀锡薄钢板　　B. 镀铬薄钢板　C. 镀锌薄钢板　　D. 铝板

(6) 绿色包装材料是指(　　)。

　　A. 木质包装　　　　　　　　　　B. 纸质包装

　　C. 塑料包装　　　　　　　　　　D. 所有可回收再利用包装材料

(7) 销售包装的作用不包括(　　)。

　　A. 便于陈列　　　　　　　　　　B. 便于使用

　　C. 有利于增加销量　　　　　　　D. 保护货物以免受损坏

(8) 相对而言,以下包装材料使用不太普遍的是(　　)

　　A. 木材　　　　　B. 纸　　　　　C. 塑料　　　　　D. 陶瓷

(9) 以下不是木质包装材料优点的是(　　)。

　　A. 分布广，可以就地取材　　　　B. 价格低廉

　　C. 容易加工　　　　　　　　　　D. 无需任何处理即可使用

(10) 以下说法错误的是(　　)。

　　A. 椴木是食品包装箱的忌用材

　　B. 杉木是茶叶包装箱的忌用材料

　　C. 马尾树适合用作机电产品等重型包装箱

　　D. A 和 B 都正确

◆ 多项选择题

(1) 对于出口纸箱包装要求，以下正确的是(　　)。

　　A. 外箱毛重一般不超过 25 kg。单瓦楞纸纸板箱，用于装毛重小于 7.5 kg 货物；双瓦楞纸板箱，用于毛重不大于 7.5 kg 货物

　　B. 纸箱的抗压强度应能在集装箱或托盘中，以同样纸箱叠放到 2.5 m 高度不塌陷为宜

　　C. 如产品需做熏蒸，外箱的四面左下角要有 2 mm 开孔

　　D. 出口去欧洲的外箱一般要印刷可循环回收标志，箱体上不能使用铁钉

(2) 塑胶袋包装要求(　　)。

　　A. PVC 胶袋一般是被禁用的

　　B. 胶袋上要有表明所用塑料种类的三角形环保标志

　　C. 胶袋上印刷 "PLASTIC BAGS CAN BE DANGEROUS.TO AVOID DANGER OF SUFFOCATION,KEEP THIS BAG AWAY FROM BABIES AND CHILDREN." 胶袋上还要打孔，每侧打一个，直径 5mm

　　D. B 和 C 是正确的

(3) 用(　　)材料包装的货物去挪威，在办理货物进口手续时必须提供证明。

　　A. 草类

　　B. 旧编织材料制成的麻袋、打包麻布

　　C. 塑料

　　D. A、B 和 C 三种

(4) 适用捆包运输的商品有(　　)

　　A. 棉花　　　　　B. 皮鞋　　　　　C. 五金器械　　　D. 布匹

◆ 判断题

(1) 箱纸板主要用于运输包装。(　　)

(2) 牛皮箱纸板主要用于销售包装。(　　)

(3) 镀锡薄钢板简称镀锡板，俗称白铁皮。(　　)

(4) 铝箔复合薄膜是由铝箔与塑料薄膜或纸张复合而成，大量用于香烟和食品包装。(　　)

(5) 镀锌薄钢板简称镀锌板，俗称马口铁。(　　)

◆ 问答题

请说明木材包装材料、纸质包装材料、塑料包装材料和金属包装材料各有什么特点？

◆ 实务操作题

广东远东电器制造有限公司(简称"远东电器")是一家从事电吹风生产的专业厂家。2009 年 3 月，法国"莱塞纳"公司经过实地考察和筛选，有意从"远东电器"采购家用小型电吹风，并于 4 月 7 日向"远东电器"下达了采购单，同时随附了"莱塞纳"公司的相关要求。为了完成采购单上订单任务，"远东电器"指派跟单员李羽具体负责跟单。请你以跟单员李羽的身份仔细阅读该订单，分析"莱塞纳"公司的具体要求，完成跟单任务。

LUCERNA TRADING CO.,LTD.

20th Floor International Bldg.No.341 Fuyuan Road, 125-Ka, Namdaeminoon Ro.,

Chung-Ku 75011 Paris France

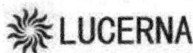

Tel：00331 43 57 0226　　　Fax：00331 43 57 0287

LUCERNA

PURCHASE ORDER

Purchase order No：LU09005　　Refrence No: CB3788N21C
Date: 7th Apirl,2009　　　　Signed at: Fax

Supplier: FAREAST ELECTRIC CO.,LTD
　　　　SHUNDE, GUANGDONG,CHINA
　　　　528301

Ship to： MARSEILLES，FRANCE

We plan to purchase the under-mentioned goods. All terms and conditions are as follows:

Model No.	Customer Item No.	Specification And Description	QTY (PCS)	Unit Price	Amount
				FOB Yantian	
MT201Y	378		1 800	USD2.90/PC	USD5 220.00
MT202Y	379		1 800	USD2.90/PC	USD5 220.00
MT203Y	380	electric hair dryer	1 800	USD2.90/PC	USD5 220.00
MT204Y	381	VOLTAGE： 220-240V POWER：2000W	1 800	USD2.90/PC	USD5 220.00
		Total	7 200	USD2.90/PC	USD20 880.00

Total value in capital：SAY US DOLLARS TWENTY THOUSAND, EIGHT HUNDRED AND
EIGHTY ONLY.

1. Shipment：BY SEA

2. Delivery time：8th JUNE,2009

3. Payment：20% deposit remitted before 16th Aiprl , 2009, balance against B/L copy by fax.

4. Insurance：By LUCERNA

5. Discrepancy and Claim：In case of quality discrepancy，claim should be filed by the LUCERNA within 30 days after the arrival of the goods at port of destination，while for quantity discrepancy，claim should be filed by the LUCERNA within 15 days after the arrival of the goods at port of destination. It is understood that the Supplier shall not be liable for any discrepancy of the goods shipped due to causes for which the Insurance Company，Shipping　Company，other transportation organization or Post Office are liable.

6. Please sign and return the Purchase Order to us by Fax before 15th Aiprl，2009.

7. 5% more or less in quantity and amount will be allowed.

Signature by(the Supplier)：_____　_____ Signature by (the buyer)：___　_____

LUCERNA

UCERNA TRADING CO.,LTD.

检验员
03

DEAR SUPPLIER，

PLEASE FIND HEREAFTER ALL REQUIRED INFORMATION WE NEED TO START THE FOLLOW UP OF THE ORDER.

1 – Payment 支付(PRO-FORMA INVOICE AND BANKING DETAILS)

- Please send us by e-mail your pro-forma invoice with shipment date, volume, p/o no., description, quantity, prices …, Name and address of Beneficiary & your Bank and Account Number.
- 20% as deposit in advance by T/T, shipment based on passing our QC inspection and balance against copy of B/L by fax.

2 – INSPECTION 检验

- You must send us your"the progress of work book"(进度作业书)by e-mail so that we can make the inspection in your factory 7 days before shipment.
- If necessary we will ask you to send another set of samples to the laboratory in Hong Kong for initial testing. Please wait for our instructions.
- The checker number (depends on the supplier) must be stamped(盖章)on the hangtag(吊牌), not printed, please check the stamp sample beside, diameter(直径) of the circle must be 1 cm.
- The price on the hangtag must be in bold face (粗体字)and clearly read. Please send us the draft(草稿)for confirmation before production.

3 – SAMPLES 样品

-The samples include pre-production sample, bulk production sample. Two pieces per model of pre-production samples will be sent us before production(one to Hong Kong office and the other to French office). One piece per model bulk production samples will be sent us before shipment.
- The bulk production sample that you send must be exactly the same as production.
- Sent by speed courier (DHL)to the following address(Important for sending to France, the final

airport is Bordeaux Merignac Airport, not Paris Airport)：

> C.D.L
> 74 rue Sedaine
> 76011 Bergerac city
> France

- The cost of speed courier will be paid by supplier.
- For both, please do not forget to enclose a detailed commercial invoice indicating "samples with no commercial value".

---

4 - CERTIFICATES 认证

- Please send us as soon as possible all the certificates of CE & ROHS, all certificates must be dated less than 2 year.

---

5 – marks(main & side)唛头

The side and main marks have to be printed on each outer/export carton containing the goods that you are going to ship.
- main marks printed in black ink to be fixed on two sides, including LUCERNA, destination, P.O.no., model no., quantity of carton, carton no..
- side marks printed in black ink to be fixed on two sides, including G.W., N.W, carton size and original of goods.

---

6 – Packing 包装与装箱

- 1 PC per polybag and inner box，12 PCS/CTN，standard export carton must be strong.
- shipped by 1x40' container .
- The recycle mark must be printed in black ink on all the inner & outer cartons and polybags.
- 1 hangtag per electric hair dryer.

---

7 – shipping documents 装运单据

-Within 2 days after shipment date, please send invoice, packing list and B/L via e-mail or fax to international department of LUCERNA.

(1) 请代外贸跟单员李羽设计"唛头"，并按法国客商的要求填入下列方框中。

Shipping Mark：	Side Mark：

(2) 外贸跟单员李羽为了证明所采购的纸箱达到了我国出口标准和法国客商的"standard export carton must be strong"要求，可以采用什么简易方法予以检验？(请具体说明过程)。

8 出口产品认证、生产制造过程及质量检验跟单

![关键词图标] **关键词**

标准化　国际标准化组织　产品质量体系　产品国际认证
生产制造过程　质量控制　出口产品质量检验计划质量检验标识　出口产品
质量检验跟单

知识目标

◆ 了解出口产品认证常识；

◆ 熟悉 ISO 质量管理体系；

◆ 掌握出口产品主要国际认证的申请及取得方法；

◆ 了解生产制造过程质量跟单的基本常识；

◆ 熟悉生产制造过程质量控制要求；

◆ 熟悉工艺准备的质量控制；

◆ 掌握出口产品质量检验计划、检验跟单的要求与方法。

技能目标

◆ 能够申请办理重要的出口产品国际认证；

◆ 能制定生产过程的质量控制计划；

◆ 能运用出口产品质量检验标准衡量出口产品；

◆ 能熟练掌握出口产品质量检验活动的实施；

◆ 能做好出口产品生产的品质监控工作；

◆ 能够进行出口产品质量检验跟单。

导入案例

中国深圳 KK 服装公司与外贸客户签订了贸易合同，进入到大货生产阶段，跟单

员需要完成什么样的工作内容？怎样处理企业在生产制造过程中发生的各种问题？

KK 服装公司生产的产品主要出口到欧美国家，所以生产需要取得国际产品认证。作为跟单员，应该怎样帮公司把好质量关？取得相应的国际产品认证、做好出口产品认证与出口产品检验的跟单？

在产品的生产制造过程中对产品的质量进行严格的控制会显著提升出口企业的竞争力。一个优秀的跟单员不仅要做好跟单具体业务工作，也不能忽视对产品质量的监控。

8.1　标准化与产品质量认证

为在一定的范围内获得最佳秩序，对实际的或潜在的问题制定共同的和重复使用的规则的活动，称为标准化。它包括制定、发布及实施标准的过程。标准化的重要意义是改进产品、过程和服务的适用性，防止贸易壁垒，促进技术合作。我国在国家标准 GB／T3951-83 中对标准化下的定义是："在经济、技术、科学及管理等社会实践中，对重复性事物和概念，通过制定、发布和实施标准，达到统一，以获得最佳秩序和社会效益。"由此看见，"通过制定、发布和实施标准，达到统一"是标准化的实质，"获得最佳秩序和社会效益"则是标准化的目的。

外贸业务中涉及很多国际标准、国际标准化组织，外贸跟单员必须了解相关常识，以便顺利地开展外贸跟单工作。

8.1.1　标准化组织

8.1.1.1　主要国际标准组织

主要的国际标准组织有：

(1) 国际标准化组织(international organization forstandardization，ISO)，是当今世界最大的最权威标准化机构。它是非政府性的，其成员由来自世界 140 多个国家的国家标准化团体组成。ISO 成立于 1947 年，总部设在瑞士的日内瓦。其宗旨是在全球范围内促进标准化工作的发展，以利于国际资源的交流和合理配置，扩大各国在知识、科学、技术和经济领域的合作。其主要任务是制定国际标准，协调世界范围内的标准化工作，与其他国际性组织合作研究有关标准化问题。代表中国参加 ISO 的国家机构是中国国家技术监督局(CSBTS)。ISO 目前已经发布了 17 000 多个国际标准，如 ISO 公制螺纹、ISO 的 A4 纸张尺寸、ISO 的集装箱系列(目前世界上 95%的海运集装箱都符合 ISO 标准)、ISO 的胶片速度代码、ISO 的开放系统互联(OS2)系列(广泛用于信息技术领域)和有名的 ISO9000 质量管理系列标准。

(2) 国际电信联盟(ITU)。是联合国的一个专门机构,是各国政府和民间领域协调全球电信网络和服务的机构,也是联合国机构中历史最长的一个国际组织,简称"国际电联"或"电联"。其主要职责是完成国际电信联盟有关电信标准化的目标。

(3) 电工委员会(IEC)。成立于 1906 年,至今已有 90 多年的历史。它是世界上成立最早的国际性电工标准化机构,负责有关电气工程和电子工程领域中的国际标准化工作。IEC 的宗旨是,促进电气、电子工程领域中标准化及有关问题的国际合作,增进国际间的相互了解。为实现这一目的,IEC 出版包括国际标准在内的各种出版物,并希望各成员在本国条件允许的情况下,在本国的标准化工作中使用这些标准。近 20 年来,IEC 的工作领域和组织规模均有了相当大的发展。今天 IEC 成员国已从 1960 年的 35 个增加到 60 个。他们拥有世界人口的 80%,消耗的电能占全球消耗量的 95%。目前 IEC 的工作领域已由单纯研究电气设备、电机的名词术语和功率等问题扩展到电子、电力、微电子及其应用、通信、视听、机器人、信息技术、新型医疗器械和核仪表等电工技术的各个方面。IEC 标准已涉及世界市场中的 35%的产品,并将继续扩大。

8.1.1.2 中国的标准化组织

中国标准化工作实行统一管理与分工负责相结合的管理体制。按照国务院授权,在国家质量监督检验检疫总局管理下,国家标准化管理委员会统一管理全国标准化工作。国务院有关行政主管部门和国务院授权的有关行业协会分工管理本部门、本行业的标准化工作。省、自治区、直辖市标准化行政主管部门统一管理本行政区域的标准化工作。省、自治区、直辖市政府有关行政主管部门分工管理本行政区域内本部门、本行业的标准化工作。市、县标准化行政主管部门和有关行政部门主管,按照省、自治区、直辖市政府规定的各自的职责,管理本行政区域内的标准化工作。

8.1.2 产品质量管理体系

ISO 族标准是目前国际上最重要的质量管理体系标准,包括 ISO9000、10000 及 14000 三种系列。ISO9000 标准明确了质量管理和质量保证体系,适用于生产型及服务型企业;ISO10000 标准为从事和审核质量管理和质量保证体系提供了指导方针；ISO14000 标准明确了环境质量管理体系。

8.1.2.1 ISO9000

ISO9000 族标准是一个国际通行的质量标准，得到世界各国的认同。取得质量体系认证证书，推行 ISO9000 有助于提高质量管理水平；提高组织声誉，增强组织竞争力；免于其他机关的监督检查；有利于企业开拓国际市场，扩大销售并获得更大利润。

企业申请产品质量认证必须具备以下四个基本条件：

(1) 中国企业持有工商行政管理部门颁发的"企业法人营业执照"；外国企业持有有关部门机构的登记注册证明。

(2) 产品质量稳定，能正常批量生产。质量稳定指的是产品在一年以上连续抽查合格。小批量生产的产品，不能代表产品质量的稳定情况，必须正式成批生产产品的企业，才能有资格申请认证。

(3) 产品符合国家标准、行业标准及其补充技术要求，或符合国务院标准化行政主管部门确认的标准。这里所说的标准是指具有国际水平的国家标准或行业标准。产品是否符合标准需由国家质量技术监督局确认和批准的检验机构进行抽样予以证明。

(4) 生产企业建立的质量体系符合 GB/T19000—ISO9000 族中质量保证标准的要求。建立适用的质量标准体系(一般选定 ISO9002 来建立质量体系)，并使其有效运行。

具备以上四个条件，企业即可向国家认证机构申请认证。

8.1.2.2 ISO14000

ISO14000 系列标准是国际标准化组织 ISO/TC207 负责起草的一份国际标准，旨在指导各类组织(企业、公司)取得和表现正确的环境行为。站在政府、社会、物料采购方的角度，对组织的环境管理体系(环境管理制度)提出了共同的要求，以有效地预防与控制污染并提高资源与能源的利用效率，突出了"全面管理、预防污染、持续改进"的思想。

ISO14000 是一个系列的环境管理标准，它包括了环境管理体系、环境审核、环境标志、生命周期分析等国际环境管理领域内的许多焦点问题。ISO 给 14000 系列标准共预留 100 个标准号。该系列标准共分七个系列，其编号为 ISO14001—14100。目前正式颁布的有 ISO14001、ISO14004、ISO14010、ISO14011、ISO14012、ISO14040 等五个标准。其中 ISO14001《环境管理体系—规范及使用指南》是系列标准的核心标准，也是唯一可用于第三方认证的标准。作为组织建立与实施环境管理体系和开展认证的依据，该标准已经在全球获得了普遍的认同。全世界已经有 11000 余家公司或企业获得了 ISO14001 标准认证证书，我国也有 100 余家企业获得了证书。

ISO14000 环境管理认证被称为国际市场认可的"绿色护照"。在全球绿色贸易壁垒日益严重的情况下，企业若能获准通过该项认证，无疑就获得了顺利进军国际市场，尤其是发达国家市场的"国际通行证"。

1) 企业申请 ISO14000 认证必须具备的条件

(1) 申请方应已建立文件化的环境管理体系，并且运行良好。

(2) 申请方本年度无重大环境污染事故，污染物无严重超标排放情况。

(3) 申请方应在预定的认证审核日期的一个月前提交下列材料：① 组织简介；② 认证申请书；③ 法律地位的证明文件(如：营业执照)的复印件；④ 监测报告及《申请认证组织应执行的污染物排放标准》；⑤ 地理位置示意图；⑥ 区域平面示意图；⑦ 主要工艺流程及污染物产出示意图；⑧ "环评"批复，"三同时"验收报告(表)；⑨ 环境管理手册、程序文件(应附重要环境因素清单、法律法规清单以及目标、指标和环境管理方案)；⑩ 环境管理体系概述，包括体系覆盖范围、体系运行时间、运行成效、内审及管理评审时间等。

2) 我国实施 ISO14000 系列标准应注意的一些问题

(1) 实施 ISO14000 系列标准，要以中国国家和地方环境保护法律法规、标准、规章制度以及各级行政管理部门有关环境保护的决定为依据。组织制定的环境保护方针、政策、目标要以国家"九五"和 2010 年远景目标为依托，确保区域环境目标的实施，实现总量控制。

(2) 实施 ISO14000 系列标准，要与全过程污染控制，清洁生产及组织管理相结合。环境管理是组织管理的一部分，因此环境管理必须贯穿在组织管理之中，组织应把全过程控制污染、清洁生产，作为组织的环境方针、目标纳入环境管理体系之中，促进组织节能、降耗、减污。在组织管理过程中体现防治污染。

(3) 实施 ISO14000 系列标准，要与现行的各项环境管理制度相结合，要把有关制度的基本要求纳入环境管理体系之中。审核认证前，把是否遵守中国的环保法律法规、标准、总量控制指标作为组织申请认证的基本条件；审核认证中，把是否贯彻了环境管理制度作为审核内容之一。从而使 ISO14000 系列标准的实施更具有中国特色，符合中国国情。

(4) 实施 ISO14000 系列标准，认证机构、咨询机构应按有关规定和各自职能分别开展相应工作。

(5) 要加强环境管理体系认证人员和咨询人员的培训，提高环境管理体系咨询，审核认证工作的质量，为改善中国环境管理状况，获得国际认可创造条件。

(6) 加强对认证工作的监督。

8.1.3　产品质量认证

产品质量认证是指产品的质量经过社会公证的质量检验机关的检验，认为产品符合某种质量或安全标准，颁发质量认证证书的行为，并准许企业在产品或其包装上使用产品质量认证标志。世界上多数国家或地区的市场对进口产品都有质量认证的准入要求，所以出口企业必须了解这些要求，对产品进行相应的国际认证。产品的质量认证体系主要包括产品质量合格认证和产品质量安全认证。以下将介绍国际上常用的一些产品质量认证。

8.1.3.1　UL 认证

UL 是英文保险商试验所(Underwriter Laboratories Inc.)的简写。UL 安全试验所是美国最有权威的，也是世界上从事安全试验和鉴定的较大的民间机构。它是一个独立的、非营利的、为公共安全做试验的专业机构。它采用科学的测试方法来研究确定各种材料、装置、产品、设备、建筑等对生命、财产有无危害和危害的程度；确定、编写、发行相应的标准和有助于减少及防止造成生命财产受到损失的资料；开展实情调研业务。总之，它主要从事产品的安全认证和经营安全证明业务，其最终目的是为市场得到具有相当安全水准的商品、为人身健康和财产安全得到保证做出贡献。就产品安全认证作为消除国际贸易技术壁垒的有效手段而言，UL 为促进国际贸易的发展也发挥着积极的作用。

UL 的产品认证、试验服务的种类主要可分为列名、认可和分级。UL 标准，几乎涉及所有种类的产品，它是鉴定产品之基础。UL 出版了 500 多种标准，其中 70%被美国国家标准协会(ANSI)采纳为美国国家标准。

外贸跟单员必须了解 UL 认证的过程，以便在认证跟单工作中做得更好。

(1) UL 测试服务是如何组织的？UL 的工程服务部按不同的产品种类分成多个部门。其工作人员包括资深的工程师和技术服务人员。检查产品的结构，进行测试，评估实验结果和制定标准只是他们工作的一部分。UL 还包括到工厂现场进行检验的现场代表。这些代表是使带 UL 标记的产品符合 UL 标准的保证。

(2) 谁可以递交产品？产品通常是由产品制造商或开发商或者其他经授权的代理、代表等实体递交的。当客户递交产品的时候，客户可以选择出现在 UL 出版的产品目录上的实体名字(如制造商，代理商或其他获得许可的实体)。一旦决定，该名字必须出现在所有满足 UL 标准并准备使用 UL 标记的产品上。

(3) 应在何时递交产品？最好是在产品开发的过程中递交产品，而且越早越好。通常，UL 工程师可以通过对产品的预验来帮客户决定必须修改或返工的地方。尽管预验并不能取代产品的完整测试，也不能获得 UL 标记的使用授权，但它可以为客户节约费用。预验可以在任何一个 UL 实验室，UL 分支机构或在客户的生产地进行，且只需花费一到两天时间(本条主要针对在国外有分支机构的企业，对其他企业无实际意义)。

(4) 如何递交产品？可以向 UL 的客户顾问咨询以获得帮助，这对于一个初次申请 UL 的企业尤为重要。因为客户顾问是一座连接 UL 和客户的桥梁。其责任包括回答有关 UL 的问题、引导客户到正确的工程部门和 UL 的管理部门合作解决客户的有关问题。第一次向 UL 递交产品的关键是根据客户的方便，致函于 UL 美国实验室的客户顾问或其他地区分支机构的经理。

(5) 产品测试如何开始？一旦 UL 获得提供的所有数据，UL 可以决定由哪个部门来测试产品。UL 的工程部将制定测试计划、提供估计的测试费用、大致的测试结束时间并发送申请表格。UL 将在客户安排的测试时间进行测试。一旦客户返回了申请书并提供了相应的预付款，并且 UL 的工程师收到了相应的测试样品，UL 工程师即可以开始真正测试产品。

(6) 测试结束后会怎样？一旦产品测试结束，项目工程师会通知客户的产品是否符合 UL 的要求。对于符合 UL 要求的产品，项目工程师会根据测试数据编写一本正式的报告。测试数据也将用于跟踪服务并作为跟踪服务细则的基础部分。

8.1.3.2 CB 认证

CB 制度是国际电工委员会(IECEE)建立的一套全球性互认制度。全球有 34 个国家的 45 个认证机构参加这一互认制度,这一组织的成员国及成员机构正在不断扩大。企业从其中一个认证机构取得 CB 证书后，可以较方便地转换成其他机构的认证证书，由此取得进入相关国家市场的准入证。CB 制度的成员国包含了所有中国机电产品的重要出口地区，如美国、日本、西欧、北欧、波兰、俄国、东盟、南非、澳大利亚和新西兰等。

1) CB 认证流程　申请人可以是制造商或者其代理人/代理机构。申请可以覆盖制造该产品的一个或几个国家中的一个或多个工厂。

(1) 申请人首先填写《电工产品 CB 测试证书预申请函》；同时提交产品使用说明书、安全设计文件(包括关键结构图，即能反映爬申距离、间隙、绝缘层数和厚度的设计图)、产品技术条件(或企业标准)、产品电原理图、产品线路图、关键元部件或物料清单(请选用有欧洲认证标志的产品)、整机或元部件认证书复印件、其他需要的资料；相关的文件资料需为中英文两种；为缩短认证周期，提供的资料最好为电子文档形式。

(2) 中国质量认证中心(CQC)对申请资料进行评审,受理该申请后,申请人将收到正式的《CB 测试申请书》,《CB 测试申请书》要求用英文填写,一式两份。

(3) 《CB 测试申请书》经 CQC 审查合格后,作为 CB 试验室的 GTIHEA,将会通知企业具体的送样要求。

(4) GTIHEA 在接到测试样品后,在规定的时间内完成测试并出具 CB 测试报告。根据国际组织 IEC 的规定,一般可在收到样品的一个月内出具 CB 报告。

(5) IQC 对 CB 测试报告及其他申请资料的审核完成后,由中心主任签发 CB 测试证书。

2) 申请 CB 证书需注意的事项

(1) 申请 CB 测试证书可以由申请人提交给任一覆盖该产品范围的"发证/认可"NCB。

(2) 申请人既可以是制造商,也可以是得到授权的代表制造商的实体。申请人将是 CB 证书的持有者,如果申请人是制造商的代理人,CB 测试证书的持有者将是制造商的代理人。

(3) 申请可以包括一个或多个国家中生产产品的一个或多个工厂。

(4) 位于没有 IEC 成员机构的国家内的申请人需要为每份 CB 测试证书支付额外的费用(150 瑞士法郎),以补偿体系的运行成本。这一费用由受理 CB 测试证书申请的 NCB 收取,并将打入 IEC 的账户内。

(5) 申请人可以要求 NCB 根据产品销往国的国家差异测试产品。

我国企业获得了中国电工产品认证委员会颁发的 CB 测试证书后,可使用该证书附带 CB 测试报告直接向进口国申请该国的认证合格证书,审查合格后,可以获得该国的认证合格证书,使用他们的标志。这样做既经济,又省时。

8.1.3.3　GS 认证

GS 的含义是德语 Geprufte Sicherheit(安全性已认证),也有 Germany Safety(德国安全)的意思。GS 认证是以德国产品安全法(SGS)为依据,按照欧盟统一标准 EN 或德国工业标准 DIN 进行检测的一种自愿性认证,是欧洲市场公认的德国安全认证标志。

GS 标志表示该产品的使用安全性已经通过公信力的独立机构的测试。GS 标志,虽然非法律强制要求,但它确实能在产品发生故障而造成意外事故时,使制造商受到严格的德国(欧洲)产品安全法的约束。所以 GS 标志是强有力的市场工具,能增强顾客的信心及购买欲望。虽然 GS 是德国标准,但欧洲绝大多数国家都认同。而且满足 GS 认证的同时,产品也会满足欧盟的 CE 标志的要求。和 CE 不一样,GS 标志并无法律强制要求,但由于安全意识已深入普通消费者，一个有 GS 标志的电器在市场上可能会较一般产品有更大的竞争力。

GS 标志是被欧洲广大顾客接受的安全标志，通常 GS 认证的产品，销售单价更高而且更加畅销。这样不但可以提高销售额，而且还提高了该产品在欧洲顾客心理中的市场定位。

8.1.3.4 CE 认证

近年来，在欧盟市场上销售的商品中，CE 标志的使用越来越多，逐渐成为产品进入欧洲市场的通行证。加贴 CE 标志的商品表示其符合安全、卫生、环保和消费者保护等一系列欧洲指令所要表达的要求。

表 8.1 GS 认证和 CE 认证的差别

GS 认证	CE 认证
1. 自愿认证 non-compulsory	1. 强制性认证 compulsory
2. 适用德国安全法规进行检测 GS	2. 适用欧洲标准(EN)进行检测
3. 由经德国政府授权之独立第三方进行检测并核发 GS 标志证书	3. 在具备完整技术文件(包含测试报告)的前提下可自行宣告 CE
4. 必须缴年费	4. 无须缴年费
5. 每年必须进行工厂审查	5. 无须工厂审查
6. 由授权测试单位来核发 GS 标志，公信力及市场接受度高	6. 工厂对产品符合性的自我宣告，公信力及市场接受度较低
7. 对产品品质的美誉度提高有很大帮助	7. 对产品品质没有办法提升
8. 在欧洲被广大客户接受	8. 在欧洲被一般客户接受
9. 价格稍高	9. 价格平
10. 时间一般 6～8 周	10. 时间一般 2～4 周

8.1.3.5 CCC 认证

CCC 为英文 China Compulsory Certification 的缩写，意为"中国强制认证"，简称为"3C"。主要通过制定强制性产品认证的产品目录和强制性产品认证程序规定，对列入《目录》中的产品实施强制性的检测和审核。凡列入目录内的产品未获得指定机构的认证证书，未按规定加施认证标志，不得出厂、进口、销售和在经营服务场所使用。旨在保护广大消费者人身安全、保护动植物生命安全、保护环境和保护国家安全。认证标志是《目录》中产品准许其出厂销售、进口和使用的证明标记。CCC 认证流程如下：

(1) 产品认证申请。生产 CCC 目录内产品的法人企业向认证机构提交申请；认证机构对资料进行评审，向申证企业发出"认证收费通知"和"送样通知"；申证企业交纳认证费用，并应及时按要求将样品送交指定的检测机构。

(2) 产品型式试验。检测机构按申证产品所依据的标准及技术要求进行检测试验；型式试验合格后，出具型式试验报告，送交认证机构进行评定。

(3) 工厂质量保证能力检查。对初次申请认证的企业，认证机构在收到产品试验合格的报告后，向申证企业发出工厂检查通知，同时向认证机构工厂检查组下达工厂检查任务函；检查人员根据《产品认证工厂质量保证能力》的要求对申证企业进行现场检查，并抽取一定的样品对检测结果的一致性进行核查；工厂检查合格后，检查组出具工厂检查报告，送交认证机构进行审核评定。

(4) 认证结果评定及批准认证证书。认证机构合格评定人员接到产品型式试验报告和工厂审查报告后，根据认证机构对认证结果的评定要求做出评定；认证机构领导根据评定结果签发认证证书。在 CCC 认证过程中的工厂审核阶段，可以结合 ISO9000 对工厂的质量体系进行审核。

(5) 获证后的监督。认证机构对获证企业的监督每年不少于一次；认证机构按批准的认证监督计划向获证企业发出认证监督检查和年金收费通知，同时向监督检查组下达监督任务通知，获证企业应根据要求做好准备；认证机构合格评定人员对监督检查组递交的"监督检查报告"和检测机构递交的"抽样检测试验报告"进行评定，评定合格的获证企业可继续保持认证证书。

8.1.3.6　CSA 认证

CSA 是加拿大标准协会(Canadian Standards Association)的简称。它成立于 1919 年，是加拿大首家专为制定工业标准的非盈利性机构。在北美市场上销售的电子、电器等产品都需要取得安全方面的认证。目前 CSA 是加拿大最大的安全认证机构，也是世界上最著名的安全认证机构之一。它能对机械、建材、电器、电脑设备、办公设备、环保、医疗防火安全、运动及娱乐等方面的所有类型的产品提供安全认证。CSA 已为遍布全球的数千厂商提供了认证服务，每年均有上亿个附有 CSA 标志的产品在北美市场销售。CSA 认证的申请程序如下：

(1) 将初步申请表填妥，连同一切有关产品(包括全部电器部件和塑胶材料)的说明书和技术数据一并交给 CSA International。

(2) CSA International 根据产品的具体情况确定认证费用，再以传真通知申请公司。

(3) 经申请公司确认后，将寄上正式申请表和通知书。

(4) 指定实验室将依时进行认证工作。

(5) 认证测试完毕之后，会发给申请公司一份初步报告书(findings letter)

(6) CSA International 将申请公司对上述第五项的回复加以评估；同时编写一份用作产品生产参考和跟踪检验用的认证报告(certification report)。

(7) 到了这个阶段，在某种情况下，CSA International 要到工厂作工厂初期评估(initial factory evaluation，IFE)。检验评估内容主要包括五个方面：管理、技术、产品、生产测试和抽样。

(8) 最后，CSA International 便会连同认证记录(certification record)发一份合格证书(certification of compliance)授权申请公司在其产品上加上 CSA 的认证标志。

(9) 申请公司要和 CSA International 签订一份服务协议，以表示双方同意其到工厂作产品跟踪检验。申请公司每年需支付年费(annual fee)来维持该项协议。

8.1.3.7　E-Mark 认证

E-Mark 即汽车电子产品认证，是欧洲共同市场，对汽车、机车及其安全零配件产品，噪音及废气等，均需依照欧盟相关法令与欧洲经济委员会法规的规定，通过产品符合认证要求，即授予合格证书，以确保行车的安全及环境保护的要求。2002 年 10 月起实施。根据欧盟指令 72/245/EEC，以及修正指令 95/54/EC 的要求，凡是进入欧盟市场进行销售的汽车电子电器类产品，必须通过 E-Mark 相关测试认证，标贴 E 或 e 标志，欧盟各国海关才予以放行，准许进入当地市场。所以，汽车电子电器类产品进行 E-Mark 认证，势在必行。

E-Mark 在汽车认证上包括了整车(汽车、摩托车)和零部件(轮胎、灯具、后视镜、安全带、车用电子产品、儿童座椅、安全玻璃、刹车片、车载冰箱、车载 DVD、警示牌等)。其安全认证要求具体体现为 E 标志(E 标志证书涉及的产品是零部件及系统部件，没有整车认证的相应法规，发证机构是欧洲经济委员会成员国的政府部门)和 e 标志认证(是依据欧盟指令强制成员国使用的机动车整车、安全零部件及系统的认证标志，发证机构是欧盟成员国政府的交通部门)。

E-Mark 认证标志分为两种形式：一种是长方形外框，代表在车辆停止和行使状态下，均可以正常使用而非必须使用的产品，例如车载充电器、车载灯具/电筒、车载气泵、车载按摩/加热坐垫、车载风扇等；另一种是圆形外框，代表在车辆停止和行使状态下，必须使用的产品，例如挡风玻璃、安全带、前大灯等。

8.2　生产制造过程跟单

跟单员应同出口商品生产企业的质量管理部门一起对其产品生产制造过程的质量进行监控，以确保在生产过程中产品的质量合格，符合客户的要求。

8.2.1　生产制造过程质量控制要求

8.2.1.1　生产制造过程质量控制要求

产品生产制造过程质量控制的要求体现在以下四个方面：

(1) 严格贯彻执行生产质量控制计划。根据技术要求及生产质量控制计划，建立责任制，对影响工序质量的因素(5M1E 即人、机、料、法、测、环)进行有效的控制。

(2) 保证工序质量处于控制状态。运用控制手段，及时发现质量异常，并找出原因。采取纠正措施，使工序恢复到受控状态，以确保产品质量稳定，符合生产质量控制计划规定的要求。

(3) 有效地控制生产节奏，及时处理质量问题，确保均衡生产。

(4) 生产制造过程质量控制的内容。生产制造过程质量管理的内容通常包括：工艺准备的质量控制、生产过程的质量控制、辅助服务过程的质量控制。

8.2.1.2　工艺准备的质量控制

工艺准备是根据产品的设计要求和生产规模，把材料、设备、工装、能源、测量技术、操作人员、专业技术与生产设施等资源进行系统、合理地组织，明确规定生产制造方法和程序，分析影响质量的因素，采取有效措施，确保生产按规定的工艺方法和工艺过程正常进行，使产品的生产质量符合设计要求和控制标准的全部活动。工艺准备是生产技术准备工作的核心内容，是直接影响产品生产质量的主要体系要素。

1) 制订生产过程的质量控制计划

(1) 详细审查、研究产品生产的工艺性，确保生产过程的顺利进行。

(2) 确定工艺方法、工艺路线、工艺流程和相关的计算机软件。

(3) 选择与质量特性要求相适应的设备，配备必要的仪器、仪表。

(4) 对采用的新材料、新工艺、新技术、新设备进行试验、验证。

(5) 设计、生产、验证专用工装、储运工具和辅助设备。

(6) 制订工序质量控制计划。对关键工序、部位和环节实行重点的工序控制，对于重点控制的质量特性设置工序质量控制点。编制必要的产品检验计划，明确检验程序、方法、手段、检验质量特性与检验标准等。

(7) 培训相关操作人员，对特殊工序的操作与检验人员进行专业技术培训。

(8) 制定合理的材料消耗定额与工时定额。

(9) 确定在产品形成适当阶段的检验，对所有特性和要求明确接收标准。

(10) 研究改进生产质量和工序能力的措施和方法。

(11) 确定和准备生产过程的质量记录图表和质量控制文件与质量检验规范等。

2) 工序能力的验证　工序能力是工序处于受控状态下的实际加工能力。在生产过程中，工序是产品质量形成的基本环节，因此，在工艺准备中应对工序具备生产符合产品质量要求的能力进行验证。

3) 采购的质量控制　企业采购的物资和货品，诸如材料、零件、部件等都是产品的组成部分并直接影响产品的质量。因此，跟单员需要对采购的全部活动进行适当的控制。ISO9004-1标准关于采购质量的要求中明确指出质量体系中有关采购的内容至少应包括下列要素：

(1) 提出适合版本的规范、图样、采购文件和其他技术资料。

(2) 选择合格的供应商。

(3) 质量保证协议。

(4) 验证方法协议。

(5) 解决争端的规定。

(6) 进货检验程序。

(7) 进货控制。

(8) 进货控制记录。

4) 辅助材料、公用设施和环境条件的控制　对质量特性起重要作用的辅助材料和设施，如：生产用的水、压缩空气、能源、化学用品等也应加以控制并定期进行验证，以确保对生产过程影响的统一性。

5) 工艺文件的质量控制　工艺文件是产品生产过程中用以指导工人操作的技术文件，是企业安排生产计划，实施生产调度、劳动组织、材料供应、设备管理、质量检查、工序控制等的重要依据。

对于制定的工艺文件必须贯彻执行，并保持相对的稳定性，若需修改，必须按规定的程序进行审批，以确保受控工艺文件的质量。

8.2.1.3 生产过程的质量控制

生产过程质量控制的基本任务是：严格贯彻设计意图和执行技术标准，使产品达到质量标准；实施生产过程中各个环节的质量保证，以确保工序质量水平；建立能够稳定地生产符合质量水平要求的产品的生产制造系统。

8.2.2 出口产品质量检验计划的编制

出口产品质量检验计划的深度因产品的重要性、复杂程度以及与企业其他产品的差异而不同。但是，作为一个完整的检验计划一般应包括的基本内容有：检验流程、质量缺陷严重性分级表、检验指导书、测量和试验设备配置计划、人员调配、培训、资格认证等事项的安排和其他需要特殊安排的事宜。

8.2.2.1 检验流程

检验流程用来表达检验计划中的检验活动流程、检验站点设置、检验方式和方法及相互关系，一般应以工艺流程图为基础来设计。为了便于理解与交流，可以用编制流程图的方式，但在编制时应尽可能地采用有关标准规定的统一符号。

8.2.2.2 产品质量缺陷严重性分级

产品加工生产过程中不可能完全避免质量缺陷。对于不能满足预期使用要求的质量缺陷，如质量特性的重要程度、偏离规范的差别。对这些质量缺陷实施严重性分级有利于检验质量职能的有效发挥，以及质量管理综合效能的提高。

8.2.2.3 检验指导书

检验指导书是产品检验规程在某些重要检验环节上的具体化，是产品检验计划的构成部分。编制检验指导书的目的在于为重要的检验作业活动提供具体的指导。检验指导书的基本内容如下：

(1) 检验对象。

(2) 质量特性。

(3) 检验方法。

(4) 检测手段。

(5) 检验判断。

(6) 记录与报告。

(7) 对于复杂的检验项目，检验指导书应给出必要的示意图表及提供有关的说明资料。

8.2.3 出口产品质量检验活动的实施

企业实际的检验活动可分为三种类型，即进货检验、工序检验和完工检验。

8.2.3.1 进货检验

进货检验是对外购品的质量验证，即对采购的原材料、辅料、外购件、外协件及配套件等入库前的接收检验。

进货检验的深度主要取决于企业对供应商质量保证体系的信任程度。企业可制订对供应商的质量监督制度，如对供应商的定期质量审核，以及在生产过程的关键阶段派员对供应商的质量保证活动进行现场监察等。企业对供应商进行尽可能多的质量验证，以减少不合格品的产出，是企业保证进货物料质量的积极措施。

进货检验有首件(批)样品检验和成批进货检验两种。

1) 首件(批)样品检验 首件(批)样品检验是企业对供应商提供的样品的鉴定性检验认可。供应商提供的样品必须有代表性，以便作为以后进货的比较基准。

首件(批)样品检验通常用于以下三种情况：一是供应商首次交货；二是供应商产品设计或结构有重大变化；三是供应商产品生产工艺有重大变化。

2) 成批进货检验 针对货品的不同情况，有如下两种检验方法：

(1) 分类检验法。对外购物料按其质量特性的重要性和可能发生缺陷的严重性，分成 A 类、B 类、C 类三类。A 类是关键的，必须进行严格的全项检查；B 类是重要的，应对必要的质量特性进行全检或抽检；C 类是一般的，可以凭供货质量证明文件验收，或作少量项目的抽检。

(2) 接受抽样检验。对正常的大批量进货，可根据双方商定的检验水平及抽样方案，实行抽样检验。

为了保证检验工作的质量，防止漏检或错检，应制定"入库检验指导书"或"入库检验细则"。进货物料经检验合格后，检验人员应做好检验记录，及时通知仓库收货。对于检验不合格的应按照不合格品管理制度办理退货或作其他处置。

8.2.3.2 工序检验

工序检验又被称为过程检验或阶段检验。工序检验的目的是防止在加工过程中出现大批不合格品，避免不合格品进入下道工序。

工序检验通常有三种形式：

(1) 首件检验。所谓首件，是指每个生产班次刚开始加工的第一个工件，或加工过程中因换人、换料、换活及换工装、调整设备等改变工序条件后加工的第一个工件。对于大批量生产,"首件"往往是指一定数量的样品。

(2) 巡回检验。巡回检验要求检验人员在生产现场对生产工序进行巡回质量检验。检验人员应按照检验指导书规定的检验频次和数量进行,并做好记录。工序质量控制点应是巡回检验的重点,检验人员应把检验结果标志在工序控制图上。

(3) 末件检验。末件检验是指主要靠模具、工装保证质量的零件加工场合,当批量加工完成后,对最后加工的一件或几件进行检查验证的活动。末件检验的主要目的是为下批生产做好生产技术准备,保证下批生产时能有较好的生产技术状态。末件检验应由检验人员和操作人员共同进行。检验合格后双方应在"末件检验卡"上签字。

8.2.3.3　完工检验

完工检验又称最终检验,完工检验必须严格按照程序和规程进行,严格禁止不合格零件投入装配。完工检验可能需要模拟产品的使用条件和运行方式。完工检验可以是全数检验,也可以是抽样检验,应该视产品特点及工序检验情况而定。

8.2.3.4　推进和落实操作者自检、工人之间互检和专职检验人员专检制度

这种三结合的检验制度有利于调动广大职工参与企业质量检验工作的积极性和责任感,是任何单纯依靠专业质量检验的检验制度所无法比拟的。

8.3　质量检验标识与出口产品质量检验跟单

8.3.1　质量检验标识

质量检验标识和可追溯性的目的主要有两个方面:

(1) 便于标识产品,防止混料、误发和误用。适当的产品质量检验标识可以防止在加工过程中出现混淆;可以保证只有合格的原材料和零件才会进入生产,避免不合格品在生产现场出现;可以使仓储的原材料等按先进先出的原则投入生产。

(2) 便于通过质量检验标识及其相关记录实现产品质量追溯。质量追溯包括自企业外部追溯到企业内部,把用户在产品使用中出现的问题及时反馈给生产者,辨明责任、分析原因、采取纠正措施,为质量改进提供依据;还包括自企业内部发现质量问题时能够追溯到用户,将有问题的产品及时追回或采取补救措施,维护

用户利益和企业声誉，避免更大的损失。

8.3.2 产品质量检验标识的方法和要求

产品质量检验标识的方法和要求是：

(1) 产品质量检验标识的内容一般有产品的型号、件号、名称、规格和厂名、商标等。对于大批量生产的产品，可用批次号、生产的日历日期等。

(2) 产品质量检验标识的形式一般有粘贴标签、挂标牌、打钢印、记号笔手写、喷墨射印、电笔刻蚀和条形码等，也可采用随行文件(如流转单)的方式。

(3) 产品质量检验标识的部位一般在产品上、包装上、料架上、专用手推车上、工位器具上和座位上等。

(4) 产品质量检验标识必须正确、清晰、牢固。当产品质量检验标识在加工过程中被破坏时，应做好标识移植。

8.3.3 不合格品的处置

对不合格品可以作出如下处置：

(1) 返工。可以通过再加工或其他措施使不合格品完全符合规定要求。

(2) 返修。对其采取补救措施后，仍不能完全符合质量要求，但能基本满足使用要求可以返修。

(3) 原样使用。不合格程度轻微，不需采取返修补救措施，仍能满足预期使用要求，可被接收回用。这种情况必须有严格的申请和审批制度，并得到用户的同意。

(4) 降级。根据实际质量水平降低产品质量等级或作为处理品降价出售。

(5) 报废。如不能采取上述种种处置时，只能报废。

8.3.4 出口产品质量检验方法

8.3.4.1 出口产品质量检验方法的分类

外贸跟单员使用的检验方法必须与产品的特点、检验的成本等相关联。按照不同的分类标准，常用的检验方法亦有不同。

(1) 按照产品检验数量可分为全数检验与抽样检验。全数检验就是对待检产品 100%地逐一进行检验，又称全面检验或 100%检验。这种方法只适用于生产批量很少的大型机电设备产品。对于生产批量较大、检验项目多而复杂或质量检验具有破坏性时，则不宜使用；抽样检验是从一批交验的产品(总体)中，随机抽取适量的产品样本进行质量检验，然后把检验结果与判定标准进行比较，从而确定该产品是否合格或需要再进行抽检后裁决的一种质量检验方法。

(2) 按照检验的质量特性值特征可分为计数检验与计量检验。计数检验的计数值质量数据不能连续取值，如不合格数、疵点数、缺陷数等。对于计数值质量数据，若只能按"件"计数时，可称为计件值数据，如一批产品中的不合格品数等；若必须按"点"计数时，可称为计点值数据，如一块布上的疵点数或一个工件表面的缺陷数等。计数值类型的质量特性值的统计规律可用离散型随机变量来描述。在统计质量控制中常见的离散型随机变量有超几何分布、二项分布、泊松分布等。计数检验适用于质量特点性值为计点值或计件值的场合。

计量检验的计量值质量数据可以连续取值，如长度、容积、重量、浓度、温度、强度等。计量值类型的质量特性值的统计规律可以用连续性随机变量来描述。正态分布是统计质量控制中常见的连续性随机变量。计量检验适用于质量特性值为计量值的场合。

(3) 按照检验方法的特征可分为理化检验与感官检验。理化检验是应用物理或化学方法，依靠量具、仪器及设备装置等对受检物进行检验。通常能测得检验项目的具体数值，精度高，人为误差小，是各种检验方式的主体；感官检验就是依靠人的感觉器官对产品的形状、颜色、气味、伤痕等质量特性或特征做出评价和判断。其结果往往依赖于检验人员的经验，具有较大的波动性。

(4) 按检验对象检验后的状态特征可分为破坏性检验与非破坏性检验。破坏性检验后，受检物的完整性遭到破坏，不再具有原来的使用功能，如寿命试验、强度试验以及爆炸试验等。随着检验技术的发展，破坏性检验日益减少，而非破坏性检验的使用范围在不断扩大。

(5) 按照检验实施的位置特征可分为固定检验与流动检验。固定检验就是集中检验，是指在生产企业内设立固定的检验站，各工作现场的产品加工以后送到检验站集中检验。固定检验专业化水平高，检验结果比较可靠，但需要占用生产企业一定的空间，生产工人与检验人员易产生对立情绪，还可能造成送检零件之间的混杂；流动检验就是由检验人员直接去工作现场检验。其应用场合虽有局限性，但由于不受固定检验站的束缚，检验人员可以深入生产现场，及时了解生产过程质量动态，容易和生产工人建立相互信任的合作关系，有助于减少对生产企业在制品的占用。

(6) 按照检验目的的特征可分为验收检验与监控检验。验收检验广泛存在于生产全过程，如物料、外购件、外协件及配套件的进货检验，半成品的入库检验，产成品的出厂检验等。其目的是判断受检对象是否合格，从而做出接收或拒收的决定；监控检验也叫过程检验，目的是检定生产过程是否处于受控状态，以预防由于系统性质量因素的出现而导致的不合格品的大量出现。生产过程质量控制中的各种抽样检验就属于监控检验。

8.3.4.2 抽样检验方法

抽样检验是外贸出口商品质量检验中使用最多的检验形式，应用非常广泛。抽样检验是按照数理统计原理预先设计的抽样方案，从待检总体(一批产品、一个生产过程等)取得一个随机样本，对样本中个体逐一进行检查，获得质量特性值的统计值，并和相应标准比较，从而对总体质量做出判断(接受或拒绝、受控或失控等)。

我国至今已制定的抽样方法标准有：GB10111 利用随机数进行随机抽样的方法；GB13393 抽样的检查导则；GB6378 不合格率的计量抽样检查等程序及图表(对应于 ISO3951)；GB8051 计数型序贯抽样检验方案(适用于检验费用昂贵的生产上连续批产品的检查)；GB8052 单水平和多水平计数连续抽样程序及抽样表(适用于输送带上移动产品的检查)；GB8053 不合格品率的计量标准型一次抽样检查程序及表；GB8054 平均值的计量标准型一次抽样检查程序及表；GB13262 不合格率的计数标准型一次抽样检查程序及抽样表；GB13263 跳批计数抽样检查及程序；GB13264 不合格品率的小批计数抽样检查程序及抽样表；GB13546 挑选型计数抽样检查程序及抽样表；GB14162 产品质量监督计数抽样程序及抽样表；GB14437 产品质量计数一次监督抽样检验程序；GB14900 产品质量平均值的计量一次监督抽样检验程序及抽样表等标准。这些抽样方法标准规范性文件，分别对企业抽样检验与国家行业的质量抽样检验方法做出了明确的规定，在实际跟单过程中需要了解掌握。

1) 抽样检查中的基本术语 抽样检查中的基本术语包括：

(1) 批。相同条件下制造出来的一定数量的产品，称为"批"。在 5M1E(即人、机、料、法、测、环)基本相同的生产过程中连续生产的一系列批称为连续批；不能定为连续批的称为孤立批。

(2) 单位产品。为实施抽样检查的需要而划分的基本单位称为单位产品。例如：一个齿轮、一台电视机、一双鞋、一个发电机组等。它与物料采购、销售、生产和装运所规定的单位产品可以一致，也可以不一致。

(3) 批量和样本大小。批量是指批中包含的单位产品个数，以 N 表示。样本大小是指随机抽取的样本中单位产品个数，以 n 表示。

(4) 样本和样本单位。从检查批中抽取用于检查的单位产品称为样本单位。

而样本单位的全体则称为样本。样本大小则是指样本中所包含的样本单位数量。

(5) 合格质量水平(AQL)和不合格质量水平(RQL)。

(6) 在抽样检查中，认为可以接受的连续提交检查批的过程平均上限值，称为合格质量水平。而过程平均是指一系列初次提交检查批的平均质量，它用每百单位产品不合格品数或每百单位产品不合格数表示；具体数值由产需双方协商确定，一般用 AQL 符号表示；在抽样检查中，认为不可接受的批质量下限值，称为不合格质量水平，用 RQL 符号表示。

(7) 检查和检查水平(IL)。用测量、试验或其他方法，把单位产品与技术要求对比的过程称为检查。检查有正常检查、加严检查和放宽检查等。当过程平均接近合格质量水平时所进行的检查，称为正常检查。当过程平均显著劣于合格质量水平时所进行的检查，称为加严检查。当过程平均显著优于合格质量水平时所进行的检查，称为放宽检查。由放宽检查判为不合格的批，重新进行判断时所进行的检查称为特宽检查。

(8) 两类风险 α 和 β。因抽样检验随机性，将本来合格的批，误判为拒收的概率，这对生产方是不利的，因此称为第 I 类风险或生产方风险，以 α 表示；而本来不合格的批，也有可能误判为可接受，将对使用方产生不利，该概率称为第 II 类风险或使用方风险，以 β 表示。

(9) 抽样检查方案。样本大小或样本大小系列和判定数组合在一起，称为抽样方案。而判定数组是指由合格判定数系列和不合格判定数或合格判定数系列和不合格判定数系列结合在一起。抽样方案有一次、二次和五次抽样方案。

一次抽样方案是指由样本大小 n 和判定数组(A_c、R_e)结合在一起组成的抽样方案。A_c 为合格判定数。判定批合格时，样本中所含不合格品(d)的最大数称为合格判定数，又称接受数($d \leq A_c$)。R_e 为不合格判定数，是判定批不合格时，样本中所含不合格品的最小数，又称拒收数($d \geq R_e$)。

二次抽样方案是指由第一样本大小 n_1，第二样本大小 n_2，…和判定数组(A_{c1}；A_{c2}；R_{e1}；R_{e2})结合在一起组成的抽样方案。

五次抽样方案则是指由第一样本大小 n_1，第二样本大小 n_2，…第五样本大小 n_5 和判定数组(A_1，A_2，A_3，A_4，A_5，R_1，R_2，R_3，R_4，R_5)结合在一起组成的抽样方案。

2) 抽样检查方法的分类　目前国际上已经形成了很多具有不同特性的抽样检查方案和体系，大致可按下列几个方面进行分类。

(1) 按产品质量指标特性分类。衡量产品质量的特征量称为产品的质量指标。质量指标可以按其测量特性分为计量指标和计数指标两类。计量指标是指如材料的纯度、加工件的尺寸、化学成分、产品的寿命等定量数据指标。计数指标又可分为计件指标和计点指标两种，前者以不合格品的件数来衡量，后者则指产品中的缺陷数，如一平方米布料上的外观疵点个数，一个铸件上的气泡和砂眼个数等。按质量指标分类，产品质量检验的抽样检查方法也可分成计数抽检和计量抽检方法。

计数抽检方法是从批量产品中抽取一定数量的样品(样本)，检验该样本中每个样品的质量，确定其合格或不合格，然后统计合格品数，与规定的"合格判定数"比较，决定该批产品是否合格的方法。

计量抽检方法是从批量产品中抽取一定数量的样品数(样本)，检验该样本中每个样品的质量，然后与规定的标准值或技术要求进行比较，以决定该批产品是否合格的方法。

有时，也可混合运用计数抽样检查方法和计量抽样检查方法。如选择产品某一个质量参数或较少的质量参数进行计量抽检，其余多数质量参数则实施计数抽检方法，以减少计算工作量，又能获取所需质量信息。

(2) 按检查的次数分类。按抽样检查次数可分为一次、二次、多次和序贯抽样检查方法。

一次抽检方法最简单，它只需要抽检一个样本就可以做出一批产品是否合格的判断。

二次抽检方法是先抽第一个样本进行检验，若能据此做出该批产品合格与否的判断，检验则终止。如不能做出判断，就再抽取第二样本，然后再次检验后做出是否合格的判断。

多次抽检方法的原则与二次抽检方法一样，每次抽样的样本大小相同，既 $n_1 = n_2 = n_3 \cdots = n_7$，但抽检次数多，合格判定数和不合格判定亦多。ISO2859 标准提供了 7 次抽检方案。而我国 GB2828、GB2829 都实施 5 次抽检方案。GB/T2828《计数抽样检验程序》分为以下几个部分，其结构及对应的国际标准和代替的国家标准为：第一部分，按接收质量限(AQL)检索的逐批检验抽样计划(对应 ISO2859-1：1999，代替 GB/T2828-1987)；第二部分，孤立批计数抽样检验程序及抽样表(对应 ISO2859-2，代替 GBT15239-1994)；第三部分，跳批计数抽样检查程序(ISO2859-4，代替 GB/T14437-1997、GB/14162-1993)。GB/T2828.1 是计数抽样检验标准，只适用与计数抽样检验的场合，主要用于连续批的逐批检验也可用于孤立批的检验。但用于孤立批场合时，使用者应仔细分析 OC 曲线，从中找出具有所需保护能力的方案。GB/T2828.1 规定的抽样方案主要适用与下述检验范围：最终产品；零部件和物料；操作；在制品；库存品；维修操作；数据或记录；管理程序。

序贯抽检方法相当于多次抽检方法的极限，每次仅随即抽取一个单位产品进行检验。检验后既按判定规则做出合格、不合格或再抽下个单位产品的判断。一旦能做出该批合格或不合格的判定时，就终止检验。

(3) 按抽检方法类型分类。抽检方法首先可以分为调整型与非调整型两大类。调整型是由几个不同的抽检方案与转移规则联系在一起，组成一个完整的抽检体系，然后根据各批产品质量变化情况，按转移规则更换抽检方案，即正常、加严或放宽抽检方案的转换，ISO2859、ISO3951 和 GB2828 标准都属于这种类型，调整型抽检方法适用与个批质量有联系的连续批产品的质量检验；非调整型的单个抽样检查方案不考虑产品批的质量历史，使用中也没有转移规则，因此它比较容易为质检人员所掌握，但只对孤立批的质量检验较为适宜。单个提交检查批或待检批不能利用最近已检批提供的质量信息的连续提交检查批，称为孤立批。

无论哪种抽样方法，它们都具有以下三个共同的特点：

① 产品必须以"检查批"(简称"批")形式出现，检查批、连续批和孤立批，连续批是指批与批之间产品质量关系密切或连续生产并连续提交验收的批。如产品设计、结构、工艺、材料无变化；生产场所无变化；中间停产时间不超过一个月。

② 批合格不等于批中每个产品都合格，批不合格也不等于每个产品都不合格。抽样检查只是保证产品整体的质量，而不是保证每个产品的质量。也就是说在抽样检查中，可能出现两种"错误"或"风险"。一种是把合格批误判为不合格批的错误，一般 α 值控制在 1%、5%或 10%。另一种是把不合格批误判为合格批的错误，一般 β 控制在 5%、10%。

③ 样本的不合格品率不等于提交批的不合格率。样本是从提交检查批中随机抽取的。所谓随机抽取是指每次抽取时，批中所有单位产品被抽取可能性都均等，不受任何人的意志支配。样本抽取时间可以在批的形成过程中，也可以在批形成之后，随机抽样数可以按随机数表查取，也可以按 GB10111 等标准确定确定程序。

3) 出口产品计数抽样方法　　最常用的有一次抽样检查和多次抽样检查。

(1) 计数抽样检查的程序。产品批不同，抽检方案不同，适用范围不同，其抽检程序也是不同的。根据我国 GB2828、GB2829 和 GB13264 的规定。

(2) GB2828《逐批检查计数抽样程序及抽样表》及其应用。GB2828 属于调整型计数抽样方法、标准，它可以在连续批产品质量检验中，随着产品质量水平的状况，随时调整抽检方案的严格程度。

GB2828 标准中抽样方案的五个要素如下：

① 批量(N)。GB2828 根据实践经验个经济因素，规定批量分为 15 档。如 1～8 为第一档，9～15 为第二档，16～25 为第三档……一直到≥500001 为第 15 档为止。

② 合格质量水平(AQL)。GB2828 中把 AQL 从 0.010 至按 R5 优先数系分为 26 级，其公比大约为 1.5。用以确定本量和一次、二次或多次正常检验、加严检验、放宽检验抽样方案的接收数 A_c 和拒收数 R_e。AQL 的确定，原则上应由产需双方商定，也可以在相应的标准或技术条件中规定，具体地说可以有定性确定与定量确定。单位产品失效后会给整机带来严重危害的，AQL 值选用较小数，反之，可选用较大数；A 类不合格原则上不用抽样检查，B 类不合格的 AQL 值小，C 类不合格的 AQL 值大；产品检查项目少时，宜选用较小的 AQL，检查项目多宜选用较大的 AQL；产品价格较高时，用较小的 AQL，反之可用较大的 AQL；电器性能宜用小的 AQL，机械性能居中，外观质量可用较大的 AQL；同一产品中，B 类不合格用较小的 AQL，C 类不合格用较大的 AQL，重要检验项目的 AQL 较小，次要项目的 AQL 较大等。定量确定 AQL 值的方法有几种：

第一种是计算法。即根据损益平衡点 $P=Pb$ 时，盈亏平衡公式：

$$A = R = \frac{I}{Pb+c}$$

式中，A 为接收不合格品单位产品的损失；R 为拒收单位产品的费用；Pb 为不合格品率；I 为检查一个单位产品的费用；c 为将一件不合格品代之以一件合格品的费用。还可得出：

$$Pb = \frac{I}{A-c}$$

再根据计算出的 Pb 求出相应质量平衡点 KPb，找出对应的 AQL。即：

$$KPb = \frac{Pb}{AQL}$$

第二种是统计平均法。它通过统计过程平均不合格品率 P，了解企业的生产能力。如某单位某年的各月样本不合格品率统计。

③ 检查水平(IL)。所谓检查水平就是按抽样方案的判断能力而拟订的不同样本大小。显然样本大小 n 大些，其判断能力就大些。因此如检验费用较低，就可把 n 选大些。GB2828 对检查水平分为两类：一类是一般检查水平。用于没有特别要求的场合，又分为 I、II、III 3 级，一般如无特殊说明，则先选取第 II 检查水平。另一类是特殊检查水平，用于希望样本大小 n 较少的场合。GB2828 规定有 S-1、S-2、S-3 和 S-4 四级，一般用于检查费用极高场合。如破坏性检查，寿命试验，产品的单价又较昂贵。其中 S-1、S-2 又适用于加工条件较好，交验批内质量较均匀的状况，而 S-3、S-4 则适用于交验批内质量均匀性稍差的场合。

选择检查水平一般遵循下列一些原则：当没有特殊规定时，首先选用一般检查水平 II；为了保证 AQL，使劣于 AQL 的产品批尽可能地漏过去，宜用高的检查水平,以保护消费者利益;检验费用较低时,宜用高水平,使抽检样本多些;产品质量不够稳定,有较大波动时,宜用高的检查水平;检查是破坏性的或严重降低产品性能的,可采用低检查水平;产品质量较稳定时可用低水平。总之,检查水平的选定涉及技术、经济等各方面因素,必须综合研究,才能合理选定。

④ 选定抽检样本次数。GB2828 规定抽取样本的次数为三种,即一次、二次和五次。一次抽检方案最简单,也很易掌握,但它的样本 n 较大,所以其总的抽检量反而大一些。二次和五次抽检方案较复杂些,需要外贸跟单员有一定的管理能力才能做好实施,每次抽取样本大小 n 较小,但每次抽取样本大小都相同,并且在产品质量很好或很差时,用不着抽满规定次数即可判定合格与否,所以,总的抽检量反而会小些。当检查水平相同时,一次、二次与五次抽检方案的判断结果基本相同。三种抽检方案的抽取样本大小是不同的,所以它们之间一般存在着下列关系:$n_1:n_2:n_5=1:0.63:0.25$,即:$2n_2=1.26n_1$,$5n_3=1.25n_1$。

⑤ 抽检方案的严格度。抽检方案的严格度是指采用抽检方案的宽严程度。GB2828 规定了三种宽严程序,即正常检查、加严检查和放宽检查。正常检查适用于当过程平均质量状况接近 AQL 时;加严检查适用于当过程平均质量状况明显比 AQL 劣时;放宽检查是适用于在过程平均质量状况明显比 AQL 优时。此外还有一种特宽检查,只用于当采用放宽检查发现不合格批时,重新进行判断所采用的一种抽样方案。它仅适用于放宽检查时发现的不合格批本身,而不能用于其他的检查。如无特殊规定,一般均先用正常检查。

综合测试

◆ 单项选择题

(1) 以下属于汽车产品外观性能的是(　　)。

　　A. 油耗　　　　　　B. 速度　　　　　　C. 款式　　　　　　D. 爬坡

(2) AQL 的确定,一般来说由(　　)。

　　A. 供应方确定

　　B. 产品价格较高时,用较大的 AQL

　　C. 单位产品失效后会给整机带来严重危害的,AQL 值选用较大数

　　D. AQL 的确定,原则上应由产需双方商定

(3) 一般检查水平分为Ⅰ、Ⅱ、Ⅲ 3 级,一般如无特殊说明,则先选取(　　)。

　　A. Ⅰ级　　　　　　　　　　　　　B. Ⅱ级

　　C. Ⅲ级　　　　　　　　　　　　　D. 视实际情况而定

(4) 关于完工检验,以下说法错误的是(　　)。

　　A. 完工检验必须严格按照程序和规程进行,严格禁止不合格零件投入装

  配

  B. 完工检验有时需要模拟产品的使用条件和运行方式

  C. 完工检验必须是全数检验

  D. A 和 B 正确

(5) 关于进货检验，以下说法错误的是(　　)。

  A. 进货检验的深度主要取决于企业对供应商质量保证体系的信任程度

  B. 进货必须有合格证或其他合法证明，否则不予验收

  C. 进货检验应在货品入库前或投产前进行；因此必须在供应商处检验

  D. 进货检验可以在供应商处检验，也可在本企业检验

◆ 多项选择题

(1) 出口产品质量检验工作职能有(　　)。

  A. 鉴别职能 B. 把关职能 C. 预防职能 D. 报告职能

(2) 以下属于表现可靠性水平的特征值有(　　)。

  A. 故障率   B. 故障间平均工作时间

  C. 平均寿命   D. 抗摔能力

(3) 对客户来说产品的经济性包括(　　)。

  A. 开发研制费用   B. 使用过程费用

  C. 用后处置的费用   D. 产品价格

(4) 生产制造过程质量管理的内容通常包括(　　)。

  A. 工艺准备的质量控制   B. 生产过程的质量控制

  C. 辅助服务过程的质量控制 D. A 和 B

(5) 有效地控制生产节奏，要求执行"三自一控"，三自一控是指(　　)。

  A. 自检   B. 自分

  C. 自作标记   D. 控制自检正确率

◆ 判断题

(1) 生产批量少的大型机电设备产品适合采用全数检验的方法进行质量检验。(　　)

(2) 所谓检查水平就是按抽样方案的判断能力而拟定的不同样本大小。(　　)

(3) β 风险即第 II 类风险或使用方风险是指因抽样检验随机性，将本来合格的批，误判为拒收的概率。(　　)

(4) 非调整型抽检方法适用于孤立批的质量检验。(　　)

(5) 批合格就是指该检查批中每个产品都合格。(　　)

(6) 检验费用较低时，宜用高水平检查。(　　)

(7) 破坏性检验只能适用于抽样检验方式。(　　)

(8) 进货检验的深度主要取决于企业对供应商质量保证体系的信任程度。( )

(9) 企业实际的检验活动可分为进货检验、工序检验和完工检验三种。( )

(10) 首件检验的"三检制"办法，即指先由操作者自检，再由班组长或质量员复检，最后由检验员专检。( )

◆ 问答题

(1) 出口产品质量检验工作职能主要有哪些？

(2) 生产过程的质量控制主要包括哪些环节？

◆ 实务操作题

某外贸公司跟单员小张接到某机械工具厂送来一份交货检查通知书，内容是机械工具厂提前 10 天按合同要求交来出口轴承件 10 000 件，请求跟单员小张进行交货检查。小张取出该轴承检查基准书，查出 $AQL=1.0\%$，检验水平(IL)为 I，请问小张应该怎样求出正常检验一次抽样方案。《逐批检查计数抽样程序及抽样表》见表 8.2。GB2828.1—2003 正常检查一次抽样方案见表 8.3。

表 8.2 GB2828 标准

批　　量	特殊检验水平				一般检验水平		
	S-1	S-2	S-3	S-4	I	II	III
2～8	A	A	A	A	A	A	B
9～15	A	A	A	A	A	B	C
16～25	A	A	B	B	B	C	D
26～50	A	B	B	C	C	D	E
51～90	B	B	C	C	C	E	F
91～150	B	B	C	D	D	F	G
151～280	B	C	D	E	E	G	H
281～500	B	C	D	E	F	H	J
501～1 200	C	C	E	F	G	J	K
1 201～3 200	C	D	E	G	H	K	L
3 201～10 000	C	D	F	G	J	L	M
10 001～35 000	C	D	F	H	K	M	N
35 001～150 000	D	E	G	J	L	N	P
150 001～500 000	D	E	G	J	M	P	Q
500 001 及其以上	D	E	H	K	N	Q	R

表 8.3   GB2828.1—2003 正常检查一次抽样方案

每个 AQL 列下均含 A_c（接收数）与 R_e（拒收数），下表中以"A_c R_e"形式给出。

批量	样本大小字码	样本大小	合格质量水平 (AQL)									
			0.25	0.4	0.65	1.0	1.5	2.5	4.0	6.5	10	15
			$A_c\ R_e$	$A_c\ R_e$	$A_c\ R_e$	$A_c\ R_e$	$A_c\ R_e$	$A_c\ R_e$	$A_c\ R_e$	$A_c\ R_e$	$A_c\ R_e$	$A_c\ R_e$
2～8	A	2	↓	↓	↓	↓	↓	↓	↓	↓	↓	0 1
9～15	B	3	↓	↓	↓	↓	↓	↓	↓	↓	0 1	1 2
16～25	C	5	↓	↓	↓	↓	↓	↓	↓	0 1	1 2	2 3
26～50	D	8	↓	↓	↓	↓	↓	↓	0 1	1 2	2 3	3 4
51～90	E	13	↓	↓	↓	↓	↓	0 1	1 2	2 3	3 4	5 6
91～150	F	20	↓	↓	↓	↓	0 1	1 2	2 3	3 4	5 6	7 8
151～280	G	32	↓	↓	↓	0 1	1 2	2 3	3 4	5 6	7 8	10 11
281～500	H	50	↓	↓	0 1	1 2	2 3	3 4	5 6	7 8	10 11	14 15
501～1 200	J	80	↓	0 1	1 2	2 3	3 4	5 6	7 8	10 11	14 15	21 22
1 201～3 200	K	125	0 1	1 2	2 3	3 4	5 6	7 8	10 11	14 15	21 22	↑
3 201～10 000	L	200	1 2	2 3	3 4	5 6	7 8	10 11	14 15	21 22	↑	↑
10 001～35 000	M	315	2 3	3 4	5 6	7 8	10 11	14 15	21 22	↑	↑	↑
35 001～15 000	N	500	3 4	5 6	7 8	10 11	14 15	21 22	↑	↑	↑	↑
15 001～50 000	P	800	5 6	7 8	10 11	14 15	21 22	↑	↑	↑	↑	↑
50 001 以上	Q	1 250	7 8	10 11	14 15	21 22	↑	↑	↑	↑	↑	↑
——	R	2 000	10 11	14 15	21 22	↑	↑	↑	↑	↑	↑	↑

⇩：使用箭头下面的第一个抽样方案。如果样本量等于或超过批量时，则执行 100%检验。

⇧：使用箭头上面的第一个抽样方案。A_c R_e

Ac：接收数；Re：拒收数。

9 外包(协)跟单

✈ 关键词

外包(协)　外包(协)管理　外包(协)管理跟单

知识目标

◆ 了解外包(协)的定义与形式；
◆ 熟悉外包(协)的流程与注意事项；
◆ 掌握外包(协)业务的跟单操作。

技能目标

◆ 能够正确适用外包(协)形式；
◆ 能熟练进行外包(协)业务跟单。

导入案例

中国深圳 KK 服装公司接受国外订单后，因为种种原因无法完成订单，只好寻求外界的帮助。如果你是深圳 KK 服装公司的跟单员，应该怎样帮公司选择合适的外包商呢？选择好了合适的外包商后，怎样还对他们的工作情况进行跟踪监控呢？

9.1 外包(协)概论

当今，全球竞争中的成功者已经学会把精力集中在经过仔细挑选的少数核心本领上，也就是集中在那些使他们真正区别于竞争对手的技能与知识上。外包(协)就是企业做自己最擅长的事情(扬己所长)，把其他的工作外包给能做好这些事情的专业组织(避己之短)。外包(协)业是近年兴起的一个新行业，它给企业带来了新的活力。

9.1.1　外包(协)的定义

外包(outsourcing)，英文直译为"外部委托，或者资源外包"。指企业将所需求的物品委托其他企业承制，整合利用其外部最优秀的专业化资源，从而达到降低成本(主要是生产、管理成本)、提高生产效率、充分发挥自身核心竞争力和增强企业对环境的迅速应变能力的一种管理模式。

9.1.2　外包(协)的作用

外包业务的本质是把自己做不了、做不好或别人做得更好、更全的事交由别人去做。准确地讲，业务外包是一种管理策略，它是某一公司(即发包方)，通过与外部其他企业(即承包方)签订外包(协)合同，将一些非核心的传统上由本公司内部人员负责的业务或职能外包给专业、高效的服务提供商的经营形式。业务外包(协)被认为是一种企业引进和利用外部技术与人才，帮助企业管理最终用户环境的有效手段。其作用主要表现在：

(1) 有效的外包(协)行为增强了企业的竞争力。企业在管理系统实施过程中，把那些非核心的部门或业务外包给相应的专业公司，可以大量节省成本，实现高效管理。比如，某生产企业为了原材料及产品运输而专门组建一支车队，可能会因不具备专业的运输管理经验而增加运输成本。如因运输问题影响到生产与销售环节，还会增加生产及销售方面的管理成本。如果把运输业务外包给专业的运输企业，则可以大幅度降低上述风险与成本。

(2) 外包(协)有利于企业专注于自己的核心业务，从而增强市场竞争力。市场竞争的加剧，使专注自己的核心业务成为了企业最重要的生存法则之一。外包(协)以其有效减低成本、增强企业的核心竞争力等特性成了越来越多企业采取的一项重要的商业措施。美国著名的管理学者杜洛克曾预言：在十年至十五年之内，任何企业中仅做后台支持而不创造营业额的工作都应该外包出去。如经济不景气时，企业会裁掉一些非核心业务的部门和人员，这样做负面影响很大。但如果从一开始，这些非核心业务就是外包给专业的组织去做，各方面的损失和影响也会减少到最小。

9.1.3　外包(协)的分类

根据外包双方的地理分布状况，可分为境内外包和离岸外包两种。

(1) 境内外包。指发包商与承包商来自同一国，外包工作在国内完成。

(2) 离岸外包。指外包商与承包商来自不同国家，外包工作需跨国完成。

由于劳动力成本的差异，外包商通常来自劳动力成本较高的发达国家，如美国、西欧和日本；承包商则来自劳动力成本较低的发展中国家，如印度、菲律宾和中国。虽然境内外包和离岸外包具有许多类似的属性，但其差别也很大。境内外包更强调核心业务战略、技术和专门知识、从固定成本转移至可变成本、规模经济、重视价值增值甚于成本减少；离岸外包则主要强调成本节省、技术熟练的劳动力的可用性，利用较低的生产成本来抵消较高的交易成本。在考虑是否进行离岸外包时，成本是决定性的因素，技术能力、服务质量和服务供应商等因素次之。

9.1.4　外包(协)的起因

一般而言，促使企业外包(协)主要有以下方面的原因：

(1) 产能。生产负荷大于实际产能，必须通过外包(协)才能完成生产任务。

(2) 成本。自制成本大于外包(协)成本。

(3) 品质。外包(协)可以获得较佳的品质。

(4) 技术。依本企业的现有技术水平无法解决。

(5) 设备。本企业的设备无法解决或本企业无特殊设备。

(6) 能源。企业生产期间，突遇电力等能源动力的短缺。

(7) 知识产权。本企业没有生产某一商品的专利许可证。

在上述众多原因中，有些是企业内部的原因(如产能、成本、设备、技术等)，有些是企业外部的某些因素(如能源动力等)发生了意想不到的变化，导致生产时间耽误，从而面临交货期的延误。为了保证交货期，需要寻求其他生产企业的帮助，即将一部分生产任务外包外发至其他生产企业，在短时间内形成较大的生产能力，最终完成合同或订单任务。

外包形式一般有成品外包、半成品外包、材料外包、技术外包、工艺外包等。主要形式如下：

(1) 包工包料。也称成品外包，是将整个成品的生产任务外包至其他生产企业。承包企业不仅负责采购物料、辅料等生产资料，而且要按发包商的工艺要求组织生产加工，发包企业按事先商定的标准进行验收并支付货款。

(2) 包工不包料。是由外包(协)企业提供物料、辅料、模具等生产要素，承包商只负责生产加工，收取加工费(俗称"工缴费")。

无论是包工包料还是包工不包料，发包企业都需要派出外贸跟单员到承包商企业进行跟单，跟踪产品质量和交货期。

9.2　外包(协)业务流程

9.2.1　外包(协)业务流程

外包(协)业务的具体操作流程如图 9.1 所示。

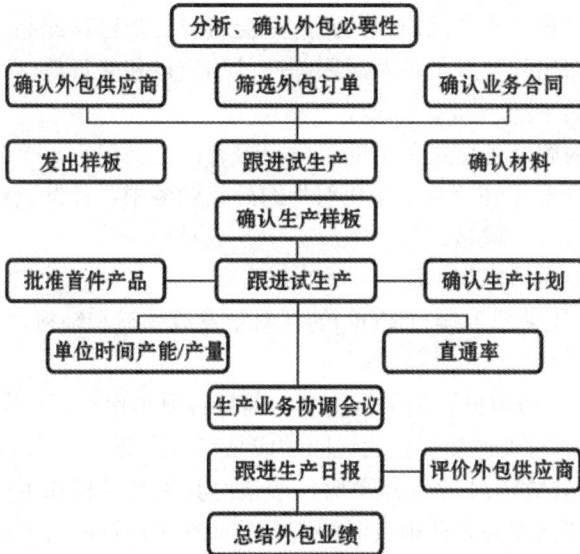

图 9.1　外包(协)业务的具体操作流程

归纳起来，外包(协)业务主要包括以下 6 个步骤：

(1) 外包(协)的评估。根据产品所需的生产工艺和本企业的生产现状，进行比较分析，做出是否需要外包(协)的评估报告。

(2) 外包(协)申请。根据上述评估报告，对于确需外包(协)的生产订单，应及时提出申请，同时为选择外包加工企业做好前期准备工作。

(3) 外包(协)加工企业的选择。选择外包(协)生产企业既要考虑其加工生产能力、加工生产设备、员工素质、质量意识和控制手段、信用度，还要考虑价格、交期、数量和具体交易条件等。

(4) 外包(协)合同的签订。在确定外包加工企业后，需要依外包(协)的方式与外包加工企业签订不同内容的外包(协)合同。明确双方的权利义务和违约责任。

(5) 外包(协)合同的履行与跟单。双方严格履行合同，按时按质按量完成加工生产任务。在合同履行期间，外贸跟单员须随时跟踪承包商生产任务完成情况。

(6) 外包(协)的总结。在完成本次外包(协)跟单任务后，外贸跟单员必须整理资料，交公司归档。同时要对本次外包(协)进行总结，以利于再有类似订单时，迅速选择合适的外包加工企业。

9.2.2　外包(协)管理跟单

为了充分利用企业外部的资源，有些企业在将一部分生产任务外包外发至其他生产企业后，忽视了对产品质量的跟踪，会造成交货延误或品质不符合约定。因此，发包商应派出外贸跟单员及时跟踪产品的质量和交货期，从而保质保量按时完成订单产品的生产。

外包管理的内容及外贸跟单员的工作内容有：

1) 领(发)料管理　在"包工不包料"的外包业务中，外发企业必须提供物料和辅料。供料的一般过程是：

(1) 签订外包(协)加工合同。

(2) 根据生产工艺单或排料图(单)的耗料量发放物料和辅料，并填写"领(发)料单"，需有签收记录。

(3) 对于残次、边角料、剩余料的主、辅料必须实行"坏一换一"制度。

2) 验收管理　对外包加工企业送回的成品在入库前，要进行检查并做记录。外贸跟单员在外包(协)加工企业跟单时，应该对其生产过程和生产商品的质量进行全程跟踪，发现问题必须就地及时解决，从而在生产商品入库时只要清点数量即可。

3) 账务管理　外包加工企业的管理如同企业的生产管理一样，同样要对物料、辅料的入库和成品出库进行定期盘点，以使账、物相符。

4) 质量管理　在选择外包企业过程中，质量控制更显得突出和重要。需要做到以下几点：

(1) 明确标准。将技术标准和管理标准转化为明确的质量检验标准，使检验人员知道什么是合格什么是不合格。

(2) 度量。要对产品的一个或多个质量特性，通过物理的、化学的和其他科学技术手段和方法进行观察、测量、试验，取得产品质量的客观数据。

(3) 对比。将实际度量结果与质量标准相对比，以检验质量特性是否符合要求。

(4) 判定。根据对比结果，判定单件产品或一批产品是否合格。

(5) 处理。对于不同的检验类型采用不同的处理方式；对单件产品经检验合格则放行，不合格的则打上标志后隔离存放；对工序检验不合格的，则决定停产或调整；对物料检验不合格的，则不能入库，需退回。

(6) 记录。每次检验都要有记录，并出具"查货报告"。同时要求外包企业的负责人签字确认，以便在下一次的复检中作为凭据。

9.2.3　外包(协)跟单的注意事项

1) 下列情况应该避免进行外包(协)作业

(1) 物料较为贵重。

(2) 物料或成品在运输过程中，极易破损或变质。

(3) 物料或成品的体积(或重量)过大，会造成高额的运费。

(4) 外包数量太少，金额过小，而管理成本过高。

(5) 外包的成本与自制成本相差无几。

2) 下列情况不应该采取外包(协)作业

(1) 有可能泄露本企业的生产技术或商业机密的。

(2) 外包的交货期不能符合本企业要求。

(3) 外包的品质达不到本企业要求。

(4) 外包成本大于本企业生产成本。

(5) 成品无法进行检验的。

综合测试

◆ 判断题

(1) 原材料较为贵重，不宜进行外包(协)作业。(　　)

(2) "包工包料"会涉及需要花费时间确认原材料的问题，从而影响交货的时间，因此，在不影响成本的前提下，尽可能采用"包工包料"的价格为妥。(　　)

(3) 外包是企业在迫不得已的情况下做出的选择。(　　)

(4) 原材料或成品在运输过程中，极易破损或变质，则不宜进行外包。(　　)

(5) 无论是包工包料还是包工不包料，发包企业都需要派出跟单员到生产企业进行跟单，跟踪质量和交货期。(　　)

◆ 多项选择题

(1) 不属于企业外包的外部原因是(　　)。

　　A. 产能不足　　　　　　　　　　　B. 技术不足

C. 自制成本大于外包成本　　　　　D. 缺乏自制的知识产权

(2) 在( )情况下企业不应该采取外包作业。

　　A. 有可能泄露本企业的生产技术或商业机密的

　　B. 成品无法进行检验的

　　C. 外包(协)的品质达不到本企业的要求

　　D. 外包(协)的成本大于本企业生产成本

(3) 选择外包(协)生产企业除了加工生产能力、加工生产设备、员工素质、质量意识和控制手段、信用度外，还要考虑的有( )。

　　A. 价格

　　B. 交期

　　C. 视外包(协)生产企业的生产能力，决定给予的生产数量

　　D. 交易条件，如交货地点、运输方式、包装方式、付款方式、违约责任等

(4) 外包质量管理中的领发料管理的供料过程有( )。

　　A. 签订外包(协)加工合同

　　B. 根据生产工艺单或排料图(单)的耗料量发放原材料和辅料

　　C. 填写"领(发)料单"时外包企业领料人和发包企业发料人必须签字作记录

　　D. 对于残次、边角料、剩余料的主、辅料必须实行"坏一换一"制度

(5) 以下哪些情况下的外包应该慎重或者应该避免( )。

　　A. 原材料较为贵重，不宜进行外包(协)作业

　　B. 原材料或成品的体积(或重量)过大，会造成大额的运费

　　C. 外包(协)的成本与自制成本相差无几

　　D. 原材料或成品在运输过程中，极易破损或变质

◆ 问答题

(1) 外包的作用有哪些？

(2) 外包的种类有哪些？

(3) 外包的起因是什么？

◆ 案例分析题

　　浙江省温州莱利饰品有限公司专业生产各种工艺饰品。2010 年 5 月接到法国某公司的订单。该订单项下一款编号为 FW-301 饰品，其成分为 Au95%，Ag6%。莱利公司生产繁忙，就委托义乌尚达饰品公司生产。请你以一名跟单员的身份进行分析，莱利公司的做法是否合适？为什么？

10 货物运输与保险跟单

中国深圳 KK 服装公司完成了出口服装的生产，按照 CIF 合同及信用证规定，外贸业务员需及时办理出口货运与保险业务，以便货物能够如期装运、按时交付。如果你是深圳 KK 公司的跟单员，应如何协助其租船订舱委托货运呢？货物起运前，应怎样确定合适的投保险别，办理好货运保险手续呢？

10.1　国际货物运输及其跟单

国际货物运输(简称国际货运)是国家或者地区之间的运输。从广义上说，国际货运泛指交通运输部门、外贸部门或者其他货主和货运代理人办理的运输业务。随着国际货物运输能力的大大提高，科学、严密的国际货运体系正在逐渐形成，国际运输业已经能够为国际贸易的顺利实现提供迅速、准时、高质量、低费用的服务，成为联系全球范围的国际贸易中不可缺少的桥梁。国际货物运输主要采用的方式有海洋运输、铁路运输、航空运输以及集装箱运输等。

10.1.1　海洋货物运输及其跟单

海洋运输是国际贸易中最主要的运输方式，我国绝大部分进出口货物都是通过海洋运输方式运输的。海洋运输通过能力大，万吨以上、甚至数十万吨的巨轮都可在海洋中航行。由于海洋运输量大、运输成本低，所以许多国家特别是沿海国家的进出口货物，大部分都采用海洋运输。但海洋运输易受自然条件和气候的影响，风险较大，且航行速度较慢，因此，对于不宜经受长期运输的货物以及急用和易受气候条件影响的货物，一般不宜采用。

10.1.1.1　海洋运输的方式及运费

按照船公司对船舶经营方式的不同，海洋商船可分为班轮(liner)和不定期船(tramp)两种类型。由于这两种类型的船舶在经营上各有自己的特点，所以海洋运输又可分为班轮运输和租船运输两种方式。

1) 班轮运输　又称定期船运输，是指班轮公司将船舶按事先制定的船期表，在特定航线的各挂靠港口之间，按既定操作规则为非特定的广大货主提供规范的、反复的货物运输服务，并按运价表或协议运价来计收运费的一种营运方式。

在班轮运输跟单时，外贸跟单员必须掌握班轮运费的计算方式：

$$班轮运费=班轮运价×运量+附加费$$

由基本运费和附加费两部分构成。基本运费是指货物在预定航线的各基本港口之间进行运输所收取的运费，它是构成全程运费的主要部分。基本运费的计收标准,通常按不同商品分为下列几种：

(1) 按货物的毛重计收，在运价表内用"W"字母表示。

(2) 按货物的体积(或尺码吨)计收，在运价表内用"M"字母表示。

(3) 按商品的价格计收，即按从价运费收取，在运价表内用"A.V."表示。

(4) 按货物的毛重或体积，由船公司选择其中收费较高的一种计收运费，在运价表中用"W/M"表示。

(5) 按货物的重量、体积或价值三者中选较高的一种计收运费，在运价表中用"W/M or A.V."表示。

(6) 按货物的件数计收。

(7) 对大宗低值货物，采用船、货双方临时议定运价的办法。

此外，班轮公司对同一包装、同一票货物或同一提单内出现混装情况时，其计收运费的原则是就高不就低。

班轮运费中的附加费名目繁多，其中包括：超长超重附加费、选择卸货港附加费、变更卸货港附加费、燃油附加费、港口拥挤附加费、绕航附加费、转船附加费和直航附加费等。

上述基本运费和各种附加费，均按班轮运价表计算。

2) 租船运输　通常是指包租整船而言，大宗货物一般都采用租船运输。租船方式主要包括定程租船(voyage charter)和定期租船(time charter)两种。不论是按航程或按期限租船，船、租双方都要签订租船合同，以明确双方的权利和义务。

(1) 定程租船。在定程租船方式下，船方必须按租船合同规定的航程完成货物运输任务，并负责船舶的经营管理及其在航行中的各项费用开支；租船人则应支付双方约定的运费。程租船的运费一般按装运货物的数量计算，也有按航次包租总金额计算的。至于货物在港口的装卸费用，究竟由船方抑或租方负担，应在租船合同中做出明确规定。

(2) 定期租船。按期限租船时，船租双方的权利与义务应在期租船合同中订明。船方应提供适航的船舶，关于船员薪金、伙食等费用以及保持船舶具有适航价值而产生的有关费用，均由船方负担。在船舶出租期间，租船人可根据租船合同规定的航行区域自由使用和调动船舶，但船舶经营过程中产生的燃料费、港口费、装卸费和垫舱物料费等项开支，均应由租船人负担。关于期租船的租金，一般是按租期每月每吨若干金额计算。

10.1.1.2　海运出口运输跟单

海运出口货物的运作是外贸跟单员的主要工作内容之一，它视交易条件不同而有所不同。如按 FOB 条件成交，则外贸跟单员无须办理租船订舱手续；而以 CIF 和 CFR 条件签订的出口合同，则由卖方安排运输。卖方须根据出口合同中规定的交货期安排运输工作。如凭信用证方式结汇的，卖方须等收到信用证后方可安排运输。

海运出口货物运输工作，一般包括以下环节：

1) 审核信用证中的装运条款　出口单位在收到国外进口方通过银行开来的信用证后，要对内容进行全面的审核。在审核装运条款时，要着重审核信用证的装运期、有效期、装运港、目的港、结汇日期、分批装运、转船等，如果发现信用证条款与合同条款不一致，应及时要求进口方修改信用证。

2) 备货、报验和领证　出口单位在收到信用证后，根据出口合同的规定，按时按质按量准备好应交货物。货物的包装必须符合合同规定和运输要求，唛头应按合同规定的式样刷制，要注意清楚醒目，颜色不易脱落。凡属国家规定或合同规定必须经我国商检机构检验出证的出口货物，在备货完毕后，应及时向商检机构提出检验申请，取得商检机构颁发的合格的检验证书。

3) 租船和订舱　在 CIF 或 CFR 条件下，租船订舱是卖方的主要职责之一。如出口货物数量较大，需要整船载运的，则要对外办理租船手续；如出口货物数量不大，无需整船装运的，可由外运公司代为洽订班轮或租订部分舱位运输。

租船订舱的简单程序为：

(1) 托运人委托外运公司办理托运手续，填写托运单(shipping note，亦称"订舱委托书")递送外运公司作为订舱依据。

(2) 外运公司收到托运单后，审核托运单，确定装运船舶，将托运单的配舱回单退回，并将全套装货单交给进出口公司填写，然后由外运公司代表托运人向外轮代理公司办理货物托运手续。

(3) 货物经海关查验放行后，由船长或大副签收"收货单"(又称大副收据，mate's receipt)，即船公司签发给托运人的表明货物已装妥的临时收据。托运人凭收货单向外轮代理公司交付运费并换取正式提单。

4) 办理保险　如果由卖方负责投保，则在订妥舱位后，货物集港之前即予投保；如由买方自办保险的，卖方须及时发出装船通知，以便买方及时办理运输保险手续。如有疏忽，致使买方未能投保，则卖方必须就货物在运输途中的风险向买方承担赔偿责任。

5) 货物集中港区　洽谈好船舶和舱位后，货方按照港区进货通知并在规定的期限内，将出口货物及时发运到港区内的指定仓库或货场，等待装船。发货的顺序应该是后卸的先发(装舱底)，先卸的后发(装舱上层)。大宗货物可事先联系港区提前发货。对于可以在船边现装的货物，在条件许可的情况下，按照装船时间将货物直接送至港区船边现装，以简化进仓手续和费用。对危险品、重大件、冷冻鲜活商品、散油等，外贸跟单员应事先联系安排好调运、接卸和装船作业，发货前要逐票核对货物名称、数量、标记、配载船名、装货单号码等内容，做到单货相符和船货相符。发货时，如发现包装破损或残缺，应及时修复或调换。

6) 出口报关　货物集中港区后，发货单位应填具出口货物报关单并随附发票、装货单、装箱单(或重量单)、商检证书(如若商检局来不及出证，可在报关单上由商检机构加盖合格和免验放行等图章)以及其他相关证件，经海关查验单证，确认单货相符，手续齐备，在装货单上加盖放行章，方可装船。

7) 装船　装船之前，发货单位的工作人员凭着盖有海关放行章的装货单，与港方仓库、货场和理货人员(代表船方)办妥交接手续、逐项清点，做好现场记录，以便分清货、港、船三方的责任。如有短缺、包装破裂等情况，应及时补换或修复。发货单位应派人在现场监装，随时掌握装船进度并处理临时发生的问题。如出现舱容紧、配货多的情况，应与船方联系，合理装载充分利用舱容以免退关。货物装船后，由大副签署"收货单"交理货员，理货员将收货单交外贸跟单员，凭它换取正式提单。理货员如发现某批有缺陷或包装不良，即在收货单上批注，并由大副签署，以确定船货双方的责任。但应尽量争取不在收货单上批注以取得清洁提单。

8) 支付运费　凡是"预付运费"的货物，轮船公司或其代理收取运费后，发给托运人或货代提单并在提单上注明运费已付。如为"到付运费"的货物，则在提单上注明运费到付。货物运抵目的港后，船公司卸港代理在收货人提货前向收货人收取运费。

9) 索赔与理赔　租船合同和海运提单是处理索赔与理赔的主要依据。处理索赔案件时，应掌握实事求是、有根有据、合情合理、区别对待、讲求实效的原则。

如果决定对外索赔，跟单员须准备下列各项必要的索赔单证：

(1) 索赔函。

(2) 索赔清单。根据损失的程度和造成损失的原因，确定对外索赔的比例，按 CIF 价格计算损失金额，编制索赔清单。如商业发票上是 FOB 价格而按 CIF 价格索赔，经承运人要求，还应提供运费及保险收据。

(3) 货物残、短签证。应有船方和理货人员共同签字。必要时，还应提供商检证书和船舶检验证书。

(4) 提单。正本或影印本。

(5) 商业发票。必要时应加附装箱单或磅码单。

(6) 费用单证。向船方索赔修理、整理货物的费用的证明文件。

(7) 其他单证。必要时，还须提供火灾鉴定报告、卫生或动植物检验证明等。

处理索赔案件的程序和手续，须视承运货物的船舶经营性质而定。

采用班轮或程租船方式运输发生货损货差时，凡出口货物由国外收货人(或提单持有人、货物承保人)直接向承运人办理索赔。凡进口货物，一般情况下由货运代理人代表有关进出口企业以货方名义向承运人办理索赔。由外运公司期租船运输的货物，不论出口或进口，均由外运公司办理索赔。

10.1.1.3　海运提单的缮制

海运提单(bill of lading, B/L)简称提单，是目前海运业务使用最为广泛和主要的运输单据。海运提单的种类很多，但使用较广的是已装船、清洁、指示提单。

理论上提单应由船公司填制，但实际上都是由托运人制作，外贸跟单员在缮制提单时应注意以下事项：

1) 托运人(shipper)　是与承运人签订运输契约的人，亦即发货人。在信用证支付条件下，提单上的发货人(shipper)应为信用证受益人。如来证规定以第三者为发货人时，可以以国内运输机构或其他公司的名义为发货人，如来证规定以开证人为发货人时则不能接受。

2) 收货人(consignee)　在信用证支付条件下，应严格按信用证规定填制收货人。信用证中对收货人的规定有记名式、指示式、不记名式三种方式。记名式提单的收货人填信用证指定的收货人名称；指示式提单的收货人栏按信用证的不同规定可制成"to order of applicant"(凭开证申请人指示)、"to order of consignee"(凭收货人指示)、"to order of ×××bank"(凭×××银行指示)或"to order of shipper"(凭托运人指示)等；不记名式提单收货人填"to bearer"(交持票人)。

3) 背书(endorsement)　指示提单和不记名提单可背书转让。提单背书分记名背书与空白背书两种方式，记名背书即在提单背面批注"endorsed to ×××"或"deliver to ×××"，再由背书人签字盖章；空白背书由背书人在提单背面加盖公司中英文条印章和法人签字章，不另作其他任何记载。若提单漏注背书，极易造成拒付的危险。提单的抬头与背书直接关系到物权归谁所有和能否转让等问题。因此，一定要严格按照信用证要求办理。

4) 被通知人(notify party)　被通知人是接受船方发出货到通知的人，是收货人的代理人。此栏应严格按信用证规定填写。信用证上如要求加注被通知人(notify party)名称者，应照办；若信用证中未规定有被通知人，提单正本可照信用证办理，留空不填，但应在副本提单的被通知人一栏内加注开证申请人的名称，以便货到目的港时船方通知其办理提货手续；如来证规定仅通知某人(notify×××only)，则通知栏内不能省去"only"字样；来证如规定在提单上须表示出买方名称，应在提单上加注"买方×××"(name of consignee ×××)。

5) 若为联运提单(C.T. B/L)　其上有：

(1) 前段运输(pre-carriage by)。本栏应填第一段运输方式的运输工具名称。

(2) 收货地点(place of receipt)。本栏填前段运输承运人收货的港口名称或地点。

(3) 船名及航次号(ocean vessel voy No.)。填写第二程船的船名。根据《UCP600》，通过预先印就的文字或已装船批注注明货物的装运日期这两种方式来表明货物已在信用证规定的装货港装上具名船只。根据《UCP600》，如提单载有"预期船只"或类似的关于船名的限定语，则需以已装船批注明确发运日期以及实际船名。

(4) 装运港(port of loading)。填实际装运港名称，且应符合信用证要求。若信用证对装运港的规定较笼统，如"China ports"(中国港口)，填写时应按实际装运港名称填制。

(5) 卸货港(port of discharge)，本栏填实际的卸货港名称，但应与信用证上的规定相一致。

(6) 交货地点(place of delivery)。填写最终目的地名称。如果货物的目的地就是目的港，空白这一栏。

6) 标志和号码(marks & nos.)　俗称唛头。提单上的唛头应与信用证和其他单据中的唛头保持一致，否则会给提货和结算带来困难。若没有唛头，用"N/M"表示，不得空白；若为散装货，则用"in bulk"表示；裸装货物常以不同的颜色区别，例如钢材、钢条等顶端刷上红色标志，提单上可以"red stripe"表示；若刷的是白色，则填"white stripe"。

7) 件数、包装种类及货物描述(number and kind of packages: description of goods)　件数、包装种类可按商业发票有关栏目内容填写，且与信用证要求和实际货物相符。提单上除有阿拉伯文字的件数外，尚需有英文大写的件数，两者的数量要相一致。散装货物件数栏只填"in bulk"。货物描述栏填货物大类总称，但不能与信用证规定的名称相抵触。如信用证上的品名为"machinery and mill works, motors"，提单上品名可标明 motors，因为 motors 是 "machinery and mill works, motors" 的统称，且与信用证上的品名无抵触。有时同一货物，但使用不同货名可以节约运费。因此，应尽可能事先通知对方在来证中采用收取运费较低的货名，或使对方在来证中加注："提单使用某某货名可以接受"的字句。

8) 毛重(gross weight)　填货物总毛重，与发票、装箱单、托运单等有关单据一致。一般以 kg 为计量单位，1kg 以下四舍五入。除非信用证有特别规定，一般不填净重。

9) 运费(freight and charges)　提单运费栏记载的运费支付有 4 种情况：运费已付(freight paid)、运费预付(freight prepare)、运费到付(freight payable at destination)和运费待付(freight collect)。信用证支付条件下，按信用证规定填制。一般在 CFR、CIF 条件下，填"freight prepaid"或"freight paid"；在 FOB 条件下，填"freight collect"或"freight payable at cestination"。

10) 提单签发地及提单日期(place and date of issue)　提单签发地应是装货港地点或接受有关方面监管的地点。若中途转船则应是一程船装货港地点。提单签发日期指装完货的日期，而非接受货物开始装船的日期，国际惯例将其视为装运日。提单签发日期不能迟于信用证规定的最迟装运期。

11) 提单正本份数(number of original B/L)　提单正本份数应根据信用证条款要求出具，并在本栏注明，如无规定，应签发正本两份。若信用证要求出具"全套提单"(full set B/L or complete set B/L)的，就是指承运人在提单上所注明的全部正本份数。如要求出具 2/3 origin B/L，则应制作三份正本，其中两份送银行议付，另一份正本应按信用证中规定办理，如该项规定不合理，应及时通知开证申请人改正。每份正本提单的效力相同，若其中一份提货，则其余各份立即失效。

12) 承运人签字(signed for the carrier)　提单必须由承运人或其代理人签字后

才能生效。若来证要求手签则应照办。签字时须表明其身份。如签发提单人为货运代理，而承运人为"COSCO"，则应在货运代理之后加注"as agent for the carrier: COSCO"字样。

10.1.2　铁路运输及其跟单

10.1.2.1　国内铁路运输及其跟单

铁路运输主要承担长距离、大数量的货运。铁路运输的优点是速度快、运输受自然条件限制较小、载运量大、运输成本较低。主要缺点是灵活性差，只能在固定线路上实现运输，需要与其他运输手段配合和衔接。铁路运输经济里程一般在 200 km 以上。

国内铁路运输跟单应注意的问题：

(1) 铁路运输的基本条件。铁路货物运输分整车、零担、集装箱三种。如一批货物的重量、体积或形状需要一辆 30 t 以上货车运输的，应按整车托运；不够整车托运的，则按零担运输；符合集装箱运输条件的，则可办理集装箱托运。必须说明，按零担托运的货物，单件体积不得小于 0.02 m³(单件重量在 10 kg 以上的除外)，每批不得超过 300 件。

(2) 铁路货物的托运、受理、承运。铁路实行计划运输，发货人要求铁路运输整车货物，应向铁路提出月度要车计划，车站根据要车计划受理货物。在进行货物托运时，发货人应向车站按批提出货物运单一份。对同一批托运的货物如货物种类较多，发货人不能在运单内逐一填记，发货人应提交物品清单。零担和集装箱货物由发运站接收完毕，整车货物装车完结，发运站在货物运单上加盖承运日期戳时，即为承运。

(3) 铁路货物的装车、卸车。凡在车站内进行的均由铁路负责，在其他场所的均由发货人或收货人负责。由发货人或收货人负责装卸车的货车，车站应将调车的时间通知发货人或收货人。发货人或收货人在装卸车作业完毕后，将装卸车完毕时间通知铁路车站。对由发货人、收货人负责组织装卸的货车，超过装卸时间规定或停留时间规定，铁路应向发货人、收货人核收规定的货车延期使用费。

(4) 铁路货物的到达、交付。凡由铁路负责卸车的货物，到站时间应不迟于卸车完毕的次日内，到达后用电话或书信向收货人发出催领通知，并在货票内注明通知的方法和时间。收货人在领取货物时，应出示提货凭证，并在货票上签字或盖章。收货人在到达站办妥提货手续并付清有关费用后，铁路将货物连同运单一起交予收货人。

(5) 铁路货物运输期限。货物实际运输期限的起算时间从铁路承运货物的次日开始。终止时间分两种情况：由到站铁路部门负责卸车的货物至卸车完毕时止；由收货人负责卸车的货物至货车调至卸车地点或货车交接地点时止。货物运输期限起码为 3 天。超过规定期限运输的货物，铁路应按所收运费的百分比向收货人支付延误运输罚款。

(6) 货物运输变更。发货人或收货人由于特殊原因，对于由铁路部门承运的货物，可向铁路部门提出运输变更要求，如变更收货人、变更到站等。

(7) 货运事故处理。发货人或收货人在向铁路提出赔偿时，应按批向所到车站提出赔偿要求书，并附货物运单、货运记录和有关证明文件。货物损失的赔偿价格，灭失时按灭失货物的价格，损坏时则按损坏货物所降低的价格计算。

10.1.2.2 国际铁路出口联运及其跟单

1) 托运前的工作　在托运前必须将货物的包装和标记严格按照合同中有关条款、国际货协和议定书中规定的条款办理。

(1) 货物包装应能充分防止货物在运输中灭失和腐坏，保证货物多次装卸不致毁坏。

(2) 货物标记，表示牌及运输标记，货签，内容主要包括商品的记号和号码、件数、站名、收货人名称等。字迹均应清晰，不易擦掉，保证多次换装中不致脱落。

2) 货物托运与承运　货物的托运，是发货人组织货物运输的一个重要的环节。发货人在托运货物时，应向车站提交货物运单，以此作为货物托运的书面申请。车站接到运单后，应进行认真审核，对整车货物应检查是否有批准的月度、旬度货物运输计划和要车计划，检查货物运单各项内容是否正确，如确认可以承运，应予签证。车站在运单上签证时写明货物进入车站的日期和装车日期，即表示受理托运。发货人按签证指定的日期将货物搬入车站或指定的货位，铁路根据货物运单的记载查对实货，认为符合国际货协和有关规章制度的规定，车站方可予以承运。整车货物一般在装车完毕后，由发站在货物运单上加盖承运日期戳，即为承运。发运零担货物则与整车货物不同，发货人在托运时，不需要编制月度、旬度要车计划，即可凭运单向车站申请托运。车站受理托运后，发货人应按签证指定的日期将货物搬进货场。送到指定的货位上，经查验、过磅后，即交由铁路保管。当车站将发货人托运的货物，连同货物运单一同接受完毕，在货物运单上加盖承运日期戳时，即表示货物业已承运。铁路对承运后的货物负保管、装车发运责任。总之，承运是铁路负责运送货物的开始，表示铁路对发货人托运的货物承担运送义务，并负担运送中的一切责任。

3) 货运单据　包括：

(1) 国际铁路联运运单(international through rail waybill)。是发货人与铁路之间缔结的运输契约，它规定了铁路与发、收货人在货物运送中的权利和义务，对铁路和发、收货人都具有法律效力。

(2) 添附文件。我国出口货物必须添附"出口货物明细单"和"出口货物报关单"。另外根据规定和合同的要求还要添附出口许可证、品质证明书、商检证、卫生检疫证、动植物检查以及装箱单、磅码单、化验单、产地证及发运清单等有关单证。

4) 货物的交付　出口货物装车发运，在货物到站后，应通知运单中所记载的收货人领取货物。在收货人付清运单所载的一切应付运送费用后，铁路必须将货物连同运单交付收货人，收货人必须支付运送费用并收取货物。收货人只在货物因毁损或腐坏而使质量发生变化，以致部分货物或全部货物不能按原用途使用时，才可以拒绝领取货物。收货人领取货物时，应在运行报单上填记货物领取日期，并加盖收货戳记。

10.1.3　航空运输及其跟单

航空运输的特点有：运送迅速；节省包装、保险和储存费用；可以运往世界各地而不受河海和道路限制；安全准时等。因此，对易腐、鲜活、季节性强、紧急需要的商品运送尤为适宜。航空货物运输的方式很多，有班机、包机、集中托运和航空急件传送等。航空急件传送是目前国际航空运输中最快捷的运输方式。这一方式不同于一般航空邮寄和航空货运，而是由一个专门经营这项业务的机构和航空公司合作，设专人用最快的速度在发货人、机场和收货人之间传送。对运送急需的药品、医疗器械、贵重物品、图纸资料、货样、单证等特别有利，被称为"桌到桌快递服务"。

10.1.3.1　出口货物航空运输程序

出口货物航空运输的一般程序如下：

(1) 出口单位如委托空代办理空运出口货物，应向空代提供"空运出口货物委托书"和出口合同副本各一份。对需要包机运输的大宗货物出口单位应在发运货物前 40 天填写"包机委托书"送交空代。对需要紧急运送的货物或必须在中途转运的货物，应在"委托书"中说明，以便空代设法利用直达航班运送和安排便于衔接转运的航班运送。

(2) 空代根据发货人的委托书向航空公司填写"国际货运托运书"办理订舱手续。托运书上要写明货物名称、体积、重量、件数、目的港和要求出运的时间等内容。订妥舱位后,空代应及时通知发货人备货、备单。

(3) 出口单位备妥货物、备齐所有出口单证后送交空代,以便空代向海关办理出口报关手续。

(4) 空运出口货物要妥善包装,每件货物上要有收货人、托运人的姓名、地址、箱号、唛头、拴挂或粘贴有关的标签,对须特殊处理或照管的货物要粘贴指示性标志。空代在接货时要根据发票、装箱单逐一清点和核对货物的名称、数量、合同号、唛头,检查包装是否符合要求,有无残损等。

(5) 对于大宗货物和集中托运货物一般由货代在自己的仓库场地、货棚装板、装箱,也可在航空公司指定的场地装板、装箱。在装板、装箱时要注意以下问题:

① 不要用错板型、箱型。因不同航空公司的集装板、集装箱的尺寸不同,用错了装不上飞机,而且每家航空公司的板、箱不允许别家航空公司的航班使用。

② 货物装板、装箱时不得超过规定的重量、高度和尺寸。一定型号的板、箱用于一定的机型。一旦超装,就无法装机,所以既不可超装,又要用足板、箱的负荷和尺寸。

③ 要封盖塑料薄膜以防潮防雨。要衬垫平稳、整齐,使结构牢靠,系紧网索,以防倒垛。

④ 对于整票货物要尽可能装一个或几个板、箱,以防散乱、丢失。

航空货运单(air waybill)是航空运输的正式凭证,是承运人收到货物后出立的货物收据。货物运抵目的地后,承运人向收货人发出"到货通知",收货人凭"到货通知"提取货物,并在货运单上签收。因此,航空货运单非物权凭证,也是不可转让的。

10.1.3.2　班机运费的计算

班机运费是指航空公司将货物自启运机场运至目的地机场所收取的航空运输费用。它是根据货物适用的运价,即费率和货物的计费重量计算而得出的。

计费重量(chargeable weight)是指用来计算货物航空运费的重量,它可以是货物的实际毛重(actual gross weight)、体积重量(volume weight)或较高重量分界点的重量。在计算班机运费时,应将三者进行比较,择其高者作为计算标准。

1) 班机运费的特点

(1) 承运货物的计费重量按货物的实际毛重或体积重量来计算,且择其高者。但当货物较高计费重量分界点的运费比计得的运费低时,应以较高重量分界点的运费为最后收费依据,反之则以计得的运费为准。这与班轮运费不同。

(2) 航空运费按特种货物、等级货物、普通货物分别规定运价标准。如计算出的运费低于起码运费时,按起码运费计收。这与班轮运费类似。

(3) 班机运费仅指基本运费，不包括仓储、提货等附加费。

(4) 班机运费的货币单位一般以启运地的当地货币单位为准，费率以承运人或其代理人签发航空运单的时间为准。

2) 空运货物重量和尺码的计算

(1) 实际毛重即包括货物包装在内的重量，适用于高密度货物。如货物重量按毛重计算，计算单位为 kg，尾数不足 1 kg 的则按四舍五入处理。

(2) 体积重量即将货物的体积按一定比例折合成的重量。计算规则为：不考虑货物的几何形状，量出其最长、最高部分的长度(以 cm 为单位)，计算体积，测量数值的尾数部分实行四舍五入。体积重量按每 6 000 cm^3 折合 1 kg 计算，适用于轻泡货物。计算公式为：

$$体积重量=(长×高×宽)÷6000$$

(3) 每件货物的重量一般不能超过 80kg，尺码一般不能超过 40×60×100 cm，超过者则为超限货物。每件货物的最小尺码长、宽、高合计不得小于 40cm，最小一边长不得小于 5 cm。

(4) 如果发货人托运超限货物，则应提供货物的具体重量、体积，并经民航同意后才可办理托运，且应按承运人的规定支付超限货物的附加费。

10.1.4　集装箱运输及其跟单

10.1.4.1　集装箱运输的优点

集装箱又称"货柜"，是具有一定规格强度的专为周转使用的货箱(容器)，这种容器和货物的外包装不同，它是进行货物运输、便于机械装卸的一种成组工具。集装箱货物运输适用于海洋运输、铁路运输及国际多式联运等。

被称为"20 世纪运输史上一次革命"的集装箱运输具有以下优点：

(1) 提高了装卸效率和港口的吞吐能力，加速了船舶的周转和港口的疏港。

(2) 可露天作业，露天存放，不怕风雨，节省仓库。

(3) 便于装卸作业机械化，减少货物装卸的次数，节省劳动力和减轻劳动强度，有利于提高运输质量、减少货损货差。

(4) 节省包装费、作业费等各项费用，降低货运成本。

(5) 简化货运环节，可进行门到门的运输，从而加快了货运速度，缩短了货物的在途时间。

(6) 把传统单一的运输串联成为连贯的成组运输，从而促进了国际多式联运的发展。

10.1.4.2 集装箱的种类及尺寸

集装箱是用钢、铝、胶合板、玻璃钢或这些材料混合制成的，具有坚固、密封和可以反复使用等优越性，这是任何运输包装都无法与之比拟的。集装箱的内部容量较大，而且易于装满和卸空，在装卸设备配套的情况下能够迅速搬运。

国际标准化组织为了统一集装箱规格，共规定了 3 个系列、13 种规格的集装箱。我们现在海、陆运普遍使用的 20 英尺和 40 英尺集装箱，是第一系列中的 1C 型 8′×8′×20′ 和 1A 型 8′×8′×40′。集装箱分类见表 10.1，各种集装箱尺寸及装载重量见表 10.2。

表 10.1 集装箱分类

分类方法	集装箱种类
按所装货物种类分	杂(干)货集装箱、散货集装箱、液体货集装箱、冷藏箱集装箱、挂衣集装箱、通用集装箱、罐式集装箱
按制造材料分	木集装箱、钢集装箱、铝合金集装箱、玻璃钢集装箱、不锈钢集装箱、纤维板集装箱
按结构分	折叠式集装箱、固定式集装箱(密闭集装箱、开顶集装箱、板架集装箱)
按总重量分	30 吨集装箱、20 吨集装箱、10 吨集装箱、5 吨集装箱、2.5 吨集装箱等
按尺寸规格分	20 英尺集装箱(20'C)、40 英尺集装箱(40'C)、40 英尺高柜集装箱(40HC)、45 英尺集装箱(45'C)
按拥有者的身份分	货主自备集装箱(shipper's own container)、承运人集装箱(carrier's own container)
按 ISO 标准分	A 型集装箱、B 型集装箱、C 型集装箱

10.1.4.3 集装箱装箱量的计算实例

计算集装箱装箱量，是一门较复杂的技术工作。科学的装箱方法可以降低运输成本。目前在计算集装箱装箱量上，有专门的集装箱装箱计算软件，对于不同规格的货物进行最科学的计算，以达到降低运输成本的目的。本文以纸箱为例，阐述外贸跟单员集装箱装箱量的计算一般方法。

1) 对一批相同尺寸纸箱计算装箱量　计算公式如下：

$$V \geqslant Q_1 \cdot L \cdot H \cdot W, \quad Q_2 \leqslant K/K_0$$

集装箱的装箱量为 Q_1，Q_2 两者中较小者。其中，V 是集装箱的内体积；Q_1、Q_2 是纸箱的数量；L 是纸箱的长；H 是纸箱的高；W 是纸箱的宽；K 是集装箱的最大载重；K_0 是每箱毛重。

表 10.2　各种集装箱尺寸及装载重量

			外尺寸			20 英尺			内容积/m³	总重/kg	自重/kg	载重/kg
			长/mm	宽/mm	高/mm	长/mm	宽/mm	高/mm				
干货集装箱	20英尺	钢质	6 058	2 438	2 438	5 917	2 336	2 249	31	24 000	1 860	22 140
		钢质高柜	6 058	2 438	2 591	5 902	2 338	2 376	32.84	22 396	2 275	20 121
		铝质	6 058	2 438	2 591	5 925	2 344	2 391	33.1	21 372	1 794	19 578
	40英尺	钢质	12 192	2 438	2 591	12 050	2 343	2 386	67.4	30 480	3 100	27 380
		钢质高柜	12 192	2 438	2 896	12 034	2 345	2 677	75.9	30 480	4 080	26 400
		玻璃钢质	12 192	2 438	2 591	11 977	2 273	2 300	61.3	30 480	4 763	25 717
		铝质	12 192	2 438	2 591	12 045	2 350	2 377	67.4	30 373	2 981	27 392
		铝质高柜	12 192	2 438	2 896	12 060	2 343	2 690	76	30 480	3 000	27 480
散货集装箱	20英尺	钢质	6 058	2 438	2 438	5 887	2 330	2 159	29.6	20 320	2 530	17 790
		钢质高柜	6 058	2 438	2 591	5 824	2 335	2 375	32.3	24 386	2 351	22 035
		玻璃钢质	6 058	2 438	2 438	5 892	2 333	2 202	30.3	20 320	2 450	17 870
冷藏集装箱	20英尺	钢质	6 058	2 438	2 438	5 477	2 251	2 099	25.9	20 320	2 520	17 800
		铝质高柜	6 058	2 438	2 591	5 360	2 242	2 148	25.51	21 241	3 004	18 237
		玻璃钢质	6 058	2 438	2 591	5 085	2 236	2 220	25.1	24 384	3 372	21 012
	40英尺	铝质	12 192	2 438	2 591	11 398	2 256	2 113	52.04	30 848	4 519	26 329

注:(1)干货集装箱又称杂货集装箱,是用以装载除液体货和需要调节温度的货物外,以一般杂货为主的集装箱。(2)散货集装箱是用于装载麦芽、化学品、谷物等散货的一种密闭式集装箱。(3)冷藏集装箱是专为运输要求保持一定温度的冷冻货或低温货,如鱼、肉、新鲜水果、蔬菜等食品进行特殊设计的集装箱。

　　注:在实务中,如果产品是属于"泡货",即货物体积大、重量相对小的货物(凡是重量为 1 kg、体积超过 6 000 cm³ 的均是泡货),则集装箱装箱量的计算只要按体积算即可;如果产品是属于"沉货"或"重货"(凡每 6000 cm³ 重量超过 1kg 的为重货),则集装箱装箱量的计算只要按重量算即可;若介于这两者之间,则要按以上公式算("泡货"适合选择 40 英尺等大柜,而"重货"适合选择 20 英尺等小柜)。

　　2) 对一批不同尺寸纸箱计算装箱量　计算公式如下:

$$V \geqslant (Q_A \cdot L_A \cdot H_A \cdot W_A) + (Q_B \cdot L_B \cdot H_B \cdot W_B) + (Q_C \cdot L_C \cdot H_C \cdot W_C) + \cdots$$
$$\geqslant \sum (Q_i \cdot L_i \cdot H_i \cdot W_i)_\circ$$

其中, Q_A 是 A 型纸箱的数量, Q_B 、 Q_C 、 Q_I 等以此类推; L_A 是 A 型纸箱的长,

L_B、L_C、L_i 等以此类推；H_A 是 A 型纸箱的高，H_B、H_C、H_i 等以此类推；W_A 是 A型纸箱的宽，W_B、W_C、W_i 等以此类推。

【例10.1】 跟单员需考虑纸箱在集装箱内有多种不同的放置方法，根据计算得出最佳装箱方案。

装箱条件：一批出口商品，产品所用包装纸箱都使用尺寸为长 485 mm×宽366 mm×高275 mm，每箱毛重25 kg，用40英尺钢质集装箱，箱内尺寸为长1 2050 mm×宽2 343 mm×高2 386 mm，内容积67.4 m³，最大载重27 380 kg，计算该集装箱最多可装多少个纸箱？

(1) 按体积进行计算。

纸箱放置方法一：

集装箱内尺寸：长12 050mm×宽2 343mm×高2 386mm；

纸箱在集装箱内的对应位置为：长485mm×宽366mm×高275mm；

集装箱长、高、宽共可装箱量为：长24.8箱×宽6.4箱×高8.6箱；

去纸箱误差，集装箱可装纸箱数为：长24箱×宽6箱×高8箱=1 152箱，
体积为56.235m³。

纸箱放置方法二：

集装箱内尺寸：长12 050mm×宽2 343mm×高2 386mm；

纸箱在集装箱内的对应位置变动为：宽366mm×长485mm×高275mm；

集装箱长、高、宽共可装箱量为：长32.9箱×宽4.8箱×高8.6箱；

去纸箱误差，集装箱可装纸箱数为：长32箱×高4箱×宽8箱=1 024箱，
体积为49.987m³。

纸箱放置方法三：

集装箱内尺寸：长12 050mm×宽2 343mm×高2 386mm；

纸箱在集装箱内的对应位置变动为：高275mm×长485mm×宽366mm；

集装箱长、高、宽共可装箱量为：长43.8箱×高4.8箱×宽6.5箱；

去纸箱误差，集装箱可装纸箱数为：长43箱×高4箱×宽6箱=1 032箱，
体积为50.377m³。

通过人工简单地按体积计算，显然"方法一"是最佳的一般性计算装箱量方案。

(2) 按重量进行计算。

纸箱数量=27 380÷25=1 095.2箱≈1 095箱<1 152箱。

所以这个集装箱最多可以装1 095纸箱。

【例10.2】 交易会等特殊场合快速估算集装箱可装纸箱数量方法公式：

(按体积算)可装纸箱数量 Q_1=集装箱内容积×0.9 误差系数÷(纸箱长×宽×高)；

(按重量算)纸箱的数量 Q_2≤集装箱的最大载重÷每箱毛重。

则集装箱装箱量为 Q_1、Q_2 两者中较小者。

装箱条件：一批塑料制品出口，塑料制品所用包装纸箱尺寸为长 580mm×宽 380mm×高 420mm，用 40 英尺钢质集装箱，箱内尺寸为长 12 050mm×宽 2 343mm×高 2 386mm，内容积 67.4m³，最大载重 27 380kg，迅速计算该集装箱最多可装多少个纸箱。

计算：由于塑料制品属于"泡货"，因此只要按体积算即可。

$67.4m^3×0.9÷(0.58m×0.38m×0.42m)=655$ 箱($60.63m^3$)。

以上两种解法各有特点和适用范围，例 10.2 一般适用于交易会等场所，它是一种快速估算集装箱内可装的纸箱数量的方法(也是估算运费的方法之一)；而"例一"一般适用于比较精确定纸箱在集装箱内放置方法，从而能够计算出集装箱内具体的纸箱数量。这里需要指出的是所有纸箱的尺寸是规则的，并没有出现由于纸箱内装的货物太多而发生局部凸出的现象；另一方面所装的纸箱尺寸是相同的。

通过以上两种不同的实例解法，给我们的启发是：在合同和信用证中必须有"溢短装条款"，以便在实际装箱时能够"进退自如"。

10.1.4.4　集装箱交货方式和地点

根据货物装箱数量和方式的不同，集装箱货物的装箱分为整箱和拼箱两种方式。

整箱货(full container load，FCL)是指由货方自行将货物装满整箱后以箱为单位交付运输的集装箱货物。整箱运输的方式是在货物托运量足够装载一个整箱时采用。货主为了安全迅速、保质保量地把货物运达目的地，可向船公司或集装箱出租公司租用一定数量的集装箱，也有货主自备集装箱的，将箱子运到自己工厂或仓库将货物装入箱内，请海关派人到现场进行监督，装箱完毕后由货主加锁和铅封。凡一批货物，达到一个或一个以上的集装箱的容积的 75%或集装箱负荷重量的 95%，即可作为整箱货。

拼箱货(less than container cargo load，LCL)是指由承运人或其代理人将承运的小票单件货物进行分类整理后，集中适当票数负责装入集装箱内运输的货物。凡一批货物，不足整箱货所要求的容积或重量而需要两批或两批以上的货物才能满足时，称为拼箱货。

拼箱货是在货主托运的货物不足一箱时采用。拼箱货的集中、装箱、拆箱、交货工作均在码头集装箱货站或内陆站进行。因承运人与货主间的交接和一般单件货运输一样，所以相互责任和通常的海上货物运输一样处理，只是交接并不以装上船和卸离船作为分界，而是以集装箱货运站内的收货、交货作为分界线。

集装箱货物的交接因其收受和交付的地点广、在联合运输中交接的环节多、装箱方式不同等特点，大体上分为以下四种类型：

1) 整箱货交接(FCL/FCL)

(1) 门到门运输(door To door)。承运人在托运人仓库或工厂以整箱货接收、负责运到收货人仓库或工厂以整箱交货。

(2) 门到场运输(door to CY)。承运人自托运人仓库或工厂以整箱货接收，负责运到目的港装卸区集装箱堆场以整箱交货。

(3) 场到门运输(CY to door)。承运人在起运港装卸区的集装箱堆场以整箱货接收，负责运到目的港以整箱货交付收货人仓库或工厂。

(4) 场到场运输(CY to CY)。承运人在起运港装卸区的集装箱堆场以整箱货接收，负责运到目的港装卸区的集装箱堆场以整箱货交付收货人，而后由收货人自行将整箱货运回自己的仓库或工厂。

2) 拼箱货交接(LCL/LCL) 站到站运输(CFS to CFS)，承运人在启运港装卸区的货运站或内陆站接收拼箱货，负责装箱以后运到目的港货运站或内陆站拆箱交货。

3) 整箱接、拆箱交(FCL/LCL)

(1) 门到站运输(Door To CFS)。承运人于起运港在托运人仓库或工厂以整箱货接收，运到目的港装卸区的货运站或内陆站拆箱，将货物分别交付各收货人。

(2) 场到站运输(CY to CFS)。承运人在起运港装卸区的集装箱堆场以整箱接收，运到目的港装卸区货运站或内陆站拆箱，将货交给各收货人。

4) 拼箱接、整箱交(LCL/FCL)

(1) 站到门运输(CFS to door)。承运人在起运港装卸区的货运站或内陆站接收拼箱货，负责装箱以后运到目的港，将货物以整箱方式交给收货人。

(2) 站到场运输(CFS to CY)。承运人在起运港装卸区的货运站或内陆站接收拼箱货，负责装箱以后运到目的港装卸区的集装箱堆场以整箱货交货，而后由收货人自行运回仓库或工厂。

上述各种交接类型，最能发挥集装箱运输优越性的是门到门运输。但由于贸易中的情况多种多样，以及当前各国开展集装箱运输的条件不同，还不可能全部采用门到门的方式。在实践中，较为普遍的方式是 FCL/FCL(场到场运输)和LCL/LCL(站到站运输)。

10.1.4.5 集装箱运输的费用

集装箱运输的费用包括内陆或装船港市内运输费、拼箱服务费、堆场服务费、海运运费、集装箱及其设备使用费等。

目前，集装箱货物海上运价体系较内陆运价体系成熟，基本上分为两个大类：一类是沿用件杂货运费计算方法，即以每运费吨为单位(俗称散货价)，再加上相应的附加费；另一类是以每个集装箱为计费单位(俗称包箱价)。

1) 杂货基本费率加附加费

(1) 基本费率。参照传统件杂货运价，以运费吨为计算单位，多数航线上采用等级费率。

(2) 附加费。除传统杂货所收的常规附加费外，还要加收一些与集装箱货物运输有关的附加费。

2) 包箱费率(box rate) 实践中，不少船公司通常按集装箱的类型规定不同航线上每一个集装箱运费的包箱费率，依此计收集装箱运输的运费。船公司根据需要，可以在不同航线上采用不同的包箱费率，常见的包箱费率主要有 FAK 包箱费率、FCS 包箱费率和 FCB 包箱费率。

(1) FAK 包箱费率。是一种均一的包箱费率，即对于同一航线上相同类型的每一个集装箱，不分箱内货物等级，在集装箱载重量限度内、不计货物重量，均采用相同的运价。在这种计收方式中，整箱货根据货物的种类以及集装箱的规格，就可以在有关航线的费率表中查出相应的费率；拼箱货则根据货物种类，在有关航线的费率表中查得每运费吨的运费，再乘以按计算标准确定的计算单位，即得运费。

(2) FCS 包箱费率。是对同一航线上不同等级的普通货物和不同类型的集装箱规定不同运价的包箱费率。在这种费率表中，集装箱货物的等级与杂货一样，分为若干级。整箱货根据货物的种类(普通货物还须按等级)、集装箱的规格，可查得有关航线上集装箱的费率(若箱内货物等级不同，则按最高等级计收运费)；拼箱货则根据货物种类、等级查得费率。

(3) FCB 包箱费率。是一种按货物等级和计算标准制定的包箱费率。

整箱货除了根据包箱费率计算外，还有最低运费和最高运费方式。和杂货运输相类似，集装箱运输根据需要也要加收各种附加费(如燃油附加费、货币贬值附加费、变更目的港附加费和选港附加费等)。

10.1.4.6 集装箱运输的主要货运单证

集装箱运输的主要货运单证有：

(1) 托运单(dock receipt，D/R)。托运单一般为一式九联(含场站收据)，由发货人或货运代理根据轮船公司印就的格式进行填制。又称委托申请书，是指托运人根据买卖合同和信用证的内容向承运人或其代理人办理货物运输的书面凭证。

(2) 装箱单(container load plan，CLP)。装箱单既是详细记载每箱货物的具体资料，又是向海关申报的必要单证，还是货、港、船三方交接货箱、船方编制船舶积载计划、制作舱单、装卸港(地)安排运输和拆箱作业不可或缺的资料。

(3) 设备交接单(equipment interchange receipt，E/R)。设备交接单是供集装箱

所有人与用箱人/运箱人之间划分责任的依据，也是用箱人/运箱人进出港区、场站进行提箱、还箱的凭证。因此设备交接单应为一箱一单、箱单同行、箱单相符。如货物在运输过程中发生短少残损，设备交接单也是进行索赔和理赔的重要单证之一。

(4) 集装箱提单(container B/L)。集装箱提单的内容与传统的海运提单略有不同，其上有集装箱的收货地点、交货地点、集装箱号和铅封号等内容，对整箱货，提单上所列的货物件数，应填集装箱数，同时还要将箱内所装的件数列明，以防发生货损货差时能按箱内的件数索赔，否则承运人只按集装箱数进行理赔。对于拼箱货的件数仍按传统方法填写。

(5) 提货单(delivery order，D/O)。进口收货人或其代理在收到"到货通知"后需持正本提单向承运人或其代理换取"提货单"，然后向海关办理报关，经海关在"提货单"上盖章放行后，才能凭该单向承运人委托的堆场或货运站办理提箱或提单，提货时收货人或其代理要在提货单上盖章以证明承运人的责任已结束。

提货单一般为一式五联，第一联称"提货单"，此联由港方留存；第二联称"费用账单"，此联由收货人留存；第三联也是"费用账单"，此联由港方留存；第四、五联均称"交货记录"，收货人提货时需在此两联上盖章，第四联由港区留存，第五联由港区转船代留存。

10.1.4.7　集装箱货物出口操作步骤

集装箱货物出口操作步骤如下：

(1) 订舱。出口公司(发货人)根据贸易合同的规定，填好集装箱货物托运单，事先向船公司(或其代理)办理订舱手续。

(2) 接受托运申请。船公司确认订舱后，编制订舱清单，分送集装箱堆场和集装箱货运站，据以安排空箱和货运交接。

(3) 发送空箱。整箱货运所需的空箱，由船公司送交发货人收。拼箱货运所需的空箱一般由集装箱货运站领取。

(4) 拼箱货装箱。集装箱货运站根据订舱清单核收托运货物并签发场站货物收据，经分类整理，然后在站内装箱，由装箱人编制集装箱装箱单。

(5) 整箱货装箱。发货人收到空箱后，自行装箱并按时运至集装箱堆场，集装箱堆场根据订舱清单、装箱单验收并签发场站货物收据。

(6) 集装箱货运交接。集装箱堆场或货运站验收货物后在场站收据上签字。

(7) 换取提单。发货人凭场站收据向船公司换取提单，然后向银行结汇。若信用证规定需要装箱提单，则应在集装箱装箱后，才能换取装船提单。

(8) 装船。集装箱堆场根据船舶积载计划进行装船。

10.2　国际货运保险及其跟单

　　货物在运输过程中，可能因遇到自然灾害和意外事故而遭受损失，为了转嫁货物在运输过程中的风险损失，就必须办理货物运输保险。

　　外贸跟单员应熟悉办理国际货物运输保险的业务环节；能够选择投保险别，并能进行索赔；了解海运货物保险中，保险公司承保的风险、损失和费用；能够计算保险金额和保险费。

10.2.1　国际货运保险概述

10.2.1.1　海上货物运输风险和损失类型

　　1) 海上货物运输风险　在国际贸易中，进出口货物在海洋运输过程中会遭遇各种各样的风险，从而导致损失。保险公司并非会对任何风险都给予承保，同时也会针对不同的承保给予不同的赔偿。海上货物运输保险中的风险分为海上风险和外来风险。

　　(1) 海上风险(perils of the sea)。是指船舶或货物在海上运输过程中所遭受到的自然灾害和意外事故。可分为自然灾害险和意外事故险。自然灾害指不以人们的意志为转移的自然界力量引起的灾害。在海洋运输过程中，自然灾害仅指恶劣气候、雷电、地震、海啸或火山爆发等人力不可抗拒的自然力量造成的灾害；意外事故是指由于偶然、非意料的原因所造成的事故，如船舶的触礁、碰撞、飞机坠落、货物起火等。

　　(2) 外来风险(extraneous risks)。是指由于自然灾害和意外事故以外的其他外来原因造成的风险，但不包括货物的自然损耗和本质缺陷。可以分为一般外来风险和特殊外来风险。一般外来风险是指由于一般外来原因引起风险而造成的损失，如偷窃、雨淋、短量、玷污、破碎、受潮、受热、渗漏、串味、锈损、钩损、包装破裂等；特殊外来风险是指由于国家的政策、法令、行政命令、军事等原因所造成的风险和损失。具体说有战争、罢工、交货不到、拒收、进口关税损失等几种。

　　2) 海上货运保险承保的损失　在保险业务中，损失包括海上损失和其他损失。海上损失是指被保险的货物在运输途中，因遭遇海上风险所造成的各种损失；其他损失包括一般外来损失和特殊外来损失。其中海上损失按其程度又分为全部损失和部分损失两种。

(1) 全部损失。是指运输中的整批货物或不可分割的一批货物的全部损失。包括实际全损和推定全损。实际全损一般是指被保险货物全部灭失，如船只遭遇海难后，货物沉入海底，或全部变质，如水泥泡水后结成硬块，原有用途丧失或全部不能归还货主所有等；推定全损一般是指保险标的物受损后并未全部灭失，但若进行施救、整理、修复所需的费用或者这些费用再加上续运至目的地的费用的总和，估计要超过货物在目的地的完好状态的价值。

(2) 部分损失。是指凡保险标的物的损失未达到上述情况之一者，都属于部分损失，包括共同海损和单独海损。共同海损是指载货船舶在海上遇到灾害、事故，威胁到船/货等各方面的共同安全时，为了解除这种威胁，维护船货安全，使航程得以继续完成，船方有意识地、合理地采取措施，造成某些特殊损失或者支出特殊额外费用；单独海损是指除共同海损以外的、由海上风险直接导致的船舶或货物的部分损失。这种损失不属于所有的货主或船方，由受损方单独承担。

10.2.1.2   保险条款

1) 伦敦保险协会货物保险条款   《协会货物条款》(Institute Cargo Clauses，I.C.C.)由伦敦保险协会最早制定于1912年，后经几次修改，现使用的是1982年1月1日修改的版本。

I.C.C.条款共设有六种险别：

(1) 协会货物条款(A)——ICC(A)。

(2) 协会货物条款(B)——ICC(B)。

(3) 协会货物条款(C)——ICC(C)。

(4) 协会战争险条款(货物)。

(5) 协会罢工险条款(货物)。

(6) 恶意损害险条款。

上述的第(1)、第(2)、第(3)条款的险别可以独立投保；第(4)、第(5)条款在需要时，若征得保险人的同意，也可以作为独立的险别进行投保；只有恶意损害险属于附加险别，不能单独投保。

以上六种险别中，(A)险相当于中国保险条款中的一切险，其责任范围更为广泛，故采用承保"除外责任"之外的一切风险的方式表明其承保范围；(B)险大体上相当于水渍险；(C)险相当于平安险，但承保范围较小些。

2) 中国保险条款   在我国，进出口货物运输最常用的保险条款就是中国保险条款(China Insurance Clause，C.I.C)。该条款是由中国人民保险公司制订，中国人民银行及中国保险监督委员会审批颁布。C.I.C.保险条款按运输方式分，有海洋、陆上、航空和邮包运输保险条款四大类；对某些特殊商品，还配备有海运冷藏货物、陆运冷藏货物、海运散装桐油激活牲畜、家禽的海陆空运输保险条款，以上八种条款，投保人可按需选择投保。

中国海洋运输货物保险条款是中国人民保险公司参照国际通常做法结合我国实际情况拟订的，经过几十年来的应用与实践，已被国际贸易、航运、保险界广泛接受。

10.2.1.3 海上运输保险险种

海上运输货物保险的保险险种是保险公司对被保险货物所负赔偿责任的主要依据，不同险种的责任不同，收取的保险费也不同。因此，按保险的价格条件(CIF)成交的买卖合同中的保险条款，应根据货物的性质、包装的情况、装载的条件，订明保险险别(即保险的责任范围)，以明确买卖双方的责任，不必要地选择责任范围最大的险别，否则会增加保险费的支出；反之，如投保的险种责任范围过小，又可能会得不到必需的经济保障。按照中国人民保险公司颁布的"中国保险条款"(即 C.I.C.)中的有关规定，海洋运输货物保险的险种分为主险、附加险及专门险三大类。

1) 主险　所承保的主要是"自然灾害"和"意外事故"所造成的货物损失或费用。我国海上运输货物保险的主险分平安险、水渍险和一切险。平安险的责任范围最小，一切险的责任范围最大。

(1) 平安险(free from particular average，FPA)。平安险的责任范围主要包括以下八项：

① 被保险货物在运输途中由于恶劣气候、雷电、海啸、地震、洪水等自然灾害造成整批货物的全部损失或推定全损。

② 由于运输工具遭受搁浅、沉没、触礁、互撞、与流冰或其他物体碰撞，以及失火、爆炸等意外事故造成货物的全部或部分损失。

③ 在运输工具已经发生搁浅、触礁、沉没、焚毁等意外事故的情况下，货物在此前后又在海上遭受恶劣气候、雷电、海啸等自然灾害所造成的损失。

④ 在装卸或转运时由于一件或数件整件货物落海造成的全部或部分损失。

⑤ 被保险人对遭受承保责任范围内危险的货物采取抢救措施，为防止或减少货损的措施而支付的合理费用，但以不超过该批被救货物的保险金额为限。

⑥ 运输工具遇海难后，在避风港由于卸货所引起的损失以及在中途港、避难港由于卸货、存仓以及运送货物所产生的特别费用。

⑦ 共同海损的牺牲、分摊和救助费用。

⑧ 运输契约订有"船舶互撞责任"条款，根据该条款规定应由货方偿还船方的损失。

(2) 水渍险(with particular average，WPA)。水渍险所承保的责任范围，除包括平安险的各责任外，还负责被保险货物由于恶劣气候、雷电、海啸、地震、洪水等自然灾害所造成的部分损失。

(3) 一切险(all risks，AR)。一切险的责任范围除包括平安险和水渍险的各项责任外，还负责货物在运输过程中由于一般外来原因所造成的全部或部分损失。

2) 附加险　是对基本险的扩大和补充，它不能单独投保，只能在投保基本险的基础上加保。附加险根据损失性质的不同，可分为一般附加险、特别附加险。

(1) 一般附加险。是指由于一般外来原因引起的一般风险而造成的各种损失的险别。共有以下 11 种：

① 偷窃，提货不着险(theft, pilferage, and non-delivery, TPND)。

② 淡水雨淋险(fresh water and/or rain damage, FWRD)。

③ 短量险(risk of shortage in weight)。

④ 渗漏险(risk of leakage)。

⑤ 混杂、玷污险(rish of intermixture and contamination)。

⑥ 碰损、破碎险(risk of clash and breakage)。

⑦ 串味险(risk of odour)。

⑧ 受潮受热险(sweating and heating risk)。

⑨ 钩损险(hook damage risk)。

⑩ 包装破裂险(breakage of packing risk)。

⑪ 锈损险(risk of rust)。

(2) 特别附加险。是指由于特殊外来原因引起风险而造成损失的险别。主要是由于政治、军事、国家政策法令、行政措施等特定的外来原因而造成的。特别附加险有以下类别：

① 交货不到险(failure to deliver risk)。

② 进口关税险(import duty risk)。

③ 舱面险(on deck risk)。

④ 拒收险(rejection risk)。

⑤ 黄曲霉素险(aflatoxin risk)。

⑥ 出口货物到香港或澳门存仓火险责任扩展条款(Fire Risk Extention Clause for Storage of Cargo of Destination Hongkong Inaluding Kowloon,or Macao)。

(3) 特殊附加险。包括海运战争险(ocean marine cargo war risk)和罢工险(strikes risk)等。也不能单独投保，必须依附于主险而加保。

3) 专门险　海上运输货物专门险是根据海上运输货物特性承保的专门险别，如海上运输冷藏货物保险、海上运输散装桐油保险等。

10.2.1.4　其他运输保险

随着科学技术的发展，国际经济联系日益密切和频繁，商品贸易量急剧增加，货物通过陆上、航空、邮包等运输的运输数量与日俱增，在整个国际贸易货运量中的比重也呈明显上升趋势。因此，陆上、航空、邮包的保险业务也随之迅速发展，它们在整个保险业务中的重要性也日益显著。

1) 陆上货物运输保险　基本险种有陆运险和陆运一切险两种。

(1) 陆运险(overland transportation risks)。被保险货物在运输途中遭受暴风、雷电、洪水、地震等自然灾害或由于运输工具遭受碰撞、倾覆、出轨或在驳运过程中因驳运工具遭受搁浅、触礁、沉没、碰撞或由于遭受隧道坍塌、崖崩或失火、爆炸等意外事故所造成的全部或部分损失由保险公司负责赔偿。

(2) 陆运一切险(overland transportation all risks)。保险公司除承担上述陆运险的赔偿责任外，还负责被保险货物在运输途中由于一般外来原因所造成的全部或部分损失。

陆运险的承保责任范围同海运水渍险相似，陆运一切险的承保责任范围同海运一切险相似。上述责任范围，均适用于火车和汽车运输，并以此为限。陆运险与陆运一切险的责任起讫，也采用"仓至仓"责任条款。

2) 航空货物运输保险　基本险别有航空运输险和航空运输一切险。航空运输和航空运输一切险的责任起讫也采用"仓至仓"条款。

(1) 航空运输险(air transportation risks)。保险公司负责赔偿被保险货物在运输途中遭受雷电、火灾、爆炸，或由于飞机遭受恶劣气候或其他危难事故而被抛弃，或由于飞机遭受碰撞、倾覆、坠落或失踪等自然灾害和意外事故所造成的全部或部分损失。

(2) 航空运输一切险(air transportation all risks)。除包括上述航空运输险的全部责任外，被保险货物由于被偷窃、短少等一般外来原因所造成的全部或部分损失也由保险公司负责赔偿。

3) 邮包保险　险别有以下两种：

(1) 邮包险(parcel post risks)。邮包险的承保责任范围是负责赔偿被保险邮包在运输途中由于恶劣气候、雷电、海啸、地雷、洪水等自然灾害，或由于运输工具遭受搁浅、触礁、沉没、碰撞、倾覆、出轨、坠落、失踪，或由于失火爆炸等意外事故所造成的全部或部分损失。

(2) 邮包一切险(parcel post all risks)。邮包一切险的承保责任范围，除包括上述邮包险的全部责任外，还负责被保险邮包在运输途中由于外来原因所致的全部或部分损失。

10.2.2 保险金额与费用的计算

10.2.2.1 计算保险金额

保险金额是被保险人对保险标的实际投保金额，是保险人依据保险合同所应承担的最高赔偿金额，也是计算保险费的基础。投保人可自行决定保险金额，采用 CIF 或 CIP 贸易术语成交，买卖合同应规定保险金额。如合同未作规定，按《2010 通则》与国际保险市场的习惯做法，卖方应按 CIF 或 CIP 价格的总值另加 10%作为保险金额。这增加部分的保险金额就是买方进行这笔交易所支付的费用和预期利润。如买方要求按较高金额投保，而保险公司又同意承保，卖方也可接受，但因此增加的保险费原则上应由买方支付。

保险金额的计算公式是：

$$保险金额=CIF(CIP)货价×(1+加成率)$$

【例 10.3】 CIF 货价为 1 000 美元，加成率 10%。

则，保险金额=1 000×(1+10%)= 1 000×1.1= 1 100(美元)。

若对外报价为 CFR 价，而对方要求改报 CIF，或者在 CFR 合同项下，卖方代买方办理投保，应先把 CFR 转化为 CIF 价格再加成计算保险金额，公式如下：

$$CIF价 = \frac{CFR价}{1-(1+加成率)×保险费率}$$

【例 10.4】 某公司出口一批商品到美国某港口，CFR 价总金额为 1 000 元。现买方要求改报 CIF 价格，投保一切险，加保战争险，保险加成率为 10%，已知该货物一切险保险费率为 0.6%，战争险保险费率为 0.06%。

$$CIF价 = \frac{CFR价}{1-(1+10\%)×(0.6\%+0.06\%)} = 1007.31(美元)；$$

保险金额=1 007.31×(1+10%)=1 108.04(美元)。

由此可得出，若已知 CFR 价格，可利用下列公式直接计算其保险金额：

$$保险金额 = \frac{CFR价}{1-(1+加成率)×保险费率}×(1+加成率)$$

10.2.2.2 计算保险费

投保人向保险人交付保险费，是保险合同生效的前提条件。保险费是保险人经营业务的基本收入，也就是保险人所掌握的保险基金(即损失赔偿的基金)的主要来源。其计算公式如下：

$$保险费=保险金额×保险费率$$

如系按 CIF 价加成投保，此公式可改为：

$$保险费=CIF 价×(1+保险加成率)×保险费率$$

【例 10.5】 中国 A 公司对外出口一批货物，合同规定：数量 200 公吨，单价每公吨 500 美元 CIF 纽约，卖方按发票金额加一成投保水渍险和短量险，保险费率分别为 0.1%和 0.4%。试计算 A 公司的投保金额是多少？向保险公司应付多少保险费？

解：保险金额=CIF 价×(1+投保加成率)=500×200×(1+10%)=110 000(美元)；

保险费=保险金额×保险费率=110 000×(0.1%+0.4%)=55(美元)。

所以，A 公司的投保金额为 110 000 美元，应向保险公司支付 55 美元的保险费。

保险费率的确定是保险人以保险标的危险性大小、损失率高低、经营费用多少等因素为依据，按不同商品、不同目的以及不同的投保险别加以规定的。目前，中国人民保险公司出口货物保险费率分为"一般货物费率"和"指明货物费率"两大类。

(1) 一般货物费率。一般货物费率适用于所有海运出口的货物，凡投保基本险别(平安险、水渍险及一切险)的所有海运出口货物，均须依照"一般货物费率表"所列标准核收保险费。

(2) 指明货物费率。指明货物费率是针对某些易损货物加收的一种附加费率。由于这些货物在运输途中极易因为外来风险引起短少、破碎和腐烂等损失，损失率较高，所以将它们单独列出，并称之为"指明货物"。

凡属指明货物费率表中所列的货物，如投保一切险，则在计算费率时，应先查出一般货物费率，然后再加上指明货物附加费费率。

例如，从上海运往新加坡的坛装榨菜保一切险，一般货物费率规定到新马的费率为 1%，指明货物附加费费率土畜类坛装食品为 2%，则其保险费率为 1%+2%=3%。

我国进口货物保险也有两种费率表，即"特约费率表"和"进口货物费率表"。"特约费率表"仅适用于同中国人民保险公司签订有预约保险合同的各经营进出口的公司。它不分国别和地区，对某一大类商品只订一个费率，有的也不分货物和险别，实际上是一种优惠的平均费率；"进口货物保险费率表"适用于未与中国人民保险公司订有预约保险合同的其他单位，分一般货物费率和物价费率两项，一般货物费率按不同的运输方式，分地区、分险别规定，但不分商品，除物价费率中列出的商品以外，适用于其他一切货物。至于物价费率，是对一些指定的商品投保一切险时采用的。

10.2.3　出口货运保险跟单

10.2.3.1　出口货运投保程序

对以 CIF 条件成交的出口货物，保险应由出口商办理，装船风险也由出口商承担。因而在货物从起运地仓库到装船期间，出口商须对货物享有可保利益，保险人对这个阶段中所发生的风险损失应负赔偿责任。但是，为了避免在办理投保时风险已经发生，以致影响保险合同的订立，出口商最好在起运地仓库起运之前办妥保险的手续。具体做法是，根据合同或信用证的规定，在备齐货物确定装船出运后，向保险公司填制一份"运输险投保申请单"(application for transportation insurance)。这是保险公司接受投保、出具保险单的依据。投保单一般包括下述内容：

(1) 被保险人的名称。一般是出口企业的单位名称。

(2) 标记。应与提单上所载的标记符号一致，特别要同刷在货物外包装上的实际唛头相同。

(3) 包装及数量。对包装的性质如箱、包、件、捆以及数量均须书写清楚，数量以提单数量为准。

(4) 保险货物项目。对货物的名称的填写必须具体明确，如棉布、袜子、玻璃器皿等。一般不要笼统地写纺织品、百货、杂货等。

(5) 保险金额。指发票的 CIF(CIP)金额加约定的加成比例，日后保险公司按这个金额承担经济责任。

(6) 装载运输工具。一般指承运的船名，需转运的也要写明。

(7) 开航日期。应填写确切日期，×月×日。

(8) 提单号码。应填写清楚，以备保险公司核对。

(9) 航程或路程。应写明"自××港(地)到××港(地)"。

(10) 承保险别。需要投保哪种险别应填写明确，不能含糊。如果对保险条款有特别要求的，也要在这一栏内注明。

(11) 投保人名称。明确是谁来办理保险的，一般为经办人签名。

(12) 投保日期。说明办理保险的时间。在一般情况下，从投保之日起保险公司就开始承担责任。需要注意的是，尽管目前的做法是在货已装船取得提单后才向保险公司办理投保手续，但这个投保日期必须早于提单日期。

10.2.3.2　出口货运保险跟单的注意事项

外贸跟单员在投保时还须特别注意以下事项：

(1) 投保时所申报的情况必须属实。保险是建立在最高诚信原则基础之上的契约关系，保险人对投保人的投保是否接受，按什么费率承保，主要是以投保所申报的实际情况为依据来确定的。因此，投保人在办理投保时，应当将有关保险货物的重要事项(包括货物的名称、装载的工具以及包装的性质等)向保险人作真实的申报和正确的陈述。如所报情节不实或隐瞒真实情况，保险人有权解除合同或不负赔偿责任。

(2) 保单的内容必须同买卖合同及信用证上的有关规定一致。由于保险单是以投保单为依据填制的，如果投保人不按合同的规定写投保单，保险人据此出立的保险单就与合同的规定不符，收货人也就可以拒绝接受这种保险单。在信用证支付方式下，投保单的内容还应符合信用证的有关规定，否则保险人所签发的保险单也会因"单证不符"而遭到银行的拒收。

(3) 要注意尽可能投保到内陆目的地。国际贸易中收货人的收货地点往往是在内陆，但在海上运输中所常用的 CIF 贸易术语却只规定将货物装运到目的港。如果同贸易术语一样只将保险保到港口，则从港口到内陆段所发生的损失得不到保险赔偿。尤其是保一切险，有很多损失在港口是无法发现的，只有在货物运达内陆目的地经检验后才能确定，如只保到港口就会对责任的确定造成困难。因此，为解决收货人的实际需要并避免工作上的扯皮，以保到内陆目的地为宜。当然有些内陆城市由于运输条件过差，保险公司明确不保，这就须按照保险公司的规定办理。

(4) 国际贸易货物如果采用多式联运方式运输，贸易术语一般应采用 CIP。在这一贸易术语下，卖方须负责办理运输全程的各种运输方式的保险(包括海洋运输)并支付运输全程的保险费，因而保险人的责任期限可在指定的内陆目的地终止。

综合测试

◆ 单项选择题

(1) 货物装船后，凭以换取正本提单的单据是(   )。
    A. 托运单　　　B. 装货单　　　C. 大副收据　　　D. 发票

(2) 海运提单和航空运单两种运输单据(   )。
    A. 均为物权凭证
    B. 均非物权凭证
    C. 前者是物权凭证，可以转让；后者不是物权凭证，不可以转让
    D. 前者不是物权凭证，不可以转让；后者是物权凭证，可以转让

(3) 下列(   )不属于国际货物集装箱运输中的包箱费率。
    A. FCL　　　B. FAK　　　C. FCS　　　D. FCB

(4) 国际货物集装箱运输方式中,班轮公司接受的最主要的交接方式是( )。

    A. FCL/FCL   B. LCL/LCL   C. FCL/LCL   D. LCL/FCL

(5) 在国际货物运输中,( )一经签发,运输合同即告成立。

    A. 提单   B. 装货单   C. 场站收据   D. 托运单

(6) 我国出口到蒙古的杂货运应选择( )。

    A. 海洋运输   B. 铁路运输   C. 航空运输   D. 管道运输

(7) 国际贸易中,买卖双方约定海运方式,为防止运输途中货物被窃,货主应该投保( )。

    A. 一切险、偷窃、提货不到险   B. 偷窃、提货不到险

    C. 平安险、偷窃、提货不到险   D. 水渍险

(8) 在海运过程中,被保险货物被海盗劫持造成的损失属于( )。

    A. 实际全损   B. 推定全损   C. 共同海损   D. 单独海损

(9) 根据我国海洋货物运输保险条款的规定,承保范围最小的基本险别是( )。

    A. 平安险   B. 水渍险   C. 一切险   D. WPA

(10) 某远洋货轮在航行途中,A 舱起火,船长误以为 B 舱也同时失火,命令对两舱同时施救,A 舱共有两批货物,甲批货物全部焚毁,乙批货物为棉织被单,全部遭受水浸,B 舱货物也都遭受水湿( )。

    A. A 舱乙批货与 B 舱货物损失都属于单独海损

    B. A 舱乙批货与 B 舱货物损失都属于共同海损

    C. A 舱乙批货损属于共同海损,B 舱货损属于单独海损

    D. A 舱乙批货损属于单独海损,B 舱货损属于共同海损

◆ 多项选择题

(1) 国际贸易中,出口商审核信用证中的装运条款,要重点审核( )。

    A. 装运期及装运港   B. 目的港

    C. 转船和分批装运   D. 结汇日期

(2) 下列( )情况下,铁路不办理运输变更。

    A. 违反有关政府规定

    B. 违反货物流向,运输限制

    C. 重复变更到站

    D. 新运输期限大于允许运输期限的变更

(3) 托运人在向承运人交接货物时,交接验收的标准根据货物性质不同有( )。

    A. 按重量交接   B. 按尺码交接   C. 按件数交接   D. 按批次交接

(4) 国际货物海运过程中，载货清单的主要作用包括(　　)。

　　A. 办理船舶出(进)口报关手续的单证

　　B. 船舶载运所列货物的证明

　　C. 业务联系的单证

　　D. 编制货物积载图的依据

(5) 海洋运输中的船舶按其经营方式不同分为(　　)。

　　A. 班轮运输　　　B. 大陆桥运输　　C. 集装箱运输　　D. 租船运输

(6) 铁路运输的优点是(　　)。

　　A. 运行速度快　　　　　　　　　　B. 载运量大

　　C. 运输途中风险小　　　　　　　　D. 一般能保持全年正常运行

(7) 在海上保险业务中，构成被保险货物"实际全损"的情况有(　　)。

　　A. 保险标的物完全灭失

　　B. 保险标的物丧失已无法挽回

　　C. 保险标的物发生变质，失去原有使用价值

　　D. 保险标的发生毁损，施救的费用超过货物残值

(8) 根据《中国人民保险公司海洋货物运输保险条款》的规定，能够独立投保的险别包括(　　)。

　　A. 平安险　　　　B. 水渍险　　　　C. 一切险　　　　D. 战争险

(9) 共同海损与单独海损的区别在于(　　)。

　　A. 致损原因不同　　　　　　　　　B. 损失的承担者不同

　　C. 损失的程度不同　　　　　　　　D. 损失的内容不同

(10) 在海上货物运输保险中，除合同另有约定外，保险人不予赔偿(　　)造成的货物损失。

　　A. 交货延迟　　　　　　　　　　　B. 被保险人的过失

　　C. 市场行情变化　　　　　　　　　D. 货物自然损耗

◆ 判断题

(1) 国际货物运输中，承运人与托运人的运输关系从提单签发之日起成立。(　　)

(2) 提单上的货物名称，可作一般概括性的描述，不必列出详细规格。(　　)

(3) 信用证如果要求提单"凭开证银行指示"(To Order of Issuing Bank)，或"凭收货人指示"(To Order of Consignee)，这种提单必须经发货人背书(　　)。

(4) 国际货物集装箱拼箱运输过程中，发货人或货代将拼好的重箱和场站收据一并送往堆场，承运人的责任从在堆场接收重箱开始。(　　)

(5) 国际货物铁路运输中，铁路货物的装车和卸车工作，凡在车站内进行的

则由铁路负责，其他场所均由发货人或收货人负责。(　　)

(6) 我某公司按 CIF 条件出口某商品，采用信用证支付方式。买方在约定时间内未开来信用证，但约定的装运期已到，为了重合同守信用，我方应仍按期发运货物。(　　)

(7) 清洁提单是指不载有任何批注的提单。(　　)

(8) 国际货物海上运输中，凭船公司签发的海运提单的副本可以提货。(　　)

(9) 全部损失是指运输中的整批货物或不可分割的一批货物的全部损失。(　　)

(10) 在国际贸易中，外贸公司向保险公司投保一切险后，在运输途中由于任何外来原因所造成的一切货损，均可向保险公司索赔。(　　)

◆ 计算题

(1) 一批钢制五金配件出口，产品所用包装纸箱尺寸为长 360 mm，宽 250 mm，高 200 mm，每箱毛重为 26 kgs，用 20 英尺钢质集装箱，箱内尺寸为长 5 917 mm，宽 2 336 mm，高 2 249 mm，内容积 31 m³，最大载重 22 140kgs。在交易时，请迅速计算该集装箱最多可装多少个纸箱？

(2) 从青岛承运一批货物到伦敦，该批货物重 5.7 kg，长 40 cm，宽 28 cm，高 22 cm。已知公布的运价为：起码运费为人民币 320.00 元；45kg 以下为人民币 50.36 元；45 kg 为人民币 40.31 元；300 kg 为人民币 37.62 元。求该批货物的计费重量及运费。(计费重量的最小单位为 0.5 kg，重量不足 0.5 kg 时按 0.5 kg 计算；超过 0.5 kg 不足 1 kg 时，按 1 kg 计算。)

(3) 某外贸公司按 CIF 价格条件出口一批冷冻商品，合同总金额为 10 000 美元，加一成投保平安险、短量险，保险费率分别为 0.8%和 0.2%，问保险金额和保险费各为多少？

◆ 案例分析题

我国某外贸公司与荷兰进口商签订一份皮手套合同，价格条件为 CIF 鹿特丹，向中国人民保险公司投保了一切险，生产厂家在生产的最后一道工序将清洗度降到了最低程度，然后用牛皮纸包好装入双互层楞纸箱，再装入 20 尺的集装箱，货物到达鹿特丹后检验结果表明：全部货物湿、霉、变色，损失价值达 80 000 美元。据分析：该批货物的出口地不异常热，进口地鹿特丹不异常冷，运输途中无异常，完全属于正常运输，试问：

(1) 保险公司对该项损失是否赔偿，为什么？

(2) 进口商对受损货物是否支付货款，为什么？

(3) 你认为出口商应如何处理此事？

11 报检、报关与结汇跟单

关键词

出口商品检验检疫　出口货物报关　出口交单结汇　出口收汇核销
出口退(免)税

知识目标

◆ 了解出口货物报检、报关、结汇、退税的必备知识，以及核销制度的改革；
◆ 熟悉出口商品检验检疫、报关、交单结汇及退税的工作流程。

技能目标

◆ 能够熟练进行出口货物报检报关跟单；
◆ 能够熟练进行出口结汇及退税跟单。

导入案例

　　中国深圳 KK 服装公司完成了出口服装的生产,在办理完相关的租船订舱及货运保险业务后，还需及时办理报检、报关、结汇等手续，以便如期装运、顺利结汇并最终取得退税。如果你是深圳 KK 公司的跟单员，应如何协助完成出口货物的报检与报关？货物出运后，应如何交单结汇？结汇后，又该怎样办理退税呢？

11.1 出口报检、报关及其跟单

　　在出口贸易合同的履行过程中，货物出境以前办理商品检验检疫、出口报关手续；货物如期装运后，及时制单结汇、办理退税，是出口业务的几个重要环节。本章着重阐述在这些环节中，外贸跟单员所必须具备的基本业务知识和跟单操作实务。

11.1.1　出口报检及其跟单

11.1.1.1　商品检验检疫概述

进出口商品检验检疫是指在国际贸易中对买卖双方成交的商品，由有权威性的检验检疫机构对商品的质量、数量、重量、包装、卫生、安全及装运条件等进行检验，并对涉及人、动植物的传染病、病虫害、疫情等进行检疫的工作。通常习惯称为商检工作。

1) 我国的商品检验机构及其业务范围　国家质检总局下设的主要事业单位有：中国国家认证认可监督管理委员会、中国国家标准化管理委员会和中国进出口商品检验总公司。国家质检总局在出入境检验检疫方面主要包括以下业务内容：

(1) 进出口商品检验。出入境检验检疫机构依《商检法》，对列入国家质检总局制定、调整并公布的《实施检验检疫的进出口商品目录》(简称《法检目录》)的进出口商品，必须经过出入境检验检疫机构进行检验。

(2) 进出境动植物检疫。进出境检验检疫机构依《检疫法》和《进出境动植物检疫法实施条例》的有关规定，对动植物及相关物实施检疫和监督管理的行为。

(3) 进口商品认证管理。国家对涉及人类健康、动植物生命和健康，以及环境保护和公共安全的产品实行强制认证制度。自 2002 年 5 月 1 日起，列入《强制性产品认证的产品目录》内的商品，必须经过指定认证机构的认证合格，方可进口。强制性产品认证标志的名称为"中国强制认证"，其英文名称为"China Compulsory Certification"，英文缩写为"CCC"，简称为"3C"标志。

(4) 进口废物原料装运前检验。国家对废物原料进口实行自动、限制和禁止，对于自动和限制进口类可用作原料的废物实行装运前检验。

(5) 装运前检验。对国家允许作为原料进口的废物，收货人与发货人签订废物原料进口合同时，需要订明所进口的废物原料必须符合中国环境保护控制标准的要求，并约定由出入境检验检疫总局认可的检验机构实施装运前检验，检验合格后方可装运。

(6) 出口商品质量许可。国家对重要出口商品实行质量许可制度。出入境检验检疫部门单独或会同有关部门共同负责发放出口商品质量许可证的工作，未获证的商品不准出口。

(7) 食品卫生监督检验。进口食品、食品添加剂、食品容器、包装材料、食品用工具及设备必须符合我国的有关法律法规规定。申请人须向检验检疫机构申请并接受卫生监督，按照国家卫生标准进行检验，合格的方准出口。

(8) 出口商品运输包装检验。对列入《实施检验检疫的进出口商品目录》的和其他法律法规要求检验的出口商品的运输包装，进行性能检验，未经检验或检验不合格的，不准用于盛装出口商品。对于出口危险货物包装容器实行危包出口质量许可制度。危险货物包装容器须经性能鉴定和使用鉴定后才能出口。

(9) 外商投资财产鉴定。各地检验检疫机构凭财产关系人或代理人即经济利益有关方的申请或凭司法、仲裁、验资等机构的指定或委托，办理外商投资财产的鉴定工作。外商投资财产鉴定包括价值鉴定、损失鉴定、品种鉴定、质量鉴定、数量鉴定等。

(10) 货物装载和残损鉴定。用船舶和集装箱运输粮油食品、冷冻品等易腐食品出口的，应向口岸检验检疫机构申请检验船舱和集装箱，经检验符合装运技术条件并发给证书后，方准装运。对海运、空运进口商品可向检验检疫机构申请办理监视、残损鉴定、海损鉴定工作。

(11) 卫生检验检疫与处理。出入境检验检疫机构同意对出入境的人员、交通工具、集装箱、货物、行李、邮包等实施医学检查和卫生检查，有权要求出入境人员填写健康证明卡，出示预防接种或其他证明。

2) 国外著名的商品检验机构及其业务范围

(1) 瑞士通用公证行(SGS)。瑞士通用公证行是当今世界上最大的检验鉴定公司，是专门从事检验、实验、质量保证和质量认证的国际性检验鉴定公司。

(2) 英国英之杰检验集团(UITS)。英国英之杰检验集团是一个国际性的商品检验组织，集团主要成员有英国嘉碧集团、香港天祥、公证行、英特泰克国际服务有限公司。英之杰检验集团与中国商检机构建立了业务合作往来关系，并签订了委托检验协议。

(3) 日本海事鉴定协会(NKKK)。日本海事鉴定协会是日本最大的综合性商品检验鉴定机构，NKKK与中国商检机构有着长期密切的合作关系与业务往来。

(4) 美国安全实验所(UL)。美国安全实验所又称为美国保险人实验室，其宗旨是采用科学测试方法来研究确定各种材料、装置、产品、建筑等对生命财产有无危害和危害程度，确定编写、发行相应的标准和资料，从而确保商品是安全可靠的。

3) 我国法定检验的范围　法定检验又称强制性检验，是指为了保护人类健康和安全、保护动物或者植物的生命和健康、保护环境、防止欺诈行为、维护国家安全，由国家行政执法机构依照国家法律和行政法规规定的程序，对与国计民生关系重大的，必须实施强制性检验。

按照《商检法》及实施条例和我国其他有关法律法规的规定，商检机构实施的法定检验范围如下：

(1) 对列入《法检目录》的进出口商品的检验。

(2) 对进出口食品的卫生检验。

(3) 对出口危险货物包装容器的性能鉴定和使用鉴定,以及法定检验商品的一般运输包装鉴定。

(4) 对装运出口易腐烂变质食品、冷冻品的船舱、集装箱等运载工具的适载检验。

(5) 对有关国际条约规定须经商检机构检验的进出口商品的检验。

(6) 对其他法律、行政法规规定须经商检机构检验的进出口商品的检验。

(7) 商检机构对《法检目录》以外的进出口商品实施的抽查检验和监督管理。

4) 检验检疫证书(Inspection Certificate)　是由政府机构或公证机构对检验结果或鉴定项目出具并且签署的书面声明。在国际贸易中,检验检疫证书有着十分重要的作用,它既是履约情况、准许通关和放行的证明,又是银行议付结汇、海关核定关税或减免关税,以及合同双方解决商品质量问题和索赔的依据。

根据进出境货物不同的检验检疫要求、鉴定项目和不同作用,我国检验检疫机构签发不同的检验检疫证书、凭单、监管类证单、报告单和记录报告,共有85种以上。常见的有:

(1) 出入境检验检疫品质证书(quality certificate)。

(2) 出入境检验检疫数量检验证书(quantity certificate)。

(3) 出入境检验检疫植物检疫证书(phytosanitary certificate)。

(4) 出入境检验检疫动物检疫证书(animal health certificate)。

(5) 出入境检验检疫卫生证书(sanitary certificate)。

(6) 熏蒸/消毒证书(fumigation/disinfection certificate)。

(7) 出境货物运输包装性能检验结果单。

(8) 残损鉴定证书(inspection certificate on damaged cargo)。

(9) 包装检验证书(inspection certificate of packing)。

(10) 温度检验证书(certificate of temperature)。

(11) 船舶检验证书(inspection certificate on tank/hold)。

(12) 货载衡量检验证书(inspection certificate on cargo weight and measurement)。

11.1.1.2　出口商品检验检疫及其跟单

出口报检是指出口商品的发货人或其代理人根据《中华人民共和国进出口商品检验法》及其实施条例等有关法律、行政法规的规定,在检验检疫机构规定的地点和期限内向出入境检验检疫机构申请对其出口商品实施法定检验的程序。

1) 报检单位

(1) 自理报检单位。是指经报检单位工商注册所在地辖区出入境检验检疫机构审查合格，办理过备案登记手续并取得报检单位代码后，自行办理相关的报检/申报手续的境内企业法人或其他报检单位。

(2) 代理报检单位。是指经国家相关质检部门注册登记，受出口货物生产企业的委托或受进出口货物发货人、收货人的委托，或受对外贸易关系人等的委托依法代为办理出入境检验检疫报检、申请事宜的，在工商行政管理部门注册登记的境内企业法人。

2) 报检条件

(1) 已经生产加工完毕并完成包装、刷唛、准备发运的整批出口货物。

(2) 已经经过生产企业检验合格，并出具厂检合格单的出口货物。

(3) 对于执行质量许可制度的出口货物，必须具有商检机构颁发的质量许可证或卫生注册登记证。

3) 报检时限和地点

(1) 出口商品最迟应在出口报关或装运前 7 天报检，对于个别检验检疫周期较长的货物，应留有相应的检验检疫时间。

(2) 需隔离检疫的出境动物在出境前 60 天预报，隔离前 7 天报检。

(3) 法定检验检疫货物，除活动物需由出境口岸检验检疫机构检验检疫外，原则上应坚持产地检验检疫。

4) 出口报检流程及其跟单

(1) 出口报检。报检单位向商检机构申请报检，商检机构受理报检是检验工作的起始程序。商品出境时，应填制《出境货物报检单》，并提供以下单证：

① 外贸合同或销售确认书或订单。

② 生产单位出具的厂检结果单原件。

③ 检验检疫机构签发的《出境货物运输包装性能检验结果单》正本。

④ 出口的商业发票。

⑤ 出口的装箱单(重量单)。

⑥ 报检委托书；报关单(必要时)。

⑦ 信用证或有关函电(必要时)。

⑧ 检验检疫机构认为需要提供的其他资料或单证(如产品说明书)。

(2) 施验。法定检验检疫的出境货物，在出口商或生产商办理了预约检验手续后，商检机构会按约定时间对商品按国家规定的标准进行检验，即由出口商或生产厂商向属地商检机构报验，待施检合格后出具《出境货物换证凭单》或《出境货物换证凭条》，向出境地商检机构验放并办理通关手续。施检时，一般会采用抽检和全检的方法进行检验。对出口商品进行检验鉴定的方法，一般包括感官检验、仪器分析、物理检验、化学检验以及生物检验等。

(3) 出口查验。也叫"口岸查验",是指产地检验检疫机构预检合格的商品,在出口发运前由签证或放行地检验检疫机构实施的核查活动。经产地检验检疫机构预检合格并签发"换证凭单/凭条"的出口商品,途中经过运输和装卸,货物到达口岸后,可能发生货损货差,所以必须经口岸检验检疫机构派人对货物的批次和包装等情况进行查验合格后才予以放行。

(4) 签证。商检机构在对出口商品实施法定检验以后,对检验合格的商品,由检验检疫机构签发《检验证书》,或在《出口货物报关单》上加盖检验印章。经检验不合格的,由检验检疫机构签发《不合格通知单》。

(5) 放行。包括:

① 法定检验出口商品的放行。法定检验的出口商品经检验检疫机构检验合格后,报检人持检验申请单、外销合同、发票、装箱单、换证凭单和报关单(一式两份),向出口地检验检疫机构办理放行手续。商检机构审核单证无误后,在"报关单"上加盖"放行章",或签发"放行通知单",或签发注有"限国内通关使用"字样的检验证书。

② "免验"出口法定检验商品的放行。按照《商检法》及《实施条例》的相关规定,对取得出口法定检验商品免验的申请人,在免验的有效期内,凭免验证书、外销合同、信用证及该商品的品质证书、厂检合格单或样品、礼品、展品证明书等文件,到检验检疫机构办理免验放行手续,缴纳手续费,海关就可予以放行。

11.1.2 出口报关及其跟单

11.1.2.1 报关概述

报关是指进出口货物的收发货人、进出境运输工具的负责人、进出境物品的所有人或代理人向海关办理货物、物品或运输工具进出境手续及相关海关事务的全过程。

1) 报关的对象　报关的对象包括:

(1) 进出境运输工具。主要是指用于载运人员、货物物品进出境,在国际间运营的各种境外船舶、车辆、飞机等。

(2) 进出境货物。主要包括一般进口货物、一般出口货物、保税货物、暂准进出境货物、特定减免税进出口货物、过境货物、转运货物及其他进出境货物。

(3) 进出境物品。主要包括进出境的行李物品、邮递物品和其他物品。

2) 报关单位　指按照《中华人民共和国海关法》和《中华人民共和国海关对报关单位注册登记管理规定》在海关注册登记的报关企业和进出口货物收发货人。

(1) 报关企业。指经海关准予注册登记，接受进出口货物收发货人的委托，以其名义或自己的名义向海关办理代理报关业务，从事报关服务的境内企业法人。

(2) 进出口货物收发货人。是指依法直接进口或出口货物的中华人民共和国关境内的法人、其他组织或者个人，经海关注册登记，可以向海关办理自理报关业务。

3) 电子报关和通关系统

(1) 电子报关。是指进出口货物收发货人或其代理人通过计算机系统，按照《中华人民共和国海关进出口货物报关单填制规范》的有关要求，向海关传递报关单电子数据，并备齐随附单证的申报方式。电子数据报关单和纸质报关具有同等的法律效力。

在一般情况下，进出口货物收发货人或其代理人应当采用纸质报关单形式和电子数据报关单形式向海关申报。某些特殊情况下，经主管海关同意，进出口货物收发货人或其代理人可以单独使用纸质报关单或电子数据报关单向海关申报。

(2) 电子通关系统。主要包括海关 H883/EDI 通关系统、海关 H2000 通关系统和中国电子口岸系统。

11.1.2.2　出口货物报关及其跟单

报关程序分为三个阶段：前期阶段、进出境阶段、后续阶段。前期阶段和后续阶段是针对特定的海关监管货物的监管要求，如保税货物、暂准进出境货物、特定减免税货物等等。前期阶段是指进出口货物收发货人或者其代理人在特定监管货物实际进出境以前，向海关办理备案手续的过程。后续阶段是指进出口货物收发货人或其代理人在特定监管货物实际进出境以后，在规定的期限内按照海关规定的要求办理核销、销案手续，申请解除海关监管的阶段。一般进出口货物无前期阶段和后续阶段。

出口货物出境报关有 4 个环节：

1) 出口货物申报　出口货物发货人或者其代理人，应在规定地点、规定期限，按照规定的程序和方式，向海关报告实际出口货物的情况，并接受海关审核。

(1) 申报地点：出口货物在货物的出境地海关申报；转关运输的出口货物，可以在设有海关的货物指运地申报。

(2) 申报期限：出口货物的申报期限为货物运抵海关监管区后、装货的 24 小时以前。

(3) 申报的步骤：

① 准备申报单证。申报时提交的单证可以分为主要单证和随附单证两大类，其中主要单证就是报关单，而随附单证包括基本单证、特殊单证和预备单证。货物报关单填报项目要准确、齐全，字迹清楚，不能用铅笔，不能涂改。基本单证指与出口货物直接相关的商业和货运单证，主要包括因出口交易而产生的货物成交、包装、运输、结算和保险等出口商业单据。特殊单证是指国家有关法律法规规定实行特殊管制的证件，主要包括出口货物许可证和出境货物通关单。准备报关单证的原则是：基本单证、特殊单证、预备单证必须齐全、有效、合法；报关单填制必须真实、准确、完整；报关单与随附单证数据必须一致。

② 申报前看货取样。出口货物的收货人，向海关申报前，因确定货物的品名、规格、型号、归类等原因，可以向海关提出看货或者提取货样的书面申请。海关审核同意的，派员到场监管。

③ 申报。首先向海关进行电子数据申报，在收到海关"接受申报"报文和"现场交单"或"放行交单"通知后 10 日内，持打印的纸质报关单以及规定的随附单证向货物所在地海关提交书面单证并办理相关海关手续。

④ 修改申报内容或撤销申报。海关接受申报后，申报内容不得修改，报关单证不得撤销；确有正当理由的，发货人或其代理人向海关提交书面申请，经海关审核批准后，可以进行修改或撤销。

2) 查验

(1) 海关查验。海关查验是指海关依法对确定出境货物的品名、规格、价格、数量、原产地、贸易方式、货物状况等是否与报关单上已经申报的内容相符，对货物进行实际调查或检查的行政执法行为。海关查验时，出口货物的收发货人或其代理人应当按照海关查验计划时间，到达查验现场，配合海关查验货物。

① 查验地点：查验一般在海关监管区或者经海关同意的货物存放地进行。

② 查验时间：当海关决定查验时，就将查验的决定以书面通知的形式通知出口货物的发货人或其代理人，约定查验时间。查验时间一般约定在海关正常的工作时间内。

(2) 配合查验。海关查验货物时，出口货物收发货人或其代理人应当到场，配合海关查验，并负责搬移货物，开拆和重封货物的包装，查验完成后认真阅读、签字确认《海关进出境货物查验记录单》。

(3) 货物损坏赔偿。包括：

① 赔偿范围：在实施查验过程中，由于海关关员的责任造成被查验货物损坏的直接经济损失。

② 赔偿额度：直接经济损失的金额根据被损坏货物及其部件的受损程度确定，或者根据修理费确定。

3) 缴纳税费

(1) 纳税范围：出口关税、船舶吨税、滞报金、滞纳金。

(2) 纳税凭证：税款缴款书、收费票据。

(3) 纳税期限：自海关填发缴款书之日起 15 日内，若期限最后一日为节假日，则往后顺延一个工作日。

(4) 纳税方式：在指定银行柜台办理税费交付手续；通过电子口岸进行电子支付税费提取或装运货物

4) 放行

(1) 海关进出境现场放行。经上述过程后，海关对出口货物做出结束海关出境现场监管的决定，允许出口货物离开海关监管场所的工作环节。其方式是由海关在提货凭证或出口装货凭证上加盖海关放行章。实行无纸通关的海关，货物的收发货人根据海关发出的海关放行的报文，自行打印放行凭证。

(2) 货物结关。出口货物办结海关手续，结束海关监管，表示已经履行完了出口有关的一切义务。一般进出口货物，海关放行后就可以生产和流通，放行就是结关；保税货物、暂准进口货物、特定减免税货物，放行并不等于结关，海关在一定时期内还需进行监管。需要海关签发有关证明的，如出口收汇证明、出口退税证明等，可以向海关提出申请，海关在签发证明的同时通过电子口岸执法系统向有关单位传送相关数据进行备案。

(3) 装运货物。出口货物发货人或其代理人签收海关加盖"海关放行章"戳记的出口装货凭证办理货物装上运输工具离境的手续。

11.2　出口结汇、核销、退税及其跟单

11.2.1　出口结汇及其跟单

国际贸易结算(international trade payment)是指通过货币的收付来清算国与国之间因国际贸易而产生的债权债务关系。在出口贸易结算中，外贸跟单员须了解国际贸易结算的有关知识，熟悉各种结算方式的具体运用与操作，做好出口结汇的各项跟单工作，协助企业顺利取得货款。

11.2.1.1　国际结算的工具

国际贸易货款的收付，采用现金结算的较少，大多使用非现金结算，即采用

各类金融票据来进行支付。金融票据(financial document)指可以流通转让的债权凭证，是国际上通行的结算和信贷工具。金融票据主要有汇票、本票和支票，其中汇票最为常见。

1) 汇票(bill of exchange) 是出票人签发的，委托付款人在见票时或在指定日期无条件支付确定的金额给收款人或持票人的票据。其内容包括：无条件支付一定金额的命令、受票人的姓名、付款日期及款地点、受款人或其指定人的姓名、出票日期和地点、出票人的签名。

汇票的种类有很多，按照出票人和付款人的不同，汇票可分为银行汇票和商业汇票；按照是否附有商业单据，可分为光票和跟单汇票；按照付款时间的不同，分为即期汇票和远期汇票；按照承兑人的不同，可分为商业承兑汇票和银行承兑汇票。

汇票的使用包括出票、提示、承兑、付款等票据行为。如需转让，一般通过背书行为转让。远期汇票如想提前取得票款，可以通过贴现票据的方式。汇票遭到拒付时，还要涉及发出退票通知、制作拒绝证书和行使追索权等票据行为。

2) 本票(promissory note) 是出票人签发的，承诺自己在见票时无条件支付确定的金额给收款人或者持票人的票据。内容包括：无条件支付一定金额的承诺、付款日期和地点、受款人或其指定人的姓名、签发本票的日期和地点、出票人的签名。

本票按出票人的不同分为商业本票和银行本票两种，我国《票据法》只允许使用银行本票，不承认银行以外的工商企业、组织机构或个人签发的本票。

3) 支票(cheque, check) 是出票人签发，委托办理支票存款业务的银行或者其他金融机构在见票时无条件支付确定的金额给收款人或者持票人的票据。其内容包括：无条件支付一定金额的命令、受票人的姓名、付款地点、出票日期和地点、出票人的签名。

支票按抬头的不同性质，可分为记名支票、不记名支票；按支票签发人的不同，可分为银行支票、商业支票；按支票本身的基本特征，可分为划线支票、保付支票等。

11.2.1.2 国际结算的方式

国际贸易结算方式，又称国际支付方式，是指以一定的形式条件下货币在国际间转移资金，用以清算因国际贸易而产生的债权债务关系的方式。汇款、托收、信用证、银行保函是目前国际贸易结算中最常见的四种方式。

1) 汇付(remittance) 又称汇款，是指债务人或付款人通过银行将款项汇交债权人或收款人的结算方式。按照汇出方式的不同分为电汇、信汇和票汇三种。

(1) 电汇(telegraphic transfer，T/T)。指汇出行应汇款人的申请，用加押电报或电传的形式指示汇入行付款给收款人的一种汇款方式。具有交款迅速、安全可靠的优点，但费用较高，适用于金额大、需求急的汇款。

(2) 信汇(mail transfer，M/T)。指汇出行应汇款人的申请，用邮寄信汇委托书或支付委托书的方式指示汇入行付款给收款人的一种汇款方式。具有费用较电汇低廉，但汇款在途时间长、收款人收款较迟等特点。

(3) 票汇(remittance by banker's demand draft，D/D)。指汇出行应汇款人的申请，开立以汇出行的海外分行或代理行为付款人的银行即期汇票，交由汇款人自行寄交给收款人，凭票向付款行取款的一种汇付方式。

在国际贸易结算中，无论是电汇、信汇还是票汇，银行都不经手货运单据，而由出口商自行寄交进口商，这种支付方式被称为单纯支付。由于汇付方式建立在商业信用基础之上，风险较大。

2) 托收(collection)　指债权人(一般为出口商)开具汇票或者连同货运单据，委托当地银行通过它在进口地的分行或代理行向债务人(一般为进口商)收取票款的一种支付方式。

托收方式按其是否带有商业单据可分为光票托收和跟单托收两种。在国际贸易支付中采用的托收方式通常都是跟单托收(D/P at sight)，即指附有包括货运单据在内的商业单据的托收。在跟单托收方式下，出口商先行发货，然后委托银行收取货款。而银行只负责提示单据，代收货款，对能否收回款项并无责任，出口商能否安全及时地收回货款，完全取决于进口商的信用。实际上，采用托收是出口商对进口商提供融资，以此作为竞争的一种手段，有利于调动进口商采购货物的积极性，从而有利于促进成交和扩大出口。同时，为了防范风险，确保安全收汇，应采取积极的防范措施。

第一，做好售前调查工作。出口商必须详细调查进口商的资信情况、进口国的贸易和外汇管制法令等，并注意避免市场风险。

第二，正确确定交单方式和价格条件。出口商如确定采用托收方式，应尽量争取采用即期付款交单方式，而避免使用承兑交单(D/A)方式，以确保进口商付款赎单。

如果使用 D/P 方式，争取以 CIF(或 CIP)条件成交，由出口方办理保险；如以FOB(或 FCA)、CFR(或 CPT)条件成交，应加保卖方利益险，以求当货物在运输途中受损而买方又不支付货款时，由保险公司承担赔偿责任。

3) 信用证(letter of credit, L/C)　信用证是进口方银行(开证行)根据进口商(开证申请人)的申请和要求，向出口商(受益人)开立的，凭规定的单据，在一定期限内，支付一定金额的书面保证文件。简言之，信用证是一种银行开立的有条件的书面付款承诺，具体的条件就是受益人必须提交符合信用证规定的各种单据。

信用证支付方式具有以下三个特点：

(1) 开证行负有第一性付款责任。

(2) 信用证是一项独立于买卖合同的契约。

(3) 信用证是一种纯单据交易。

信用证的基本内容主要包括以下几个方面：

(1) 对信用证本身的说明。如信用证的编号、种类、金额、开证日期、到期日和交单地点等。

(2) 信用证的当事人。如开证申请人、受益人和开证行，以及开证行指定的通知行、议付行、付款行、偿付行和保兑行等。

(3) 货物条款。如货物的名称、规格、数量、包装、价格等。

(4) 装运与保险条款。如运输方式、起运地、目的地、装运日期、可否分批装运、可否转运等。以 CIF 或 CIP 贸易术语达成的交易项下的保险要求，及投保的金额和险别等。

(5) 单据条款。包括：对汇票的要求，如使用汇票，应列明汇票的必要项目；对货运单据的要求，包括商业发票、海关发票，提单或运输单据、保险单证等；此外，还有包装单据、产地证、检验证书等。

(6) 特别条款。主要是根据进口国政治经济贸易状况的变化或不同业务需要规定的一些条款。

(7) 开证银行的责任条款以及适用的国际惯例。目前，银行开出的信用证都注有"该证受国际商会第 600 号出版物《跟单信用证统一惯例》(简称 UCP600)的约束"字样。

信用证的种类有很多，根据信用证是否加保兑分为保兑信用证和不保兑信用证；根据付款方式的不同分为即期付款信用证、延期付款信用证、承兑信用证和议付信用证；根据可否转让分为可转让信用证和不可转让信用证。另外，还有循环信用证、对背信用证、对开信用证等。

采用信用证支付方式，只要出口商按信用证的要求提交单据，银行即保证付款。所以，信用证建立在银行信用之上，由开证银行代进口商承担第一性的付款责任。这在一定程度上解决了建立在商业信用基础之上的支付方式所存在的交易双方权利和义务不对等的问题，并为买卖双方融通资金提供了多种途径和便利。因此，在当今的国际贸易结算中使用十分普遍。

4) 银行保函(letter of guarantee, L/G)　银行保函是银行应申请人的要求，以自己的资信向受益人开立的担保文件，保证该申请人将正常履行合同项下的义务，若申请人未尽其义务或违约，则由担保人向受益人承担付款或赔偿责任。为有别于其他金融机构所作的担保，由商业银行开立的保函又称为银行保函或保证书。

按照不同的贸易标的物和贸易方式，银行保函可分为付款保函、借款保函、租赁保函、投标保函、履约保函、还款保函、补偿贸易保函、来料加工保函等。

5) 不同结算方式的结合使用　在国际贸易实务中，根据市场情况、商品情况和客户的信用程度，正确和灵活地选用货款结算的支付方式是一个关系到交易成败的重要问题。一般情况下，一笔交易只使用一种支付方式，但在特定的情况下，也可以在一笔交易中把两种甚至两种以上不同的支付方式结合起来使用。

(1) 先 T/T＋后 T/T。即进口商在合同签订后先汇付一定比例(通常为 20%左右)的货款，出口人开始生产大货。生产完毕后，进口人再支付余款。由于后 T/T 可以分为装船前付清和运输工具到达目的地前付清两种，因此，在合同中必须注明。

(2) 汇付＋托收。进口商在合同签订后先汇付一定比例(通常为 20%左右)的货款，出口人开始生产大货，生产完毕后，出口人在货物装运上运输工具取得运输单据后，以托收的形式收取余款。由于托收有即期和延期支付两种形式，买卖双方需要在合同中予以明确。

(3) 信用证＋托收。这种结算方法实质上部分货款采用信用证结算，部分货款采用托收结算。由于托收结算方式是以商业信用为基础的，存在较大的信用风险，因此在国际贸易中，如果与信用证方式结合使用，出口商可以防止不付款的风险。在实务操作中，就出口商规避风险而言，最好是采用光票信用证和即期托收方式，将汇票以外的所有单据附在托收项下，信用证项下仅有汇票。

(4) 汇款＋信用证。具体做法是部分货款采用汇款结算，部分货款采用信用证结算，同样在一定程度上也可以起到降低风险和降低成本的作用。这种方法的关键点是合理地设置汇款的比例，一般是 20%～30%为宜。

11.2.1.3　信用证项下的出口结汇及其跟单

信用证项下的出口贸易结汇是指出口商在货物装运后，按照信用证的规定，把备妥的所有单据，在信用证规定的交单期内送交银行。银行对这些单据审核确认无误后，向出口商支付货款。

1) 信用证结汇的主要方法　我国出口业务中，大多使用议付信用证，也有少量使用付款信用证和承兑信用证的。主要结汇方式如下：

(1) 议付信用证。议付又称出口押汇。议付押汇收取单据作为质押。按汇票或发票面值，扣除从议付日起到估计收到开证行或偿付行票款之日的利息，将货款先行垫付给出口商(信用证受益人)。议付是可以追索的。如开证行拒付，议付行可向出口商追还已垫付之货款。议付信用证中规定，开证行对议付行承担到期承兑和付款的责任。《UCP600》规定，银行如仅仅审核单据而不支付价款不构成议付。

我国银行对于议付信用证的出口结汇方式,除上述出口押汇外,还采用另外两种:一是收妥结汇,即收到单据后不做押汇,将单据寄交开证行,待开证行将货款划给议付行后再向出口商结汇;另一种是定期结汇,即收到单据后,在一定期限内向出口商结汇,此期限为估计索汇时间。因此上述两种方式,对议付银行来说,都是先收后付,但按《UCP600》规定,银行不能取得议付行资格,只能算是代收行。

(2) 付款信用证。付款信用证通常不用汇票,在业务中使用的即期付款信用证中,国外开证行指定出口地的分行或代理行为付款行,受益人径直向付款行交单索汇。此项付款是不可追索的。显然在信用证方式中,这是对出口商最为有利的一种。

(3) 承兑信用证。承兑信用证的受益人开出远期汇票,通过国内代收行向开证行或开证行指定的银行提示,经其承兑后交单。已得到银行承兑的汇票可到期收款,也可贴现。若国内代收行愿意叙做出口押汇(议付),则出口商也可立即收到货款,但此时该银行仅以汇票的合法持票人向开证行要求付款,不具有开证行所邀请的议付行的身份。

2) 议付信用证的业务流程 议付信用证结算方式的业务程序,大体要经过以下几个环节:

(1) 买卖双方签订销售合同,并在合同中订明使用信用证结算方式。

(2) 进口商按照合同规定向当地银行提出申请,缴纳若干押金或提供其他担保。在外汇管制国家,申请人还必须向外汇管制部门提出用汇申请,在得以批准后才可使用外汇。

(3) 开证行将信用证开给出口商所在地的分行或代理行,并请他们办理信用证通知事宜。

(4) 通知行核对信用证上印鉴或密押无误后将信用证通知受益人。

(5) 受益人将信用证与贸易合同核对无误后,立即备货装运,并取得运输单据。

(6) 备齐信用证所规定的单据,在信用证有效期内向当地银行交单议付,或向信用证明确指定的议付银行交单议付。

(7) 议付行将单据与信用证核对无误后,按汇票金额扣除邮程利息后付款给受益人(即押汇)。

(8) 议付行将汇票和单据寄给开证行或其指定的银行索偿。

(9) 开证行或其指定银行审核单证无误后,偿付给议付行。

(10) 开证行通知进口商付款。

(11) 开证申请人向开证行付款赎取单据。

(12) 开证申请人凭提单向船公司提货。

11.2.2　出口收汇核销

11.2.2.1　出口收汇核销制度

出口收汇核销，是国家实施出口收汇管理，确保国家外汇收入、防止外汇流失而指定外汇管理部门对出口企业贸易下的外汇收入情况进行监督检查的一种制度。出口收汇核销制度建立于 1991 年 1 月 1 日起开始实施的《中华人民共和国外汇管理暂行条例》，期间经过不断修改和完善，目前已成为一种比较成熟的管理制度。

为进一步深化外汇管理体制改革，促进贸易便利化，国家外汇管理局、海关总署和国家税务总局决定自 2012 年 8 月 1 日起在全国实施货物贸易外汇管理制度改革。为此，国家外汇管理局制定了《货物贸易外汇管理指引》、《货物贸易外汇管理指引实施细则》、《货物贸易外汇管理指引操作规程(银行企业版)》、《货物贸易外汇收支信息申报管理规定》。

11.2.2.2　2012 年外汇核销制度改革内容

1) 改革货物贸易外汇管理方式　改革之日起，取消出口收汇核销单(以下简称核销单)，企业不再办理出口收汇核销手续。国家外汇管理局分支局(以下简称外汇局)对企业的贸易外汇管理方式由现场逐笔核销改变为非现场总量核查。外汇局通过货物贸易外汇监测系统，全面采集企业货物进出口和贸易外汇收支逐笔数据，定期比对、评估企业货物流与资金流总体匹配情况，便利合规企业贸易外汇收支；对存在异常的企业进行重点监测，必要时实施现场核查。

2) 对企业实施动态分类管理　外汇局根据企业贸易外汇收支的合规性及其与货物进出口的一致性，将企业分为 A、B、C 三类。A 类企业进口付汇单证简化，可凭进口报关单、合同或发票等任何一种能够证明交易真实性的单证在银行直接办理付汇，出口收汇无需联网核查；银行办理收付汇审核手续相应简化。对 B、C 类企业在贸易外汇收支单证审核、业务类型、结算方式等方面实施严格监管，B 类企业贸易外汇收支由银行实施电子数据核查，C 类企业贸易外汇收支须经外汇局逐笔登记后办理。

外汇局根据企业在分类监管期内遵守外汇管理规定情况，进行动态调整。A 类企业违反外汇管理规定将被降级为 B 类或 C 类；B 类企业在分类监管期内合规性状况未见好转的，将延长分类监管期或被降级为 C 类；B、C 类企业在分类监管期内守法合规经营的，分类监管期满后可升级为 A 类。

3) 调整出口报关流程 改革之日起，企业办理出口报关时不再提供核销单。

4) 简化出口退税凭证 自 2012 年 8 月 1 日起报关出口的货物(以海关"出口货物报关单[出口退税专用]"注明的出口日期为准，下同)，出口企业申报出口退税时，不再提供核销单；税务局参考外汇局提供的企业出口收汇信息和分类情况，依据相关规定，审核企业出口退税。

5) 出口收汇逾期未核销业务处理 自 2012 年 8 月 1 日起，外汇局不再办理出口收汇核销手续，不再出具核销单。企业确需外汇局出具相关收汇证明的，外汇局参照原出口收汇核销监管有关规定进行个案处理。

6) 加强部门联合监管 企业应当严格遵守相关规定，增强诚信意识，加强自律管理，自觉守法经营。国家外汇管理局与海关总署、国家税务总局将进一步加强合作，实现数据共享；完善协调机制，形成监管合力；严厉打击各类违规跨境资金流动和走私、骗税等违法行为。

11.2.3 出口退(免)税及其跟单

11.2.3.1 出口退(免)税定义

出口退(免)税是指已报关离境的商品，由税务机关将其出口前在生产和流通各环节中已缴纳的国内流转税款退还给出口企业，使出口产品以无税成本进入国际市场，加强其市场竞争力，扩大产品出口。

11.2.3.2 出口产品退(免)税适用范围

出口产品退(免)税适用范围包括：
(1) 产品是属于增值税和特别消费税范围的产品。
(2) 产品必须报关离境。
(3) 产品必须在财务上做出口销售。
(4) 产品必须是出口收汇并已核销的货物。
国家同时也明确规定了少数出口产品即使具备上述 4 个条件，也不予退税：
(1) 出口的原油。
(2) 援外出口产品。
(3) 国家禁止出口的产品。

11.2.3.3 出口退(免)税的认定与办理程序

1) 出口退(免)税的认定 对外贸易经营者按《对外贸易法》和商务部《对外

贸易经营者备案登记办法》的规定办理备案登记后，没有出口经营资格的生产企业委托出口自产货物，应分别在备案登记、代理出口协议签订之日起 30 日内持有关资料，填写出口货物退(免)税认定表，到所在地税务机关办理出口货物退(免)税认定手续。已办理出口货物退(免)税认定的出口商，其认定内容发生变化的，须自有关管理机关批准变更之日起 30 日内，持相关证件向税务机关申请办理出口货物退(免)税认定变更手续。

2) 办理出口退(免)税的基本程序

(1) 有关证件的送验及登记表的领取。企业在取得有关部门批准其经营出口产品业务的文件和工商行政管理部门核发的工商登记证明后，应于 30 日内办理出口企业退税登记。

(2) 退税登记的申报和受理企业。领到"出口企业退税登记表"后，即按登记表及有关要求填写，加盖企业公章和有关人员印章后，连同出口产品经营权批准文件、工商登记证明等证明资料一起报送税务机关，税务机关经审核无误后，即受理登记。

(3) 填发出口退税登记证。税务机关接到企业的正式申请，经审核无误并按规定的程序批准后，核发给企业"出口退税登记证"。

(4) 出口退税登记的变更或注销。当企业经营状况发生变化或某些退税政策发生变动时，应根据实际需要变更或注销退税登记。

3) 办理出口退税附送的材料

(1) 报关单(退税专用联)。报关单是货物进口或出口时进出口企业向海关办理申报手续，以便海关凭此查验和验放而填具的单据。

(2) 出口销售发票。这是出口企业根据与出口购货方签订的销售合同填开的单证，是外商购货的主要凭证，也是出口企业财会部门凭此记账做出口产品销售收入的依据。

(3) 进货发票。提供进货发票主要是为了确定出口产品的供货单位、产品名称、计量单位、数量，是否是生产企业的销售价格，以便划分和计算确定其进货费用等。

(4) 属于生产企业直接出口或委托出口自制产品，凡以到岸价 CIF 结算的，还应附送出口货物运单和出口保险单。

(5) 有进料加工复出口产品业务的企业，还应向税务机关报送进口料件的合同编号、日期、进口料件名称、数量、复出口产品名称、进料成本金额和实纳各种税金额等。

(6) 产品征税证明。

(7) 与出口退税有关的其他材料。

11.2.3.4 出口退(免)税跟单中应注意的事项

(1) 出口货物报关单退税专用联，必须是盖有海关"验讫章"的原件。

(2) 报关单中"贸易方式"一栏若是来料加工、转口贸易的，结汇方式一栏中若是出口不结汇的援外物资、替换国外退货的产品和无偿赠送的样品及展品，则不能办理出口退税；若是进料加工的，在申报退税款中应抵扣进口料件的免税额。

(3) 对海关已签发出口退税报关单的货物，如遇特殊情况发生退关或退货的，报关单位应向原出口地海关出示当地主管出口退税的税务机关的证明，证明其货物未办理出口退税或所退税款已退回税务机关，海关方予以办理该批货物的退关或退货运回手续。

(4) 出口企业或有关单位补办海关已签发的出口退税报关单，应由主管税务机关出具该批货物未办理出口产品退税的证明，并经海关核定货物确已出口，方可补办。

综合测试

◆ 单项选择题

(1) 对于申报前看货取样，以下说法错误的是( )。

　A. 收货人放弃行使看货取样权利所产生的法律后果(如申报不实)由收货人自己承担

　B. 如果货物进境已有走私违法嫌疑并被海关发现，海关将不予同意

　C. 只有在通过外观无法确定货物的归类等情况下，海关才会同意收货人提取货样

　D. 看货取样是进口商的权利，任何情况下进口商都可以在申报前看货取样

(2) 报关时的基本单证不包括( )。

　A. 发票　　　　　　　　　　B. 装箱单

　C. 提单　　　　　　　　　　D. 进口货物许可证

(3) 出境动物产品，应在出境前( )报检。

　A. 5 天　　　B. 7 天　　　C. 10 天　　　D. 15 天

(4) 检验检疫机构对预检合格的出境货物签发( )，对预检不合格的出境货物签发( )。

　A. 出境货物换证凭单；检验检疫处理通知书

　B. 出境货物换证凭单；出境货物不合格通知单

  C. 出境货物通关单；检验检疫处理通知书

  D. 出境货物通关单；出境货物不合格通知单

 (5) 对骗取国家出口退税款的出口商，经省级以上(含本级)国家税务局批准，停止其( )的出口退税权。

  A. 六个月以上 B. 六个月以下 C. 三个月以上 D. 三个月以下

 (6) 欧盟输往中国的无木质包装的货物，须出具( )的《无木质包装声明》。

  A. 出口商 B. 进口商 C. 输出国、地区 D. 货主

 (7) 实行出口退税制度，是指货物在报关出口后，凭有关凭证报送税务机关批准退还或免征( )。

  A. 关税和所得税   B. 增值税和所得税

  C. 消费税和关税   D. 消费税和增值税

 (8) 出口企业在申报退(免)税后 15 天内，应将相关出口货物单证在企业财务部门备案，有关备案核查的单证不包括( )。

  A. 进出口合同   B. 信用证

  C. 货物装货单   D. 货物运输单据

◆ 多项选择题

 (1) 以下对出口退税理解正确的是( )。

  A. 避免了本国出口产品遭遇国际双重征税

  B. 可以使出口货物以不含税的价格进入国际市场

  C. 是根据我国国情制定的有别于其他国家的一项特殊税收制度

  D. 可以增强出口产品的国际竞争力

 (2) 以下属于出境集装箱报检应提供的单据是( )。

  A. 信用证   B. 承租契约

  C. 买卖双方签订的合同 D. 装箱积载单

 (3) 海关监管体系包括( )。

  A. 进出境运输工具监管 B. 进出境人员监管

  C. 进出境货物监管   D. 进出境物品监管

 (4) 在海关注册登记后，可以接受其他单位委托，从事代理报关业务的单位有( )。

  A. 国际货运代理公司 B. 外贸公司

  C. 报关公司   D. 保税仓库

 (5) 下列关于进出口货物报关地点的表述，正确的是( )。

  A. 进出口货物报关只能在进出境地海关办理

  B. 保税货物转内销变为一般进口货物，进口货物的收货人或其代理人应

当在货物所在地的主管海关申报

C. 进口货物经收发货人申请，海关同意，可在设有海关的货物指运地申报

D. 出口货物经收发货人申请，海关同意，可在设有海关的货物启运地申报

(6) 报关程序按时间先后可以分为三个阶段：前期阶段、进出境阶段、手续阶段。其中，在进出境阶段包括(   )等环节。

A. 申报   B. 缴纳税费   C. 备案   D. 配合查验

◆ 判断题

(1) 海关签发《货物进(出)口证明书》有两个条件：一是应报关员或货物所有人的要求；二是某项经海关监管验收的合法进口或出口的货物，且需要证明的。(   )

(2) 出口易腐烂变质的商品，可以申请预报检。(   )

(3) 打火机是出口法定检验产品。但点火枪不是。(   )

(4) 法定检验范围以外的入境货物的收货人发现商品质量不合格的，可向检验检疫机构申请检验出证。(   )

(5) 征税是海关的基本任务之一，其中的税是指进出口关税。(   )

◆ 问答题

(1) 检验检疫证单的法律效用主要表现在哪几个方面？

(2) 出口货物报关的环节有哪些？

◆ 计算题

(1) 杭州某贸易公司向国外购进日本产的彩色胶卷 30 000 卷(1 卷=5 775 m^2)，海关审定成交价格 CIF 杭州 30 000 美元，从量计征关税，适用最惠国税率为 30 元/m^2，要求计算进口关税税款。(适用汇率为 1 美元=8 元人民币)

(2) 某贸易公司从日本购进广播级摄录一体机 10 台，经海关审定其成交价格为 6 000 美元/台。该税则号商品每台完税价格低于或等于 5 000 美元，执行单一从价税，税率为 35%；每台完税价格高于 5 000 美元：每台征收从量税，税额 12 960 元，加上 3% 的从价税。要求计算进口关税税款。(适用汇率为 1 美元=8 元人民币)

(3) 某公司进口货物应缴纳关税 80 000 元，增值税 100 000 元，消费税 70 000 元，海关于 2006 年 6 月 20 日(星期二)填发税款缴款书。该公司于 2006 年 7 月 25 日(星期二)缴纳税款。求海关应征的滞纳金。

(4) 载有进出口企业 A 从国外购买的进口货物的轮船于 2006 年 7 月 8 日(星期一)向海关申报进境。A 企业于 2006 年 7 月 31 日(星期一)向海关申报进口货物。该批货物的成交价格为 CIF 上海 150 000 美元。计算应征收滞报金额。(适用汇率为 1 美元=8 元人民币)

12　跟单员进度管理

✈ **关键词**

进度管理　进度管理方法　跟单员进度计划的编制和实施

知识目标

◆ 了解跟单业务的进度常识；
◆ 熟悉跟单进度的计划编制与实施；
◆ 熟悉跟单进度管理的方法；
◆ 掌握跟单进度管理的内容。

技能目标

◆ 能运用跟单计划来实施跟单任务；
◆ 能运用跟单进度管理单据；
◆ 能熟练进行跟单进度控制。

导入案例

中国深圳 KK 服装公司与外贸客户签订了贸易合同、处理了订单、完成了发货和收款等业务。作为本公司跟单员，接下来你应该怎么做好跟单计划的编制工作？怎样处理企业在生产订单中产品的各个步骤的时间安排？如何控制好订单的时间进度，遇到提前或者超期的问题应该如何处理？一个优秀的跟单员不但要做好跟单具体业务工作，而且不能忽视对订单生产的时间管理。

12.1　跟单进度管理

生产订单在执行的过程中，时间是最重要的约束条件之一，如何安排时间和有效控制进度至关重要。用科学的方法确定目标进度，编制进度计划和资源供应计划，进行进度控制是每个跟单员在开始跟单工作前就要完成的。

12.1.1 跟单进度计划

12.1.1.1 跟单进度计划的定义

进度就是将工作的行动计划转换成一个运作时间表。跟单进度计划是表达订单完成过程中，各项工作、工序的开展顺序、开始和完成时间以及相互衔接关系的计划。它可以进一步细分为总体进度计划、分项进度计划和年度进度计划等。生产计划的制定及实施关系着生产管理及交货的成败。跟单员要协助生产管理人员将订单及时转化为生产通知单并跟踪生产进度。

12.1.1.2 跟单进度计划的时间参数

跟单进度计划需要反映跟单进度中每一活动的计划和实际的开始日期、完成日期和历时；也要反映工作进行中时间的浮动区间即时差。跟单进度执行过程中有 5 个时间分别是：最早开始时间 ES(earliest start time)、最早结束时间 EF(earliest finish time)、最迟开始时间 LS(latest start time)、最迟结束时间 LF(latest finish time)和时差。另外与之相关的参数，如基线日期、计划日期和实际日期。

1) 活动历时(D) 整项工作所必需的时间就是活动历时。在每项工作开始之前，都有一个估算的周期，而在每一个工作开始之后完成之前，也可以估算剩余周期。根据以往的经验，只要我们知道了工作开始的时间就可以推算工作结束的时间。

2) 最早开始和结束时间的关系 最早开始时间加上活动历时就是最早结束时间。用公式 $EF=ES+D$ 表示。

3) 最迟开始和结束时间的关系 最迟开始时间是指为了使工作在要求完工时间内完成的最迟开始时间。最迟开始时间等于最迟完成时间减去活动历时。用公式 $LS=LF-D$ 表示。

4) 时差 时差是最迟开始时间和最早开始时间之间的差值。用公式时差$=LS-ES$。如果跟单员的工作可以采用很多种方法展开，那么时差为 0 的步骤就为关键步骤。一系列的关键步骤就可以使跟单员的工作高效率的实现。

12.1.1.3 跟单进度管理的方法

跟单进度计划在执行时可以使用如下的方法：

1) 甘特图法 甘特图是进度计划最常用的一种工具。最早由 Henry L. Gantt

于1917年提出。在图中用一段横向线条表示工作进度。在带有时间坐标的表格中的位置来表示各项活动的开始时间、结束时间和各工作的先后顺序，整个进度计划都是由一系列的横道组成。跟单员可以根据自己的工作步骤制出一张甘特图(见图12.1)，即列出一些关键活动和进度的日期。

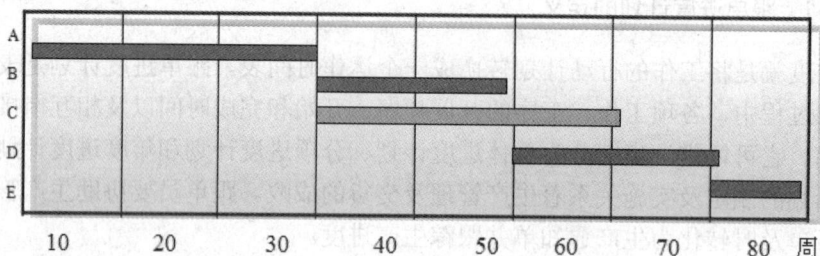

图12.1　甘特图

2) 关键路线法

(1) 分类。关键路线法是针对一些工作时间确定的工作步骤，可以采用利用时差不断调整与优化工作步骤，以求得最短工作期的进度计划工具。跟单员可以通过绘制由箭头和节点组成的一种网状的有序的有向图来表示工期。按照表达方式分为双代号网络图和单代号网络图。示例如图12.2、图12.3所示。

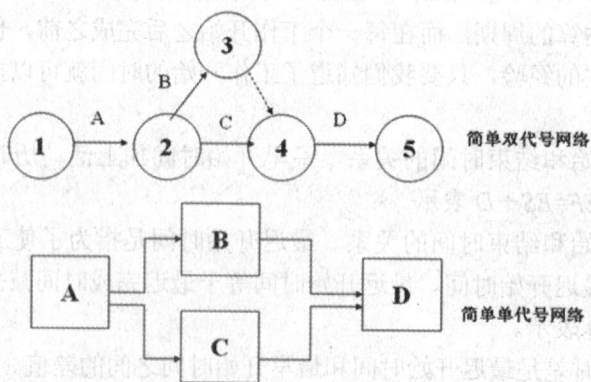

图12.2　网络图

(2) 时间参数计算。时间参数计算主要是计算工作最早开始时间、最早结束时间、最迟开始时间、最迟结束时间和活动总时差。如果用 i、j 分别表示开始节点和结束节点。则可以计算出工作的时间如何安排合理。

公式：$ET_1=0$；$ET_j=\max(ET_i+D_{ij})$。

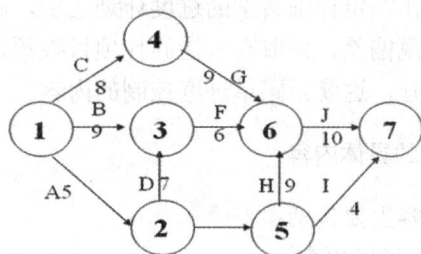

图 12.3 网络图计算

首先计算节点时间参数的最早开始时间,从左向右沿着箭头的方向进行计算。节点最早开始时间以网络计划开始时间 $ET_1=0$,相对于这个时间,沿着各条线路到达每一个节点的时刻。起始节点,即 1 号节点的最早时间为 0。图中任意节点 j 的最早时间,是指以该节点为结束节点的紧前步骤全部完成,以这个节点为开始节点的紧后步骤可能开始时间。因此,应取紧前各活动开始节点 i 的最早时间与该活动历时之和中的最大值,即 $ET_j=\max(ET_i+D_{ij})$。

表 12.1　双代号网络图节点最早、最迟时间计算表

节点编号	紧前步骤代号	计算过程	节点最早时间
1	--	$ET_1=0$	0
2	1-2	0+5=5	5
3	1-3	0+9=9	12
	2-3	5+7=12	
4	1-4	0+8=8	8
5	2-5	5+6=11	11
6	4-6	8+=9=17	20
	3-6	12+6=18	
	5-6	11+9=20	
7	5-7	11+4=15	30
	6-7	20+10=30	

12.1.2　跟单进度控制的内容和步骤

跟单员的进度计划是根据经验或预测方法对未来做出的安排,在实际执行过程中,由于人力、物资设备的供应和其他条件等因素的影响而出现大大小小的偏

差是常有的事。所以，在制定详细科学的进度计划之后，还要在跟单进行过程中不断监控实际情况，发现偏差，采取有效措施使项目按预定的进度目标进行，避免生产制造的时间被拖延，这就是跟单进度控制的内容。

12.1.2.1 跟单进度控制的具体内容

跟单进度控制的内容主要包括：

(1) 确定进度是否已经发生变化。

(2) 对造成进度变化的因素施加影响，以保证这种变化朝着有利的方向发展。

(3) 在变化实际发生和正在发生时，对这种变化实施管理，进度控制必须与项目整体变化控制的其他控制过程如成本、质量控制过程紧密结合。

12.1.2.2 跟单进度控制的步骤

跟单进度控制的步骤如下：

(1) 进行进度的跟踪与监控，通过执行情况报告分析进度，找到哪些地方需要采取纠正措施。

(2) 确定应采取哪种具体的纠正措施。

(3) 修改计划，将纠正措施列入计划，形成变更报告。

(4) 重新计算进度，调整进度计划，并估计计划采取的纠正措施的效果。

12.1.3 进度计划的编制、实施与检查

进度计划是生产进度管理始终围绕的核心。因此，事先编制各种相关进度计划便成为生产进度管理工作的首要环节。进度计划的编制，需用具备相应的专业知识，又要有一定的经验。尤其是现代的产品制造规模越来越大、越来越复杂，进度计划的编制难度也越来越大。跟踪生产进度时重点做好三个方面的工作，首先，编制生产进度控制计划；其次，制定生产进度控制作业程序；最后确定生产进度控制的重点。

1) 编制生产进度计划 编制生产进度计划一般是根据相近产品生产的定额工期，参考已完和在实施的同类产品生产的工期，再结合本次生产的具体情况，综合考虑影响生产进度的设备物资、主要设备的供货能力、生产制造周期等因素，确定产品生产的总工期和开工完工时间，然后再编制产品生产的里程碑及总体控制性进度计划，最后编制各部门具体实施进度计划。编制各部门生产进度计划时各部门计划间应建立相互的分解与汇总关系，能真实地表示各道工序之间的相互联系的逻辑关系，以便产品生产过程跟踪控制进度计划时能将下级作业的进度自

动汇总到上级去，动态地反映进度计划之间的相互影响和真实进度。

2) 生产进度计划的实施和检查　产品生产进度计划的实施就是工厂生产加工订单产品活动的进展，也就是用生产进度计划指导生产活动、落实和完成计划。生产进度计划由工厂负责实施。工厂在进度计划实施过程中，需要审核订单单位阶段性的生产计划，如月进度计划、周进度计划等。一旦生产单位的进度计划通过审核，跟单员需要督促其按照计划进行生产；并对进度计划完成情况进行检查。在产品生产的实施进程中，为了进行进度控制，跟单员应经常地、定期地跟踪检查生产的实际进度情况，主要是收集产品生产进度材料，进行记录、整理和对比分析，确定实际进度与计划进度之间的关系。

生产过程跟单的主要工作包括：

(1) 跟踪生产进度，收集生产进度的有关数据。跟踪检查的时间和收集数据的质量直接影响整个产品生产的质量和效果。所以跟踪检查生产过程实际进度是生产进度控制的关键措施。

(2) 整理统计检查数据。跟单员需要对收集到的工厂生产产品的实际进度数据，进行必要的统计整理，形成与计划进度具有可比性的数据。一般可以按实物工作量和劳动消耗量以及累计百分比整理和统计实际检查的数据，以便与相应的计划完成量相对比。

(3) 产品生产的实际进度与计划进度发生差异的主要原因通常有：① 原计划错误；② 机器设备有故障；③ 原材料不足；④ 不良率和报废率过高；⑤ 临时工作或特急订单的影响；⑥ 前制程序延误的累积；⑦ 员工工作情绪低落，缺勤或流动率高等。

(4) 实施生产进度检查结果的处理一方面要求生产加工单位采取措施纠正偏差；另一方面，若偏差较大，还要形成进度控制报告向有关主管人员和部门及时汇报。

如果是工厂生产加工的进度安排超期，跟单员要与主管人员及时沟通，并通知客户，如果客户接受迟交的货物方可出货。如果客户拒绝接受迟交的货物，则跟单员需要负责与客户沟通协商看是否可以通过承担部分运费等方法让客户重新接受该批货物。

如果在生产过程中，因为客户的原因导致生产计划变更的，跟单员要负责进度的协调。比如，客户提出增加或者减少产品的数量或者提前或推迟了产品的交货期等变化时，跟单员需要根据产品已生产的计划情况进行协调。如果产品生产已经收尾，则生产计划不能再变更了，如有数量的增减，需要客户重新提供订单。如果产品的生产原料是专用的，客户增加订单量则需要客户承担部分费用。如果客户要延长交货期，期间产生的货物仓储费和损耗费的分担情况要及时明确。

12.2　跟单生产进度控制的工具和技术

12.2.1　进度跟踪报告

　　生产进度计划是根据经验或预测的方法对未来做出的计划安排，在实际执行的过程中，由于人力、物资设备的供应和其他约束条件而出现大大小小的偏差是经常发生的。所以，在制定详细科学的生产进度计划之后，还要在生产进行过程中不断监控项目的进程，发现偏差，采取有效措施使生产按照预定的进度目标进行，避免生产工期的拖延，这样的过程就是生产进度控制。

　　在生产进度控制分析系统中，管理者常采用进度跟中报告、进度变更管理表和生产进度总结表的形式对生产跟单进行管理。这里我们以华为技术有限公司的管理表格为模板，对生产跟单的进度进行跟踪、监控以及原因分析。

　　进度跟踪报告可以用一个简单的表格的形式表现，如表 12.2 所示。

表 12.2　生产进度报告

生产情况报告			
产品名称		生产订单编号	
跟单员		审核人	
主要负责人		报告日期	
当前生产状况	○　按计划进行	○　比计划提前	○　落后计划
当前任务状态			
关键任务	状态指示	状态描述	
联系客户			
落实资源			
本周期内的活动			
下个周期的计划			
上期遗留问题的处理			
评审人/日期			

12.2.2　进度变更管理表

影响产品生产的因素可能是工厂的资源调配不合理，比如人力、设备调配不当，工作人员关系不协调沟通不足等原因。为了避免同样的事情再次发生，很多企业会对生产变更情况进行记录，并通过问题分析找出制订计划时考虑不周全的地方。记录生产进度变更可以采用进度变更管理表，格式如表 12.3 所示。

表 12.3　生产进度变更管理表

进度变更管理表					
一、基本情况					
产品名称			生产订单号		
跟单员			审核人		
主要负责人			日期		
二、历史变更记录					
序号	变更时间	工作任务	变更要点	变更理由	申请人	审批人
三、请求变更信息					
1. 申请变更的内容					
2. 申请变更的原因					
四、影响分析					
受影响的基准计划	1. 进度计划		2. 费用计划		3. 资源计划
是否需要成本/进度影响分析？		○ 是		○ 否	
对成本的影响					
对进度的影响					
对资源的影响					
变更程度分类	○ 高		○ 中		○ 低
不变更的影响					
申请人		申请日期		审批人		日期	

生产进度变更控制的目的是为了确保生产更加有序进行，所以在记录变更信息时要求做到及时、准确，并要对进度变更的原因进行分析。根据变更请求对现

有进度的影响程度进行记录。

12.2.3　生产进度总结表

　　总结是对某段时间工作内容的回顾、检查和分析研究。总结表可以从对已完成的工作内容的梳理中找出经验和教训，防止类似情况再次发生或者即使做好经验预警，以便指导今后的工作。生产进度总结表格式如表 12.4 所示。

表 12.4　生产跟单总结表

生产跟单总结表					
一、生产基本情况					
产品名称			生产订单编号		
跟单员			审核人		
主要负责人			日期		
二、完成情况总结					
1. 时间总结					
开始时间		计划完成时间		实际完成时间	
时间差异分析					
2. 成本总结					
计划费用			实际费用		
成本差异分析					
3. 交付结果总结					
计划交付结果					
实际交付结果					
未交付结果					
三、经验教训总结					
跟单员		日期		主要负责人	日期

综合测试

◆ 单项选择题

(1) 多数的项目进度计划中，都记录下 5 种时间日期：最早开始时间、最早结束时间、最迟开始时间、最迟结束时间、( )。

    A. 时差   B. 基线日期   C. 计划日期   D. 实际日期

(2) 最早开始和结束时间的关系( )。

    A. $EF=ES-D$ B. $EF=LF+D$ C. $EF=LF-D$ D. $EF=ES+D$

(3) 关键路线图法包括单代号网络图和( )。

    A. 双代号网络图   B. 三代号网络图

    C. 多代号网络图   D. 数字代号网络图

◆ 问答题

(1) 进度控制的内容是什么？

(2) 跟单进度控制的步骤是什么？

13　进口贸易跟单

✈ 关键词

进口贸易　进口贸易跟单　保税类进口货物跟单　来料加工贸易跟单

出料加工贸易跟单　进料加工贸易跟单　银行保证金台账跟单

🌿 知识目标

◆ 了解进口贸易的基本流程与进口跟单工作的基本要求；

◆ 熟悉我国主要加工贸易的跟单工作；

◆ 掌握进口贸易跟单的实务操作。

🌿 技能目标

◆ 能够熟练进行进口贸易的全程跟单操作；

◆ 能够进行主要加工贸易的跟单操作。

📖 导入案例

中国深圳 KK 服装公司经过多方对海外供应商的考察招标后，决定从美国 G 公司进口加工服装所需的面料及辅料。如果你是深圳 KK 服装公司的跟单员，你熟悉进口贸易的操作流程吗？在面辅料进口过程中，你应该怎样做好进口跟单工作呢？

13.1　进口贸易与跟单概述

13.1.1　进口贸易与进口跟单

进口贸易又叫输入贸易，是指将外国商品或劳务输入到本国市场销售。进口贸易具有业务笔数相对少，合同金额大，操作细节多，管理较薄弱，经营风险大等特点。

13.1.1.1 进口贸易特点与分类

进口贸易按其性质、特点、方式等分类有多种划分形式。如有：直接进口、间接进口、第三国转口；一般贸易进口、加工贸易进口；货物进口、设备进口、技术进口；一般关区进口、保税区进口；需要许可证(自动登记)进口、不需要许可证(自动登记)进口；指定商品企业进口、非指定商品企业进口；国家调拨进口、易货贸易进口和专项外汇进口；自营进口、代理进口等。

13.1.1.2 进口跟单的含义

进口跟单是指在进口合同签订前后，按照进口跟单的一般流程，对进口合同的签订与履行进行业务跟踪或跟进。

随着我国入世后，改革开放和对外贸易体制改革的不断深入，在进口关税总体水平逐年下调，非关税措施进一步减少等政策推动下，进口贸易进入了一个新的历史发展阶段。进口跟单就是在我国进口贸易快速发展的背景下产生的。外贸跟单员的进口跟单工作，在发展我国的进口贸易、利用国际资源、减少进口风险、提高进口工作效率等方面起到了积极的作用。

13.1.2 进口跟单工作流程及内容

进口贸易跟单的工作流程一般包括进口交易前的准备、进口合同的签订、进口合同的履行、进口业务的后期管理等。

13.1.2.1 进口交易前的准备

开展进口业务的企业需具备对外贸易经营权。涉及国家指定商品进口的，需事先获得政府有关部门的经营许可，如原油、成品油、化肥、煤炭、危险品、铁矿砂、汽车等商品的进口许可。凡涉及国家指定商品经营的，需按规定办理指定商品经营审批；没有获得批准的企业不能从事这类商品的进口。

1) 寻找和选择国外供应商

(1) 选择进口商和供应地。要依据所掌握的进口商品资料进行分析判断，在商品供应主要生产国别或地区内寻找多个国外供应商，并对其商品综合报价资料进行分析。

(2) 资信调查及内容。资信调查的内容包括客户公司的成立年份、经营性质、注册资金、股权结构、经营业绩、经营商品、银行信用、支付能力、员工人数、主要负责人、联系人、联系方式及是否有网站等。

(3) 资信调查的渠道。跟单员应通过要求客户自我介绍、网上搜寻查证、向中国驻当地商务处函电咨询、通过中国银行等机构进行调查等各种方式对国外供应商的资信情况进行全面的了解和掌握。

(4) 紧急报告制度。在得知客户发生经营异动或经营纠纷等情况后，跟单员应及时向进口业务经理及公司领导报告，暂停或放缓业务；对于有迹象表明客户将申请破产倒闭的，应立即停止业务，并迅速采取有效的自我保护措施。

2) 进口商品(设备)业务调查

(1) 商品调查。涉及商品名称、规格型号、质量、技术性能、售后服务、数量、单价、交货时间、交货地点。

(2) 行情调查。涉及国内市场及国际市场同类商品的单价。对行情曲线作高、中、低价位判断和订货后一段时间的商品价格趋势判断，是向上发展、平稳发展、小幅波动还是向下发展，对国内及国际市场同类产品或替代品的单价行情做出判断。

(3) 进口业务环节调查。涉及海关、检验检疫、保险、运输、码头(仓储)、银行、外管以及其他有关部门的审批等业务政策、规则情况的掌握，了解是否会遭遇业务操作和政策上的阻碍。

(4) 进口商资金准备情况的了解。本企业可用银行进口开证额度；本企业应付意外风险的资金准备等。

(5) 进口成本估算。通常而言，商品进口的主要费用有银行费用、保险费用、运输费用、检验检疫费用、海关税费、码头费用和其他费用等。

3) 申请进口许可证　对于需要进口许可证的商品，必须在进口前向商务部或各省、市(自治区)外经贸或相关部门办理进口许可证等批件。外贸跟单员需要及时掌握有关进口许可政策的变化情况。

13.1.2.2　进口合同的签订

在我国进口贸易交易时，最常见的有两种形式：一是通过具有外贸经营权的企业代理进口；二是具有外贸经营权的企业自营进口。

1) 进口业务交易磋商的途径　进口采购信息发布的途径有：参加国内外交易会，出访，邀请客户来访，利用媒体、网站广告，寄送需求商品目录、样品和询价清单等。进口业务交易磋商的途径有：当面洽商、电话、网上可视电话、fax、email 等。

2) 进口合同成立的形式　根据《联合国国际货物销售合同公约》的规定，订立国际货物销售合同的形式可以有 3 种，即书面形式、口头形式和行为形式。但口头形式、行为形式较难保证进口商的利益，我国进口企业一般不宜采用。

13.1.2.3 进口合同的履行

进口合同签订后，外贸跟单员须配合业务员全面履行合同。进口履约的一般程序如下：

1) 对外开立信用证　若涉及进口许可证的，进口商必须在开立信用证前，办妥进口许可证，然后根据国外供应商的开证资料和进口合同内容向开证行递交开证申请书。在选择开证行时，一般要考虑选择国外网点多、国际结算能力强、国际信誉度高、服务能力和水平较高、开证费用低的商业银行。

2) 进口对外付汇　为了深化外汇管理体制改革，支持涉外经济稳步发展，进一步推进贸易便利化，国家外汇管理局发布了《关于实施进口付汇核销制度改革有关问题的通知》，并于 2010 年 12 月 1 日开始推广进口付汇核销制度改革。

进口付汇核销制度改革的主要内容为：一是企业的正常业务无需再办理现场核销手续，贸易项下对外支付得到极大便利；二是取消银行为企业办理进口付汇业务的联网核查手续，减轻银行负担，便利银行日常业务操作；三是外汇局对企业实行名录管理，进口付汇名录信息在全国范围内实现共享，企业异地付汇无需再到外汇局办理事前备案手续；四是外汇局利用"贸易收付汇核查系统"，以企业为主体进行非现场核查和监测预警，对异常交易主体进行现场核查，确定企业分类考核等级，并实施分类管理。

(1) 对外付汇的备案登记。进口企业在开展进口业务之前，到外汇局办理"进口单位付汇名录"备案登记手续。没有被列入名录中的进口单位不得直接到商业银行办理进口付汇。办理备案登记时，应向外汇局提交以下资料：对外贸易经营者备案登记表(依法不需要办理备案登记的提交《中华人民共和国外商投资企业批准证书》或《中华人民共和国台、港、澳、侨投资企业批准证书》等相关证明材料)、企业营业执照、企业组织代码证书及外汇局认为需要提供的其他证明资料。

(2) 对外付汇。进口单位在银行办理进口付汇时，应根据结算方式和资金流向填写进口付汇核查凭证，向境外付汇的应填写《境外汇款申请书》或《对外付款/承兑通知书》(包括向境内离岸账户、境外机构境内账户付汇)，向境内付汇的应填写《境内汇款申请书》或《境内付款/承兑通知书》。

银行为进口单位办理付汇手续时，需审查进口单位填写的进口付汇核查凭证，并按相关规定审查相应有效凭证和商业单据。审查合格后银行可为进口单位办理付汇手续，且无需通过"中国电子口岸—进口付汇系统"对进口货物报关单电子底帐进行联网核查。

3) 安排运输工具　租船订舱和催装，是外贸跟单员在 FOB 价格术语下重要的进口跟单业务环节。为确保进口业务的顺利履行，跟单员必须熟知国际贸易惯例，环环相扣，全程跟踪，随时掌握出口商备货情况和船舶动态，催促出口商做好装船准备工作。对于数量大或重要的进口货物，可请我驻外机构就地协助了解和督促对方履约，或派员前往出口地点检验监督，使租船订舱等环节不因疏忽或延误导致进口合同的落空。

4) 进口货运保险　根据国际贸易惯例，按 FOB、CFR、FCA 和 CPT 条件成交的进口货物，由我方进口企业自行办理货运保险手续。进口货运保险与出口货运保险的办理基本相同，请参见出口货物保险的做法。

5) 申请进口商品检验与检疫　进口货物入境报检工作规程。入境货物必须办理报检手续(免检除外)，否则不得卸离运输工具。我国检验检疫机构的工作流程是：录入→计费→交费→检验检疫→拟制证书→计费复核→证书复审→制证→校对→补交费→领取证单。

6) 进口报关　我国《海关法》规定，货物或运输工具入境时，其收货人或其代理人必须向进口入境口岸海关申报，交验规定的证件和单据，接受海关人员对其所报货物和运输工具的查验，依法缴纳海关税费和其他由海关代征的税款。因此，进口报关的步骤主要有申报、查验、征税、放行和结关。

7) 对外支付费用

(1) 国内外运费。在 FOB 价格条件下的海运费，由跟单员根据租船协议负责审核运费并经业务员签字确认后交财务部门确认支付；国内各项运费要注明合同号、起运地、目的地、数量、单价、运输日期、进出库凭证等，经业务或经理签字确认，由财务部门支付；对收费不合理、项目不明确、单据不齐全的费用，跟单员应予以拒付或向经理报告，严防重复付款。

(2) 保险费。跟单员在收到保险公司的结算清单后应认真审核国别、险别、费率等内容，在确认无误的情况下经业务员签字确认后交由财务人员对外承付。如发现问题，应及时与保险公司取得联系并妥善解决。

(3) 代理进口业务代为支付关税、增值税。跟单员在收妥委托代理进口单位付给的关税、增值税时，附有进口关税和增值税发票复印件的，一般由经办业务员签字后，财务人员予以付款；若无进口关税和增值税发票复印件的，须经业务经理签字后，财务人员予以付款；凡属代理业务，各项税费款要先收到再支付。

(4) 银行费用、码头费、报关费等各项费用。跟单员在拿到付款凭证后交由经办业务员签字，确认合同号、单位，由经理签字交财务支付。

(5) 进口结算。

① 代理进口业务：进口商在收到代理委托方全额货款后，如已经对外付款，则进口商与代理委托方进行结算；如还未对外付款，则暂不结算，但可根据具体情况适当处理。代理业务中所产生的各项费用根据代理协议进行结算，尾款多退

少补，并申请开出增值税发票或结算单。

② 自营业务或销售合同：进口商收到货款，跟单员根据出库单确认实际销售提货的数量。货权转移后，跟单员以实际出库数量结算，申请开出增值税发票，尾款多退少补。

13.1.2.4 进口业务的后期管理

1) 进口货物入库、出库 进口货物入库后，跟单员要定期到仓库查库，以确保货物存放完好。为控制经营风险，对于进口货物的出库提货，一般要求是款到发货。买方一次性付款，一次性提货；买方部分付款，部分提货；保证金作最后一笔货款。每笔提货数量由跟单员提出，财务人员审核资金收妥情况进行签字确认，经经理签字同意后发货。跟单员方可开出出库提单通知仓库及提货人。

2) 进口出险、发生质量争议的索赔、理赔 向出口商索赔应在合同规定的索赔期限之内提出。索赔时应提交索赔清单和有关单据，如商业发票、清洁提单、装箱单/重量单等。在向出口商索赔时，应提交商检机构出具的检验证书；向承运人索赔时，应提交到货报告；向保险公司索赔时，除上述各项证明外，还应附加由保险公司出具的检验报告。索赔金额应包含货物价值和为了弥补(处理)损失而支出的各项费用(如检验费、仓租、利息等)。

13.1.3 进口跟单工作的基本要求

外贸跟单员履行进口跟单业务时要注意以下工作特点和要求：

(1) 要在授权范围内开展工作。进口业务往往贸易金额较大、带来的各种风险因素也相对较多，容不得半点闪失，所以外贸跟单员在进口跟单作业过程中，必须在授权范围内开展工作，不得超越权限。

(2) 坚持复核制度。外贸跟单员必须认真履行本职分工安排，接受相互复核、制约要求，不能因一人操作而失去监督，在工作中要坚持复核制度。

(3) 坚持工作报告制度。外贸跟单员在经办各项业务中，必须坚持业务进度报告和工作报告制度，以保证工作进度及工作准确性。一旦遇到业务问题要及时向经理报告和反映，不得隐瞒不报，不得拖延报告时间，防止贻误企业处理问题的时机。

(4) 遵守法规制度。进口业务操作环节较多，审批手续多，法律责任重。在业务操作中要保证有关部门法规及制度的执行落到实处，确保业务操作规范、严谨。

(5) 严谨务实。勤奋、务实、严谨的工作作风是做好进口跟单工作的重要前提。外贸跟单员要不怕吃苦，腿勤、脑勤、眼勤、手勤，掌握第一手资料。要细化前提工作，实现尽可能多地了解进口业务整个过程细节，预先充分估计工作中可能会遇到的问题，提前做好预防措施，有备无患。

(6) 处事有度。外贸跟单员在与各方面进行相应业务环节工作过程中，对内对外要礼貌待人，言行得体，处事有度，要有团队合作的强烈意识，尤其是在履行进口跟单各环节工作的对外交往中，对于环境或情况的变化，不能随意、越权对外表态。

13.2　进口贸易跟单实务

13.2.1　进口货物申报及其跟单

13.2.1.1　进口申报概述

1) 报关资格　海关规定，进口货物要由海关准予注册的报关企业或者有权经营进出口业务的企业负责办理报关纳税业务。因此，只有有权经营进出口业务的企业向海关申请并办理了报关注册登记手续后才能获得报关权。

2) 进口报关地点　根据《海关法》规定，进口货物的报关地点，应遵循以下三个原则：

(1) 进境地原则。在一般正常情况下，进口货物应当由收货人或其代理人在货物的进境地向海关申报，并办理有关进口海关手续。

(2) 转关运输原则。由于进口货物的批量、性质、内在包装或其他一些原因，经收货人或其代理人申请，海关同意后，进口货物也可以在设有海关的指运地向海关申报，并办理有关进口海关手续。这些货物的转关运输，应当符合海关监管要求，必要时，海关可以派员押运。

(3) 指定地点原则。经电缆、管道或其他特殊方式输送进境的货物，经营单位应当按海关的要求定期向指定的海关申报并办理有关进口海关手续。

3) 进口报关时限　进口货物的收货人应当自运输工具申报进境之日起 14 日内向海关申报。超过规定期限向海关申报的，由海关征收滞报金。

4) 申报方式　办理进口货物的海关申报手续，可以采用纸质报关单或电子数据报关单形式。两种形式均为法定申报，具有相同的法律效力。无论哪种申报，收发货人都必须承担因申报数据不实而引起的有关法律责任。

13.2.1.2 进口申报跟单

1) 进口申报前的准备工作 外贸跟单员在货物进口前，必须做好报关前的准备工作，其中主要有：

(1) 须接到进口提货通知。

(2) 委托报关者须办理报关委托，代理报关者须接受报关委托。

(3) 准备报关单证，包括基本单证、特殊单证、预备单证。

(4) 报关单预录入。

2) 进口申报前看货取样 《海关法》规定，进口货物的收货人经海关同意，可以在申报前查看货物或提取货样。需要依法检验的货物，应当在检验合格后提取货样。

(1) 申报前看货取样的原因。有时由于种种原因导致货物无法得到确认和识别，使所到货物不能及时、准确申报。

(2) 申报前看货、取样的权利与责任。申报前经海关同意可查看货物或者提取货样，这是收货人的权利。如放弃行使该项权利，所产生的法律后果也只能由收货人自己承担。

(3) 申报前看货取样条件。只有在通过外观无法确定货物的归类及货物进境没有走私违规嫌疑等情况下，海关才会同意收货人提取货样。

13.2.2 进口货物查验及其跟单

13.2.2.1 进口货物的查验

进口货物的海关查验是报关中的一项重要环节。海关查验(inspection)也称验关，是指海关接受报关申报后，对进口货物进行实际地核对和检查，以确定货物的自然属性、数量、规格、价格、金额以及原产地等是否与报关单所列一致。

1) 查验范围 除海关总署特准免验外，所有进口货物都应接受海关查验。海关查验主要是检查进口货物的名称、品质规格、包装式样、数量、重量、标记唛码、生产国别或原产国别等项是否与报关单和其他证件相符，以防止非法进出口物品的流入。

2) 查验地点 海关查验货物，一般在海关监管区内的口岸码头、车站、机场、邮局或海关的其他监管场所进行。对进出口大宗散装货、危险品、鲜活商品、落驳运输的货物，经进口收货人的申请，海关也可结合装卸环节，在作业现场予以查验放行。在特殊情况下，经进口收货人或其代理人的申请，海关审核同意，也可派员到规定的时间和场所以外的工厂、仓库或施工工地查验货物。

13.2.2.2　查验的方法与要求

海关对进口货物的查验分别采取彻底查验、抽查、外形查验的方法，重点打击进口违法活动。彻底查验，是对货物逐件开箱(包)查验，对货物品种、规格数量、重量、原产地、货物状况逐一与申报的报关单详细核对；抽查方法，是按一定比例对货物有选择地开箱(包)查验，并对开箱(包)查验的货物品种、规格、数量、重量、原产地、货物状况等逐一与报关单详细核对；外形查验，是对货物的包装、唛头等进行验核，包括货物的外包装有无开拆、破损等痕迹，以及是否符合国家的相关法律与规定。

海关查验进口货物后，均要填写一份《海关进口货物查验记录》，查验记录由执行查验任务的海关关员填写。一般包括查验时间、地点、进口货物的收货人或其代理人名称、申报的货物情况、查验货物的运输包装情况(如运输工具名称、集装箱号、尺码和封志号)、货物的名称、规格型号、原产国别、自然属性(品质)、新旧程度、数(重)量，进口时的状态(原材料、半成品、整机、全套组装件、全套散装件和关键件等)、查验过程中存在的货物残损情况及造成残损的原因、提取货样的情况以及查验结论等内容。查验关员和陪同查验的人员应在货物查验记录上签具姓名。货物查验记录是海关查验进出口货物经常填写的一种作业单证，它是进口货物现场查验的真实反映，是海关和进口货物的收货人或其代理人双方共同认可的对现场查验进口货物的正式记录和凭证。它能为海关征税、统计和后续管理以及开具《进口货物证明书》提供可靠的依据，也是查处走私违规案件、处理纳税争议的有力证据。因此，海关在查验时会要求：

(1) 进口货物的收货人或其代理人必须到场，并按海关的要求负责办理货物的搬移、拆装箱和重封货物的包装等工作。

(2) 海关认为必要时，也可以径行开验、复验或者提取货样，货物保管人员应当到场作为见证人。

13.2.3　进口货物放行及其跟单

对进口货物的放行是海关通关程序的最后一个环节。《中华人民共和国海关法》第 29 条规定，除海关特准外，进口货物在收货人缴清税款或提供担保后，即可由海关签印放行。

对于保税加工贸易进口的货物、经海关批准减免税或缓纳税款的进口货物、暂时进口货物、转关运输货物以及其他口岸海关未缴纳税款的进口货物，口岸海关接受申报以后，经审核单证，符合规定的，即可以放行转为后续管理。这就是说，对需转为海关以其他方式继续监管的货物，货物进入另一种方式的海关监管；对需转另一设关地点的货物，则应该是甲海关监管结束后，由乙海关监管开始。因此，进口货物在经海关放行后就会有两种不同的状况——放行即结关或者放行未结关。

13.2.3.1　进口货物放行条件

进口货物放行条件以海关审单和查验完毕，并办理了征税手续或提供担保的手续作为前提条件。对有下列情况之一的，海关将不予放行：

(1) 违反海关法和其他进境管理的法律、法规，非法进境的。

(2) 单证不齐或应税货物未办纳税手续，且又未提供担保的。

(3) 包装不良，继续运输足以造成海关监管货物丢失的。

(4) 有其他未了事情尚待处理的(如违章罚款未交的)。

(5) 根据海关总署指示，不准放行的。

13.2.3.2　进口货物放行手续

1) 签印放行　对于一般进口货物，在收货人或其代理人如实向海关申报，并如数缴纳应缴税费后，海关在货物的进口货运单据(如进口提单或运单)或特制的放行单上签盖"海关放行章"，进口货物的收货人凭此到海关监管仓库提取货物。

签发《进口货物证明书》。该证是证明某项货物经海关监管合法实际进口的文件，一般在办完放行手续后由海关签发。

签发进口货物报关单。海关在办结放行手续后，出具一份盖有海关验讫章的电脑打印报关单，并在报关单的右上角加贴防伪标签。

2) 担保放行　海关事务担保是指与进境活动有关的自然人、法人或者其他组织在向海关申请从事特定的进境经营业务或者办理特定的海关事务时，以向海关提交现金、保函等方式，保证行为的合法性，或保证在一定期限内履行其承诺义务的法律行为。

以保证函方式申请担保的，由担保人按照海关规定的格式填写保证函一式两份，并加盖担保人印章，一份交海关备案，一份留存；以保证金方式申请担保的，由担保人向海关缴纳相当于有关货物进口税费等额的保证金，并获取海关开具的海关保证金收据。

担保人必须于担保期满前凭保证金收据或留存的保证函向海关办理销案手续。在担保人履行了向海关承诺的义务后，海关将退还担保人已缴纳的保证金，或注销已提交的保证函。至此，担保人的担保义务予以解除。

13.2.4　进口货物转关及其跟单

13.2.4.1　进口货物转关运输

转关运输是指海关为加速口岸进口货物的疏运，方便收货人办理海关手续，依照有关法律法规规定，允许监管货物由一个设关地点转运到另一设关地点办理进口海关手续的行为。

转关运输货物属海关监管货物，主要有两种：

(1) 由进境地入境后，运往另一设关地点的指运地办理进口海关手续的货物

(2) 由国内一设关地点转运到另一设关地点应受海关监管的货物。

在上述定义中，"进境地"是指货物进入关境的口岸；"指运地"是指进口货物指定运达的地方，或海关监管货物国内转运的到达地。

13.2.4.2　进口转关运输货物的通关程序

(1) 进口货物的收货人或其代理人应自运输工具申报进境之日起14天内向进境地海关申报转关运输。

(2) 申报货物转关运输时，进口货物的收货人或代理人应填制《中华人民共和国海关进口转关运输货物申报单》(以下简称《申报单》)，将数据录入海关计算机报关自动化系统，并打印成正式的《申报单》一式三份。

(3) 进口货物的收货人或其代理人应如实向海关申报，并递交《申报单》、指运地海关签发的《进口转关运输货物联系单》，随附有关批准证件和货运、商业单证(如货物的提单或运单、发票、装箱单等)。

(4) 进口货物的收货人或代理人申请办理属于申领进口许可证或《自动进口许可证》的转关运输货物，应事先向指运地海关交验进口许可证(自动登记证明)。经审核后，由指运地海,关核发进口转关运输货物联系单，并封交申请人带交进境地海关。

(5) 进境地海关在接受进口货物收货人或代理人申报递交的有关单证后进行核对，核准后，要将上述有关单证制作关封交进口货物的收货人或其代理人。

(6) 进口货物的收货人或其代理人要按海关指定的路线，负责将进口货物在规定的时限内运到指运地海关，向指运地海关交验进境地海关签发的关封，并应在货物运至指运地海关之日起14日内向指运地海关办理报关、纳税手续。

(7) 指运地海关在办理了转关运输货物的进口手续后，按规定向进境地海关退寄回执，以示进口转关运输货物监管工作的完结。

(8) 来往港澳地区进境车辆装载的转关运输货物，由车辆驾驶人员向进境地海关交验《载货清单》一式三份，并随附有关货运、商业单证，进境地海关审核后制作关封交申请人带交指运地海关，由指运地海关负责办理该车辆及所载货物的监管手续。

(9) 保税仓库之间的货物转关手续，除办理正常的货物进出保税仓库的手续外，亦按上述程序办理手续。但在填报《申报单》时，在"指运地"一栏应填写货物将要存入的保税仓库名称。

(10) 空运转关运输货物的转关手续，当指运地与运单目的地相同时，可免填《申报单》，海关可不签发关封，由海关在运单上加盖"海关监管货物"印章；指运地与运单目的地不同时，仍可按上述程序办理通关手续。

13.2.5 保税类进口货物报关及其跟单

13.2.5.1 保税制度与保税货物

1) 保税制度 1981 年，我国海关总署制订了《海关对保税货物和保税仓库监管暂行办法》，此后又发布对加工装配、进料加工、补偿贸易、保税工厂、保税集团和保税区的一系列管理办法和规章，为我国保税制度快速健康的发展提供了法律保障。保税制度已成为我国海关一项主要的业务制度。目前，我国海关保税制度的主要形式有：为国际商品贸易服务的保税仓库、保税区、寄售代销、免税品商店；为加工制造服务的来料加工、进料加工、保税工厂、保税集团、保税区。

2) 保税货物 我国《海关法》第一百条对"保税货物"的定义是："经海关批准未办理纳税手续进境，在境内储存、加工、装配后复运出境的货物"。其范围包括：

(1) 加工贸易项下(来料加工装配、进料加工)进口的料件。

(2) 经商务部门批准寄售的外国商品、国外产品维修用的零备件、外汇免税商品。

(3) 转口贸易货物，外商寄存、暂存货物，供应国际航行船舶的燃料、物料和零配件，以及在指定地区储存国际天然橡胶组织的天然橡胶。

13.2.5.2 保税货物的通关

保税货物的通关涉及从进境、存储或加工到复运出境的全过程，只有办理了这一整个过程的各种海关手续后，才真正完成了保税货物的通关。

1) 合同登记备案 指经营保税货物的单位持有关证件、对外签约的合同及其他有关单证向主管海关申请办理合同登记备案手续。海关核准后，签发有关登记手册。合同登记备案是海关办理的第一个手续，须在保税货物进口前办妥，是保税业务的开始，也是经营者与海关建立承担法律责任和履行监管职责的法律关系的起点。

2) 进口货物　指已在海关办理合同登记备案的保税货物实际进境时，经营单位或其代理人应持海关核发的该批保税货物《登记手册》及其他单证，向进境地海关申报，办理进口手续。

3) 储存或加工后复运出口　指保税货物进境后，应储存于海关指定的场所或交付海关核准的加工生产企业进行加工制造。在储存期满或加工产品后再复运出境。经营单位或其代理人应持该批保税货物的《登记手册》及其他单证，向出境地海关申报办理出口手续。

4) 核销结案　指在备案合同期满或加工产品出口后的一定期限内，经营单位应持有加工贸易登记手册、进出口货物报关单及其他有关资料，向合同备案海关办理核销手续。海关对保税货物的进口、储存、加工、使用和出口情况进行核实并确定最终征免税之后，对该备案合同予以核销结案。这一环节是保税货物整个通关程序的终点，意味着海关与经营单位之间的法律关系最终解除。

13.3　加工贸易方式及其进口跟单

13.3.1　加工贸易进口料件银行保证金台账及其跟单

为充分发挥海关、银行等部门的监督作用，堵塞加工贸易管理上的漏洞，国家实行加工贸易进口料件银行保证金台账制度。

13.3.1.1　银行保证金台账基本规定与内容

加工贸易进口料件银行保证金台账制度，是指加工贸易的合同在主管海关登记备案时，经营单位持外经贸主管部门的批准文件，凭海关核准的手续，按合同备案料件金额，向指定的中国银行申请设立加工贸易进口料件保证金台账。待海关核销合同后，由中国银行核销保证金台账的一种保税业务制度。

海关对从事加工贸易的企业实行分类管理，根据企业年加工实绩和遵守国家法律的状况，将企业分为 AA、A、B、C、D 五类。同时，国家对加工产品分为允许类、限制类和禁止类。企业及加工产品的分类不同，银行保证金台账制度的具体实施亦有不同。

13.3.1.2 银行保证金台账基本运作程序

从事加工贸易时，银行保证金台账基本运作程序是：

(1) 合同审批。经营加工贸易单位在对外签订加工合同后，应上报外经贸主管部门审批。

(2) 合同备案。合同审批后，向所在地主管海关办理合同登记备案手续、主管海关签发《开设银行保证金台账联系单》交经营单位向指定的中国银行办理开设保证金台账手续。

(3) 台账开设。持《开设银行保证金台账联系单》，向主管海关所在地指定的中国银行办理保证金台账设立手续。

(4) 手册核发。主管海关根据中国银行签发的《银行保证金台账登记通知单》或保证金收存凭证及其他有关单证，向经营单位核发加工贸易登记手册。

(5) 合同核销。合同执行完毕，经海关审核确认后，签发《银行保证金台账核销联系单》以及退还保证金通知单。

(6) 台账销账。持《银行保证金台账核销联系单》向银行办理保证金台账销账手续，领取应该退还的保证金，并按活期存款利率计付利息。海关和中国银行按月对保证金台账的设立、核销情况进行对账。

13.3.1.3 银行保证金台账的"空转"和"实转"

银行保证金台账的"空转"是指企业为开展加工贸易在指定的中国银行开设保证金台账，但并不向银行交纳保证金的台账运作方式；而"实转"是指企业在中国银行开设保证金台账后，将保证金存于海关在中国银行设立的指定账户，企业在加工产品出口并办理核销后，银行退还保证金及其相当活期存款的利息的台账运作方式。

国家规定，对保税区内的企业，以及经海关评定适用 AA 类管理且实行海关派员驻厂监管或与主管海关实行计算机联网管理保税工厂的企业，或从事飞机、船舶等特殊行业加工贸易的企业，或年进出口总额 3 000 万美元(自营生产型企业出口额 1 000 万美元)及以上的企业，或年加工出口额 1 000 万美元以上的企业开展的加工贸易，不实行银行保证金台账管理制度；对适用 A 类和 B 类管理的企业加工非限制类商品的，实行银行保证金台账"空转"，加工限制类商品的，实行银行保证金台账"实转"；对 C 类企业，无论加工非限制类或限制类商品，均实行银行保证金台账"实转"；适用 D 类管理的加工贸易企业，海关不予办理新的加工贸易合同备案。

13.3.2 来料加工装配贸易与进口跟单

13.3.2.1 来料加工的特点

来料加工(processing with supplied materials)是指由外商提供全部或部分原材料(主料)、辅料、零部件、元器件、配套件和包装物料，必要时还提供设备，由中方加工企业按外商的要求进行加工装配，成品由外商销售，中方收取工缴费，外商提供的设备作价价款，中方用工缴费偿还的贸易形式。

中方与同一外商同时签订原辅料进口合同和成品出口合同，中方工厂按外商要求进行加工，进口原辅料和出口成品各作各价，但进口原辅料中方不付外商价款，当成品返销外商后，中方收取成品值与外商来料进口值之间的差价，这种方式不动用外汇，也不对开信用证(对开信用证的进口合同，视为动用外汇，按进料加工)，称为"各作各价对口合同"来料加工。

外商提供原材料，中方加工成品，称"来料加工"；外商提供零部件，中方组装成品称"来件装配"，两者统称为来料加工装配，有时简称来料加工。来料加工装配进口的料件属于海关保税和监管货物，中方企业对货物无处置权。

13.3.2.2 来料加工的合同条款

对外签订来料加工合同时，必须列明下列条款：

(1) 外商提供件或设备名称、原产国、规格及价格，成品的名称及最终消费地、规格、数量、包装、价格等。

(2) 进口料件或设备的原产国、进口口岸，成品的最终消费地及交货日期、出口口岸，运输方式、支付方式等。

(3) 加工成品的用料定额、损耗率及工缴费的标准。

(4) 合同的有效期和违约、解约、索赔，仲裁等条款。

13.3.2.3 来料加工业务的海关手续

1) 合同登记备案

(1) 开展来料加工装配业务的资格。凡依照法定程序成立，在工商行政管理部门注册登记并领取营业执照的企业(包括外贸公司、工贸公司、外商投资企业、国有企业、集体和私营企业等)，均可以开展来料加工装配业务。

(2) 合同登记备案的单证。经营来料加工装配业务的单位应在对外签订的来料加工装配合同获得外经贸主管部门批准后一个月内，到加工企业所在地主管海关办理合同登记备案手续。办理登记备案时需提交下列单证资料：外经贸主管部门批准来料加工装配合同的批件；经营单位或加工企业的工商企业执照、税务登记证；对外签订的来料加工装配合同副本；经营单位填写的《加工装配和中小型补偿贸易进出口货物登记手册》。

(3) 海关验厂验库。海关在审核经营单位提供的合同登记备案单证后，如认为必要，可派员到加工企业实地验厂验库，了解加工企业的生产能力、管理状况、有无具备海关监管条件的存放进口料件和加工成品的仓库和场所，经营单位和加工企业应予以协作配合。

(4) 开设银行保证金台账。根据《加工贸易进口料件银行保证金台账制度》的要求，主管海关签发《银行保证金台账联系单》，经营单位凭此到主管海关所在地指定的中国银行办理开设银行保证金台账手续。银行按进口料件金额设立保证金台账后，签发《银行保证金台账登记通知单》。保证金台账的"实转"和"空转"，与进料加工贸易的管理一致。

(5) 核发《登记手册》。主管海关对已开设银行保证金台账的来料加工装配合同，根据备案单证是否齐全、有效，结合验厂验库情况，在《登记手册》上签署海关备案意见，并加盖海关业务印章，将《登记手册》核发给经营单位。经营单位凭此《登记手册》办理有关货物进出口手续和合同的最终核销手续。

2) 进口料件 经海关合同登记备案的来料加工装配项下的料件进口时，经营单位或其代理人应持海关核发的《登记手册》及其他有关单证，填写来料加工专用进口货物报关单向进境地海关申报，并在《登记手册》"进口料件登记栏"内填明有关进口料件品名、数量、价值等内容。进境地海关审核无误后，按规定征收海关监管手续费，将保证金存入指定银行账户，验放有关进口货物，并在《登记手册》"进口料件登记栏"以及相关的进口货物报关单上加盖海关印章后退交经营单位作为今后合同核销的依据。

3) 出口成品 进口料件经加工装配为成品返销出口时，经营单位或其代理人应持海关核发的《登记手册》及其他有关单证，填写来料加工专用出口货物报关单向出境地海关申报，并在《登记手册》"出口成品登记栏"填明有关出口成品的品名、数量、价值等内容。出境地海关审核报关单证无误后验放有关货物出口。在《登记手册》"出口成品登记栏"以相关的出口货物报关单上加盖海关印章退交经营单位作为今后合同核销的单证依据。

4) 合同核销结案

(1) 核销单证。来料加工装配合同到期后或最后一批成品出口后一个月内，经营单位应持下列单证到主管海关办理合同核销手续:《登记手册》(《登记手册》中的"进口料件登记栏"和"出口成品登记栏"的进出口记录须有进出境地海关的签章确认)；有关进口料件和出口成品的来料加工专用进出口货物报关单(进出口报关单上应有进出境地海关的签章确认，报关单内容应与《登记手册》的进出口记录一致)；经营单位填写的"核销申请表"或"进口料件使用情况表"。

(2) 核销结案。海关对经营单位提供的核销单证需审查是否齐全、有效；根据合同登记备案资料审查实际进口料件和出口成品的情况；根据进出口数量和有关资料审查实际进口料件和出口成品的情况；根据进出口数量和有关资料审查进口料件加工装配耗用情况是否合理、适当，必要时海关派员到加工厂家实地核查。经审核，合同执行情况正常的，海关对合同予以核销结案，签发"核销结案通知书"。同时对开设银行保证金台账的合同签发《银行保证金台账核销联系单》，经营单位凭以向原开设银行保证金台账的银行办理销账手续，退还保证金及利息。

5) 成品或半成品的结转加工 来料加工装配项下加工的成品如不直接出口，结转给另一承接半成品深加工后出口的企业，应向海关申请办理结转加工手续。

13.3.2.4 来料加工业务的海关监管要求

1) 海关监管期限 来料加工装配项下进口的料件属于保税货物，自进口之日起至加工成品出口之日止，均应接受海关监管。

2) 进口料件和加工成品的内销 来料加工装配项下进口的料件应全部加工成品出口，不得擅自在境内销售。

3) 来料加工装配合同的更改 已在海关登记备案的来料加工装配合同，如发生变更、中止、转让、延期或撤销等情况，经营单位应向原审批合同的外经贸主管部门提出申请并经主管海关核准后办理合同变更手续。

13.3.3 进料加工装配贸易与进口跟单

13.3.3.1 进料加工单位与范围

我国有关经营单位用外汇购买进口的原料、材料、辅料、元器件、零部件、配套件和包装物料加工成成品或半成品后再外销出口的贸易业务。

目前有权经营进料加工业务的单位有专业外贸公司、工贸公司、经批准有权经营进出口业务的独立的经济实体。

13.3.3.2 进料加工合同条款

签订进料加工合同时，应注意明确下列条款：

(1) 进口料件的名称、规格、数量、金额、付款方式、交货期限。

(2) 进料加工对口合同，还须写明出口成品所用料件的单耗和总耗。

双方签订进料加工合同后，应送交国务院有关部、委、办，各省、自治区、直辖市、计划单列市外经贸管理机关及其授权的管理部门，或其他有关主管部门(进出口总公司、局级工业主管部门)批准并发给《进料加工批准书》，凭此办理海关进料加工合同进口料件备案手续。

13.3.3.3　进料加工业务的海关手续

1) 合同备案登记　经营单位开展进料加工业务应在料件进口前持以下单证到企业所在地主管海关办理合同登记备案手续:

(1) 外经贸主管部门批准进料加工合同的批件。

(2) 加工单位或外贸(工贸)公司的营业执照、税务登记证。

(3) 对外签订的正式合同的副本。

(4) 填好的《进料加工登记手册》或《外商投资企业履行产品出口合同所需进口料件加工复出口登记手册》(以下简称登记手册)。

(5) 海关认为必要的其他单证。如《合同备案申请表》、《经营加工贸易专账保证书》等。

海关在审核上述单证后，如必要可实地核查加工企业有关情况，然后签发《银行保证金台账联系单》。经营单位凭此到指定的中国银行办理开设银行保证金台账手续。银行按进口料件金额设立保证金台账后，签发《银行保证金台账登记通知单》。主管海关对已开设银行保证金台账的进料加工合同,确定不同的征免税比例,在《登记手册》上签署海关备案意见并盖章，将《登记手册》核发给企业，经营单位凭此办理有关货物进出口和合同最终核销手续。

2) 进口料件　料件进口报关时，应向海关提交下列单证:

(1) 填好的《进料加工专用进口货物报关单》(浅粉色)一式四份。

(2) 海关核发的《登记手册》，并填好其中的进口料件登记栏。

(3) 提(运)单、装箱单、发票等。

进境地海关审核无误后，按规定征收海关监管手续费。对属于规定实行保证金台账实转的，经营单位应按海关要求将保证金存入指定银行账户。海关凭银行收据验放进口料件，并在《登记手册》和报关单上加盖印章后退交经营单位，作为今后合同核销的依据。

3) 出口成品　成品出口报关时，应持《登记手册》，填好其中的出口成品登记栏，并填写《进料加工专用出口货物报关单》一式四份及其他有关单证向海关申报。出境地海关审核无误后，验放有关货物出口，并在《登记手册》和报关单上加盖印章后退交经营单位，作为今后合同核销的依据。

4) 合同核销结案　进料加工合同到期后或最后一批成品出口后 1 个月内，经营单位应持《登记手册》、《进料加工专用货物报关单》，填好《核销申请表》或《进口料件使用情况表》，到主管海关办理合同核销手续。海关审核上述单证无误后，根据进出口数量和有关资料审查进口料件加工成品耗用情况是否合理、适当，对执行正常的，海关予以核销结案，签发《核销结案通知书》。同时，对开设银行保证金台账的合同，海关签发《银行保证金台账核销联系单》，经营单位凭此向原开设银行保证金台账的银行办理销账手续，退还保证金及利息。

13.3.4　出料加工装配贸易与出口复进口跟单

13.3.4.1　出料加工范围

出料加工与来料加工相反，是指我国企业因国内技术、设备无法达到产品的加工要求，而需将我境内原辅料、零部件、元器件或未制成品，交由境外厂商按我方要求进行加工或装配后，成品再复运进口，我方支付工缴费的一种贸易方式。

开展出料加工应本着"简单加工、有限加工"的原则，其加工程度原则上不能改变原出口货物的物理形态，如纸张的印刷、布匹的印染等。对于完全改变原出口货物的物理形态的加工，如出口棉纱织成棉布，出口木材制成胶合板等，则已超出"简单加工"范围，不属于出料加工业务，应按一般贸易办理出口、进口有关手续。

按照"保税货物"的定义，出料加工这一方式本不属于保税货物范围。其出口货物属暂时出境加工后又复运进境性质，但由于其办理程序与其他进口加工贸易方式有相似环节，见图 13.1。因此，海关在管理中将其纳入保税业务监管范围。

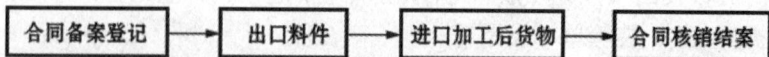

合同备案登记 → 出口料件 → 进口加工后货物 → 合同核销结案

图 13.1　出料加工环节

13.3.4.2　出料加工海关手续

1) 合同登记备案

(1) 经营出料加工业务的企业必须是经国家批准有外贸经营权的企业(包括依法成立的外商投资企业)。

(2) 合同登记备案单证。经营单位开展出料加工应在有关货物出口前，到主管海关办理合同登记备案手续，并提交下列单证资料：外经贸主管部门批准出料加工合同的批件；经营单位对外签订的加工合同副本；海关认为必要的其他资料。主管海关对上述单证审核无误后，予以办理合同登记备案手续，并核发有关登记备案证明资料。

2) 出口料件 出料加工项下料件出口时，经营单位或其代理人应持外经贸主管部门的批件，以及主管海关核准合同登记备案的有关证明资料，填写《出口货物报关单》，向出境地海关申报。出境地海关审核有关单证无误后，验放出口货物，并在相关的《出口货物报关单》上加盖海关印章退还经营单位或其代理人，作为今后合同核销的依据。

3) 复进口已加工货物 出料加工项下加工后货物复进口时，经营单位或其代理人应持外经贸主管部门的批件及主管海关核准合同登记备案的有关证明资料，填写《进口货物报关单》，向进境地海关申报。进境地海关审核有关单证无误后，按出料加工有关规定对复进口的加工货物的增值部分征收进口税款，验放有关货物，并在相关的《进口货物报关单》上盖印章退还经营单位或其代理人，作为今后合同核销的依据。

4) 合同核销结案 出料加工项下出口的料件在规定期限内加工复进口后，经营单位应持下列单证到主管海关办理合同核销手续：

(1) 出口料件和复进口加工后货物的出、进口报关单(报关单上须有出境地、进境地海关的签章)。

(2) 经营单位填写的《出料加工合同核销申请表》。

主管海关对核销单证审查是否齐全、有效，根据合同登记备案资料审查实际出口、进口情况。对执行情况正常的，海关予以核销结案，并签发《核销结案通知书》。

综合测试

◆ 单项选择题

(1) 对于银行保证金台账制度，以下说法错误的是( )。

    A. B 类和 C 类企业都实行银行保证金台账制度

    B. B 类管理的企业加工限制类商品的，实行银行保证金台账"空转"

    C. 对 C 类企业，无论加工非限制类或限制类商品，均实行银行保证金台账"实转"

    D. A 类企业加工限制类商品的，实行银行保证金台账"实转"

(2) 一批进口货物滞报 3 天,货物应税价格为 1 万元人民币,应纳税款为 1000 元人民币。则该批进口货物的收货人应向海关缴纳的滞报金为( )。

A. 0 元   B. 1.5 元   C. 15 元   D. 50 元

(3) 以下各种情况中，不需要分单填报的是(　　)。

A. 同一批货物，但是由不同运输工具运输进境

B. 同一运输工具运输进境，但是属于不同合同

C. 同一批货物，但是商品名称、规格型号不同

D. 同一个合同的货物，但是贸易方式不同

(4) 对于申报前看货取样，以下说法错误的是(　　)。

A. 收货人放弃行使看货取样权利所产生的法律后果(如申报不实)由收货人自己承担

B. 如果货物进境已有走私违法嫌疑并被海关发现，海关将不予同意

C. 只有在通过外观无法确定货物的归类等情况下，海关才会同意收货人提取货样

D. 看货取样是进口商的权利，任何情况下进口商都可以在申报前看货取样

(5) 根据《中华人民共和国海关法》的规定，进口货物收货人向海关申报的时限是(　　)。

A. 自运输工具申报进境内之日起 7 天内

B. 自运输工具申报进境内之日起 10 天内

C. 自运输工具申报进境内之日起 14 天内

D. 自运输工具申报进境内之日起 15 天内

(6) 转关运输的进口货物，如属许可证管理商品，其许可证应(　　)。

A. 在办理转关运输手续时，直接向指运地海关交验

B. 在办理进口手续时，直接向指运地海关交验

C. 事先向指运地海关交验，经审核后由指运地海关核发《进口转关运输货物联系单》封交进境地海关

D. 在办理转关运输和进口手续时，分别向进境地海关和指运地海关交验

◆ 多项选择题

(1) 根据海关法对保税货物的定义，下列各项中属于保税货物的是(　　)。

A. 来料加工合同项下进口的料件和加工的成品

B. 为保证来料加工合同的顺利执行，外商提供以工缴费偿还价款的专用设备

C. 来料加工合同项下进口的包装物料

D. 临时进口货样

(2) 对于海关事务担保的财产或权利担保的范围，以下正确的是(　　)。

A. 人民币、可自由兑换的货币

B. 汇票、本票、支票、债券、存单等

C. 银行或者非银行金融机构出具的保函

D. 海关依法认可的其他财产、权利

(3) 保税货物的通(报)关基本程序包括( )环节。

A. 合同登记备案　　　　　　B. 进口货物

C. 储存或加工　　　　　　　D. 复运出口及核销结案

(4) 关于进口报检地点，以下说法正确的是( )。

A. 审批许可证等有关政府批文中规定检验检疫地点的，在规定的地点报检

B. 对外合同或运输合同中约定检验检疫地点的，应向约定的检验检疫机构报检

C. 因故不能在口岸进行整批检验检疫的，申请办理异地检验检疫

D. 进口货物的残损鉴定，应在口岸报检

(5) 对来料加工的进出口税收，以下说法正确的是( )。

A. 来料加工装配项下外商提供用于加工装配返销出口产品的进口料件，免予缴纳进口关税和进口环节增值税、消费税

B. 来料加工装配项下进口直接用于加工生产出口产品而在生产过程中消耗掉的燃料油，免予缴纳进口关税和进口环节增值税、消费税

C. 来料加工装配项下加工成品出口，免于缴纳出口关税

D. 来料加工项下由外商提供的不作价进口设备，除《外商投资项目不予免税的进口商品目录》所列商品外，免征进口关税和进口环节增值税

(6) 来料加工和进料加工的合同备案登记需要的单证都包括( )。

A. 批件　　　　　　　　　　B. 工商企业执照、税务登记证

C. 《登记手册》　　　　　　　D. 合同副本

(7) 以下属于出料加工范围的是( )。

A. 出口纸张的印刷　　　　　B. 出口布匹的印染

C. 出口棉纱织布棉布　　　　D. 出口木材制成胶合板

(8) 进口货物抽样规定，以下说法正确的是( )。

A. 进口合同中规定抽样方法的入境货物，按合同规定的标准或方法抽取

B. 合同没规定抽样方法的入境货物，按有关标准进行抽样

C. 所抽取的样品必须具有代表性、准确性、科学性

D. 抽取后的样品必须及时封识送检，以免发生意外并及时填写现场记录

◆ 判断题

(1) 任何有外贸经营权的进出口单位都可直接到商业银行办理进口付汇。

（　　）

(2) 进境流向报检和一般进口报检是同一个概念。(　　)

(3) 来料加工装配进口的料件属于海关保税货物,中方对货物无处置权。(　　)

(4) 来料加工装配项下加工的成品如不直接出口,结转给另一承接半成品深加工后出口的企业,无需向海关申请办理手续。(　　)

(5) 进口商应当在有关货物进口报关后一个月内向外管局办理核销报审手续。(　　)

(6) 在保税加工制度下,对境内企业进口的料件,只要由外商提供的,海关准予暂缓征收关税和进口环节税。(　　)

(7) 加工贸易企业的资金周转失灵时,可以使用保税货物向银行抵押申请短期贷款(　　)

(8) 保税仓库出库进入国内市场销售使用于其他方面的货物,由保税仓库经理人及其代理人按一般贸易货物的报关程序办理进口手续。(　　)

(9) 入境报检时,应填写入境货物报检单,并提供合同、发票、提单等有关单证。(　　)

(10) 货物进出口税费的缴纳方式有凭纸质缴款书和收费票据到海关指定的银行缴纳税费、网上缴税和付费。(　　)

◆ 问答题

(1) 申请开立信用证一般需要哪些单证?

(2) 什么是进境流向报检?

◆ 案例分析题

1) 我国内地江西南昌 A 公司委托浙江宁波的 B 公司从国外进口机器一台,合同规定买方对货物品质不符合合同的索赔期限为货到目的地港 30 天内。货到宁波后,B 公司立即将机器转至江西南昌交给 A 公司。由于 A 公司的厂房尚未建好,机器无法安装,4 个月后,待厂房完工,机器装好,经商检机构检验,发现该机器是二手货,已经不能很好地运转工作,于是 A 公司请 B 公司向外商提出索赔,外商不予理会。对此,我方应吸取什么教训?

2) 宁波大华贸易有限公司是一家加工贸易企业,根据进料加工合同条款从韩国供货商 A 处进口一批化纤面料,以 CIF 宁波 60 000 美元成交。该批货物于 2012 年 6 月 1 日由釜山运至青岛,面料暂存于青岛某保税仓库 B 处。后来,大华贸易有限公司从保税仓库 B 处提取面料进行加工,于 2014 年 4 月将其制成品全部返销出口。

请根据上述事实,回答下列问题:

(1) 大华贸易有限公司从保税仓库提取料件时,正确的做法是(　　)。

A. 由宁波大华贸易有限公司或其代理人按加工贸易货物的报关程序办理进口报关手续

B. 由保税仓库 B 或其代理人按加工贸易货物的报关程序办理出口报关手续

C. 由宁波大华贸易有限公司或其代理人办理银行保证金台账手续

D. 由保税仓库 B 或其代理人办理银行保证金台账手续

(2) 假设该制成品应当缴纳出口税，且超过规定期限未向海关纳税，海关采取(　)的措施是合法的并且是可行的。

A. 以口头方式通知宁波大华贸易有限公司的开户银行，并从其存款中扣缴税款

B. 将宁波大华贸易有限公司的该批出口货物依法变卖，以变卖所得抵缴税款

C. 将宁波大华贸易有限公司申报进口的另一批已缴纳税款但尚未放行的货物扣留价值相当于应纳税款的部分，并依法变卖

D. 以书面或口头方式通知宁波大华贸易有限公司公司的开户银行，冻结其存款

(3) 宁波大华贸易有限公司向海关报核时应提交(　)。

A. 加工贸易手册　　　　　　B. 料件进口报关单

C. 制成品出口报关单　　　　D. 不选

◆ 实务操作题

2012 年 12 月 10 日，大连康维有限公司与德国 KJU 公司签订进口 6 000 台电子测距仪的合同，每台单价为 300 欧元，FOB 汉堡，支付方式为即期信用证，2013 年每月各装运 500 台，跟单员陈明通过查询，进口该产品需办理进口许可证和进口商检。请简述进口该产品的工作流程。

14 客户管理与服务跟单

关键词

客户管理　客户服务　客户信息管理　客户分类管理　客户投诉处理

知识目标

- ◆ 了解客户管理和客户服务的基本常识；
- ◆ 熟悉客户信息的搜集方法和管理；
- ◆ 熟悉客户分类的方法和管理；
- ◆ 掌握客户联络、跟踪和投诉处理的技巧与要点。

技能目标

- ◆ 能运用客户信息搜集方法搜集客户信息；
- ◆ 能运用客户分类方法准确恰当地对客户进行分类管理；
- ◆ 能熟练进行客户联络、跟踪与投诉处理的服务跟单。

导入案例

中国深圳 KK 服装公司与外贸客户签订了贸易合同、处理了订单、完成了发货和收款等业务。作为本公司跟单员，接下来你应该怎么做好销售后的工作？怎样处理企业在营销与售后服务过程中发生的各种关系呢？在营销和售后对客户进行全面管理会显著提升企业的竞争力。一个优秀的跟单员不但要做好跟单具体业务工作，而且不能忽视对客户的管理与服务。

14.1 客户管理及其跟单

现代营销已经进入关系营销时代，因此，客户管理显得尤其重要。

14.1.1 客户管理概述

14.1.1.1 客户管理的定义

客户管理亦称客户关系管理(customer relationship management，CRM)。作为一种管理理念，最早由高特纳(Garner Group)提出，但至今还没有一个公认的定义。归纳有以下几种观点：

(1) 高特纳的观点：采用各种有效方法使潜在客户转变为真正的客户，从而获得最大的利润回报。

(2) 埃森哲的观点：通过企业与客户互动，获取和发展最有价值的客户，以达到企业长期发展的目标。

(3) IBM 的观点：通过客户的关系管理、流程管理和按人管理等一系列技术手段，了解客户目前的需求和潜在客户的要求，整合各方信息，使得企业对某一个客户的信息了解达到完整性和一致性。

(4) 德勤公司的观点：将客户关系管理视为一个创新过程，综合孤立和分散的客户数据，为客户提供个性化的服务，不断优化服务水平。

综合言之，其主要含义就是通过对客户详细资料的深入分析，来提高客户满意程度，从而提高企业竞争力的一种手段。客户关系管理的核心是客户价值管理，通过"一对一"营销原则，满足不同价值客户的个性化需求，提高客户忠诚度和保有率，实现客户价值持续贡献，从而全面提升企业盈利能力。

14.1.1.2 客户管理的作用

CRM 就是以客户为中心并为客户提供最合适的个性化服务。记住客户的名字及他们的偏好、交易特点，根据客户的不同而提供不同内容，客户再次购买的可能性会大大增加。CRM 可以增加客户忠诚度，提高购买比率，使每个客户产生更多的购买需求，及更长时间的需求，并提高客户满意度。因此，客户关系管理在提高企业管理水平和竞争力方面具有以下作用：

(1) 良好的客户关系管理可以使企业获得强大的竞争优势，在同样的销售成本下可以保持较高的市场占有率，企业的交易成本逐渐降低，获得成本上的领先优势。

(2) 通过客户资源管理，可以对客户信息进行全面整合，实现信息充分共享，保证为客户提供更为快捷与周到的服务；优化企业的业务流程，把"为客户解决需求"的理念贯彻到企业的所有环节中。

（3）客户关系管理创造的资源对公司发展有弥补作用。对于企业来讲，构成分销渠道的大客户企业都有自己的经营目标、方针政策和发展战略，赢得这些成员的大力配合，并确保它们的行为促成公司的发展，可以使公司获得协同效应。

（4）可以从客户那里得到更多有关竞争对手的情况，据此合理地定位本企业的产品，从而建立起自己的竞争优势。

14.1.1.3 客户管理的内容

客户关系管理主要包括客户管理与客户服务两方面内容。跟单员对客户关系的全部管理主要集中在客户信息的搜集、整理分类、跟踪巩固以及处理投诉与补救失误方面。客户关系管理的主要内容模块如图 14.1 所示。

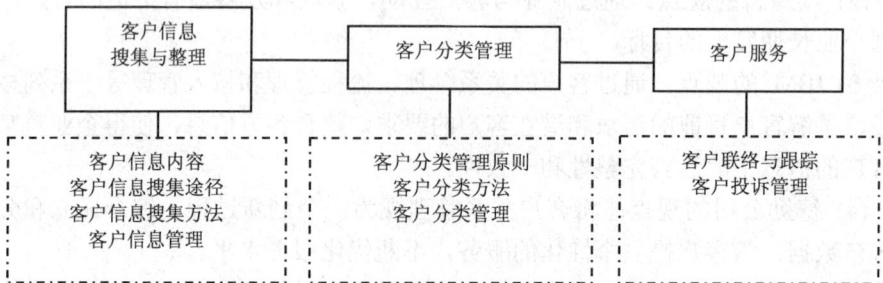

图 14.1 客户关系管理的主要内容模块

14.1.2 客户信息管理及其跟单

跟单员在与客户来往中要利用各种手段搜集现有客户和潜在客户的信息，建立信息档案，及时为业务员提供信息支持。

14.1.2.1 客户信息内容

客户的信息资料繁多，企业的客户管理人员应重点掌握一些主要的信息，如：

（1）基本资料。客户名称、地址、邮编、电话、传真、电子邮件、网址、客户负责人、账号、税号、工商登记号、业务范围、类别和规模等。

（2）信用资料。客户的注册资本、开业历史、信用额度、信用期限、结账日期和付款条件等。

（3）经营资料。销售人员和经营人员的数量、商圈范围、营业面积、仓储面积、运货方式、送货地点和竞争产品情况等。

（4）业绩资料。与客户每年甚至每个月的实际交易记录，客户历年的业绩额等。

(5) 个人资料。客户的决策人或项目负责人的性别、年龄、生日、家庭状况、爱好、性格、社会阶层、生活方式、交往情况、个人影响力、信用等级、个人发展规划和志向等。

(6) 其他资料。客户最近的采购计划以及采购时间表、客户的主要竞争对手和合作伙伴有哪些、客户过去与哪些供应商合作过及合作情况等。

对这些客户信息进行筛选汇总，按信息类别整理成电子化文档资料，通过OFFICE办公软件进行编辑和统计，具体操作可参考表14.1和表14.2。

表14.1　客户信息收集表

□新收集　　　　　　　　　　　　　　　　□第　次收集

客户名称			电话			地址		
接洽人员	企业法人	年龄				文化		性别
	负责人	年龄				文化	性别	
	联系人	职务				负责事项		
经营方式	经营方式	□积极　□踏实　□保守　□不定　□投机						
	业务	□兴隆　□成长　□稳定　□不定　□衰退						
	业务范围							
	销售对象							
	价格	□合理　□偏高　□偏低　□削价						
	业务金额	每年　　　，旺季　　月，月销售额　　　，淡季　　月，月销售额						
	组织	□股份有限公司　□有限公司　□独资　□合伙						
	员工人数	管理人员　　人，员工　　人，合计　　人						
	同业地位	□领导者　□具影响　□一级　□二级　□三级						
付款方式	态度							
	付款期							
	方式							
	手续							
与本公司交易	年度	订单	主要产品		金　额	旺季每月		淡季每月
客户负责人				审核：		收集人：		

表 14.2 潜在客户资料信息收集表

编号：

客户名称：						
客户地址：						
负责人：						
主要经营项目：						
主要联络人：						
估计资本额：						
估计营业额：						
年　度	年	年	年	年	年	年
营业额						
与公司交易状况： 交易金额记录：						
年　度	年	年	年	年	年	年
营业额						
收集日期：						

14.1.2.2　客户信息收集渠道

跟单员对客户信息的收集不应局限于客户的来电、传真及电子邮件，而应利用一切可能的途径来收集，以便企业的业务人员与客户建立业务关系。客户信息收集的途径主要有：

(1) 展销会，如国内外展览会、国内外展销会和各类商品订货会等。

(2) 媒体，如国内外报纸、电视、刊物、广播、贸易指南和网络等。

(3) 行业组织，如国内外行业协会、同业工会和厂商联谊会等。

(4) 其他渠道，如相关研究报告与统计调查报告及客户介绍等。

当然也可以通过直接的调研获得信息。如同行交流，跟单员可通过各种途径得到竞争对手的客户资料；主动向客户询问，客户可能也会提供相关信息；客户自行上门；相关客户的业务人员自行找上门等。

14.1.2.3 客户信息收集方法

客户信息收集的方法有：

(1) 统计资料法。通过企业的各种统计资料、原始记录、营业日记、订货合同和客户来函等，了解营销过程中各种需求变化情况和反馈意见，这是跟单员收集客户信息的主要方法。

(2) 观察法。通过跟单员在跟单活动第一线进行实地观察而收集到的客户信息。其信息来源直接，所得资料准确，只要善于分析，就能捕捉市场机会。

(3) 会议现场收集法。通过各种业务会议、经验交流会、学术报告会、信息发布会、专业研讨会、科技会和技术鉴定会等现场进行收集。

(4) 阅读法。通过各种报纸、杂志和图书资料收集有关信息。据分析，世界上有 60% 左右的信息来自图书资料。

(5) 视听法。通过广播和电视节目捕捉信息。广播电视传播的信息量大、传递快、内容新。

(6) 多向沟通法。多向沟通有两类：一是纵向沟通。建立企业上下级之间的信息联络网，加强信息交流，获取有关的信息；二是横向沟通。在企业之间、地区之间和协作单位之间建立各种信息交换渠道，定期或不定期交换信息情报。

(7) 聘请法。根据企业对信息的需求情况，聘请外地或本地的专兼职信息员，为企业提供专业情报，也可组成顾问智囊团，为企业出谋划策。

(8) 购买法。向咨询公司、顾问公司或科研单位有偿获取信息情报。

(9) 加工法。企业结构一般由底层、中层和顶层构成，不同层次有不同的信息流。对于底层的日报、周报和月报等数据，中层需要进行分析、整理和加工，形成高一层次所需要的有价值信息。

(10) 网络收集法。通过自建网站和专用网页征集信息，或从其他商务网站下载所需信息。

911) 数据库收集法。通过银行、信用卡公司、电信公司和目录营销公司的数据库寻找所需客户的资料，其包括客户的地址、员工人数、经营状况和其他信息等内容。

14.1.2.4 客户信息管理跟单

客户信息管理就是把收集来的客户信息中的有关内容登录到相关的表格中，并形成客户登记表、客户统计表、一级客户登记表和与本公司交易客户一览表的形式，并进行规范存档。

客户信息管理表的主要形式见表 14.3、表 14.4、表 14.5 和表 14.6。

表 14.3　客户登记表

编号：

序号	合同号	客户名称	产品名称	成交价格	出货时间	联系人	电话	备注

表 14.4　客户统计表

年度：　　　　　　　　　　　　　　　　　　　　　　　　　编号：

合同号	国别	客户名称	货物名称	订单数	交易额	平均年交易额

表 14.5　一级客户登记表

编号：

客户名称	负责人员	经营项目	交易产品	年交易额

表 14.6　与公司交易客户一览表

编号：

年度	下单日期	出货日期	合同号	产品名称	数量	金额	备注

14.1.3 客户分类管理及其跟单

跟单员要将从各种途径搜集来的信息进行汇总、分析，对客户进行分类管理。并非每个客户都是重要的，有的客户所占有的服务甚至得不偿失。区别对待客户是提升利润的关键所在，挖掘大客户的潜力是客户分类管理的核心。

14.1.3.1 客户分类管理原则

成功而有效的客户分类整理，应当考虑四个方面的条件，或者说应当遵循 4条基本准则。

(1) 客户可衡量性。指客户分类必须是可以识别的和可以衡量的，亦即分类出来的客户不但范围比较清楚，而且能大致判断该市场的大小，从而识别或衡量其分类的企业特征。凡是企业难以识别、难以衡量的因素或特征，都不能据此分类。

(2) 客户的需求足量性。分类出来的客户总量，必须大到足以使企业实现它的利润目标。在进行分类时，企业必须考虑客户的数量、他们的订单数量及金额。大的、关键的客户，应是那些有足够市场拓展能力，并且又有充足的货币支付能力，使企业能够补偿生产与行销成本，并能获得利润的对象。为此，分类不能从销售潜力有限的客户起步。比如，波音 747 飞机的整个订单是按商用与军用、货机与客机客户加以细分的，而私人定制的客户极少，如果按私人定制的需求特征去分类，那将是极其愚蠢的。

(3) 客户的可开发性。是指分类客户是企业能够进行业务开发的，亦即企业能够对其发生影响，产品能够展现在其面前的客户。这主要表现在三个方面：一是企业具有开发这些客户的资源条件和竞争实力；二是企业能够通过一定的传播途径把产品信息传递给客户；三是产品能够经过一定的方式抵达该客户。考虑客户的可开发性，实际上就是考虑企业业务活动的可行性。显而易见，对于不能开发或难以开发的客户进行分类是没有意义的。

(4) 客户的反应差异性。是指分类出来的各类客户，对企业营销组合中任何要素的变动都能灵敏地做出差异性的反应。如果几类客户对于一种营销组合按相似的方式做出反应，就不需要为每一类客户制定一个单独的营销组合。例如，如果所有分类的客户按同一方式对价格变动做出反应，就无需为每一分类客户规定不同的价格策略，而这样的客户分类是不成功的。成功的客户分类应当是：客户分类立即会对价格变动做出反应，而不太在意价格变化的另一个客户分类却能对这种或别的什么因素的变化做出更大的反应。也就是说，对分类的客户，应当统筹考虑他们对所有营销组合因素的各种反应，而不能以单一的变项为基础加以考虑。只有这样进行分类，才可能为分类出的客户制定出有效的营销组合方案。

14.1.3.2 客户分类方法

对客户的分类有许多标准，可以按以下不同的划分方式进行分类：

(1) 按地理位置划分。以地区代码标示的客户，如 Eu(欧洲)客户、AM(美洲)客户、AS(亚洲)客户、AU(澳洲)客户、AF(非洲)客户。如果某一国的客户特别多亦可按国别区分，如日本客户、韩国客户、美国客户、俄罗斯客户、德国客户、法国客户等。

(2) 按企业性质划分。见表 14.7。

表 14.7 境外客户分类表

境外进口中间商	进口商		有两种形式，一是先购进商品，而后在国内出售；二是先据样品与买主成交，然后再从境外进货，负责一切运输、保险和报关
	进口佣金商		一种代办进口业务收取佣金的贸易组织。有三项业务：①代理国内买主办理进口；②代理境外出口商寄售商品收取佣金；③以代理人身份代境外出口商经销商品，收取佣金
	进口代理商		指某一国贸易商接受另一国出口企业的委托，签订代理合同，在规定地区推销有关商品，同时提供所在国的信息，收取佣金
	进口经销商		指出口企业经过选择，与进口国的单个商号建立经常性的买卖关系，出口企业提供货源，并在价格上予以优惠
境外进口批发商	综合批发商		一般备有花色品种齐全的存货，雇用推销员，可对顾客赊销和送货，并对顾客经营管理提供协助
	专业批发商	货架批发商	送货给一些零售商，置货架上，零售商代为出售，从中收取手续费
		现款交易批发商	经营一些周转快的商品，付款取货，不赊销，也不负责运输
		邮购批发商	将商品目录寄给边远地区零售商或集体客户，不另派推销员，获订货后，以邮寄或其他方式交货
		笨重商品批发商	经营一些笨重商品，将买主的订单交给生产厂家，由生产厂家直接将商品运给买主，但批发商拥有商品所有权，并承担风险
境外零售商	百货公司		一种大规模的零售企业，商品众多，能满足消费者各方面的要求
	超级市场		一种薄利多销、自选式的大型零售企业，主要经营食品、杂货、建材及家用器皿等
	商店类		主要有连锁商店、折扣商店、邮购商店、专业商店、便利商店、仓库商店(一种服务少、售价低廉的大型商店)等
	购物中心		一种规模很大，有多类店铺聚在一起以吸引顾客选购商品和游览的场所
	自动机器销货		是投入硬币、纸币等后便可自动销售商品，不另派销售人员的方式
	特许经营组织		是由授权者与接受特许经营者之间通过契约建立的一种组织，常为一些独立的零售商，据约定获得某种特许经营权，如肯德基特许经营连锁店
制造商			是制造生产产品的企业，目前境外生产制造企业的形态有多种

(3) 按客户成交金额分类。是以某一时期(通常为一年)客户与企业成交的金额高低来进行分类,以便进行重点管理。按照帕累托"二八原则"可把客户分为 A、B、C 三类客户。

A 类客户:公司最忠实、最重要的客户,该类客户成交占公司销售总额 70% 左右,但是客户数目只占总数 10% 左右。

B 类客户:成交额占公司销售总额 20%,客户数目占 20%,此类客户很有开发潜力。

C 类客户:客户数目占 70%,成交额只占 10%,不重要的客户。

(4) 按企业经营情况分类。基于客户给企业带来利润的多少划分为常规客户、潜力客户和头等客户三类,这种分类具有实际意义,见表 14.8。

表 14.8　企业经营情况分类的客户类型

客户层次	比重	档次	利润	目标性
头等客户	5%	高	80%	财务利益
潜力客户	15%	中	15%	客户价值
常规客户	80%	低	5%	客户满意度

头等客户也称关键客户,他们除了希望从企业那里获得直接的客户价值外,还希望从企业那里得到社会利益,如成为企业供应链中的成员等,从而体现一定的精神满足。他们是企业比较稳定的客户,虽然数目不占多数,但对企业的贡献高达 80% 左右。

潜力客户也称合适客户,他们希望从与企业的关系中增加价值,从而获得附加的财务利益和社会利益。这类客户通常与企业建立一种伙伴关系或者"战略联盟",他们是企业与客户关系的核心,是合适客户中的关键部分。

常规客户也称一般客户,企业主要通过让渡财务利益给客户,从而增加客户的满意度,而客户也主要希望从企业那里获得直接好处,获取满意的客户价值。他们是经济型客户,下单具有随机性,讲究实惠,看重价格优惠,是企业与客户关系的最主要部分,可以直接决定企业的短期现实收益。

(5) 按与客户关系生命周期分类。与产品的生命周期一样,企业与客户的业务关系也存在导人期、成长期、成熟期、衰退期等周期。交易开始时是导入期,交易额上升时是成长期,交易额趋于稳定时是成熟期,交易额减少时是衰退期。

此外,外贸跟单员对客户的分类还可以分为现有已交易客户、可能客户、潜在客户三类客户;按客户的信用状况可分为诚信的、不诚信的或及时付款的、不及时付款的、拖欠货款的;按所在行业分为贸易类客户和非贸易类客户。

14.1.3.3 客户分类管理跟单

外贸跟单员应根据分类的情况,对客户实施有针对性的管理,对不同地区的客户还要按照其文化特点及亚文化背景实施个性化管理。

1) 分类管理 例如,按客户与企业成交的金额多少将客户划分为 A、B、C 三大类。跟单员对这类客户实施管理的内容为:对 A 类客户应加强跟踪管理,并给予价格优惠,应优先保证其订单的交货期。因为 A 类客户是企业的重点客户,是企业利润的主要来源;对 C 类客户可以每季或每年进行跟踪,甚至可以放弃;对 B 类客户,也应进行必要的跟踪,其方法介于 A 类和 C 类之间。同时,对 A、B、C 三类客户的分类管理也应考虑其发展性,如 A 类客户可能会演变成 B 类客户,甚至 C 类客户;而 C 类客户也有可能上升为 A 类客户或 B 类客户。有时出于战略考虑,把 C 类客户当成 A 类客户来管理也是必要的,如某一地区只有一个客户,而这个客户是 C 类客户,为了拓展这一地区的业务而加强该客户的管理。

2) 关系管理 例如,按企业经营角度将客户划分为常规客户、潜力客户和头等客户三类。对于常规客户应通过让利方式增加客户的满意度;对于潜力客户应与之建立一种伙伴关系或者战略联盟,在跟单过程中不断地向其推荐本企业的特色产品;对于头等客户应着重满足其社会利益的需要,使其实现一定的精神满足。

3) 生命周期管理 在分析出与客户的业务生命周期之后,针对处于不同生命周期的客户,应重点跟进那些处于导入期、成长期的客户,并做好成熟期客户的服务工作,同时应尽力延续处于衰退期客户的业务,以接到更多的订单。

14.2 客户服务及其跟单

以服务客户为中心的理念已在世界范围内被广大企业所接受。世界知名企业纷纷通过建立自己的客户服务体系来加强与客户的联系,及时掌握和满足客户的需要,增加客户满意度,培育客户忠诚度,为企业赢得良好的口碑,从而继续保持和增强企业的竞争优势。

14.2.1 客户联络

14.2.1.1 客户联络的目的

客户的联络与拜访是外贸跟单员的重点工作之一,其目的是为创造一个与客户交流的机会，联络感情；通过交流，向客户传达资料、样品等无法表达的信息；了解客户的信用情况、经营状况、个人人格等；同时也可听取对方的要求和建议等等。

14.2.1.2 客户联络操作实务

1) 客户联络计划　外贸跟单员首先应制订客户的联络计划(见表 14.9)，其内容可主要包括：

(1) 联络重点。

(2) 预计订货品种、数量和金额。

(3) 联络频率(一定时间内的访问次数)。

(4) 联络时间。

(5) 联络方法。通常的方法是定期联络，这样有利于客户早做准备，按期订货，如期交付货款；也可以避免竞争对手乘虚而入。

表 14.9　客户联络计划表

客户类别	电话	访问	联络重点	推介产品	备注
A 类	3～5 次	3 次			
B 类	2～3 次	2 次			
C 类	1 次	1 次			

2) 联络的准备

(1) 客户有关资料的准备。

(2) 商品资料、样品的准备。

(3) 各类文书、票据的准备。

(4) 名片、印章、文具的准备。

(5) 交通工具的准备。

3) 联络注意的问题

(1) 恪守访问计划，不进行推销目的以外的行为。

(2) 不应与客户长时间闲谈。

(3) 掌握洽谈主动权，不为客户所左右。

(4) 利用闲暇时间，帮助客户干力所能及的工作。

(5) 利用闲暇时间，与本企业取得联系。

(6) 利用闲暇时间，向在场的其他人宣传企业。

14.2.2　客户跟踪

客户跟踪主要有订单跟踪、出货跟踪、产品跟踪、客户满意度跟踪。外贸跟单员主要是对这些资料进行统计记录，定期联络跟踪。

(1) 订单跟踪。当贸易合同签订以后，要根据合同规定的有关内容，填制订单跟踪表，对客户进行全方位的跟踪。订单跟踪表如表 14.10 所示。

表 14.10　订单跟踪表

编号：

序号	订单编号	客户名称	客户类别	联系人	发票号	信用证号码	数量金额	下单日期	交货日期	备注
		·								

(2) 出货跟踪。货物从出口商到进口商，在途跟踪、单据签收跟踪等管理应做到精细化的即时跟踪，出货跟踪表的格式如表 14.11 所示。

表 14.11　出货跟踪表

编号：

客户名称	合同号	出货日期	数量规格	运输方式	交货地点	制造状态	出货情况	备注

(3) 产品跟踪。产品是决定合同交易成功的关键所在，跟单员应该对企业产品进行全面了解，记录产品的重要数据内容，协助外贸业务员做好履约工作。产品跟踪表的格式如表 14.12 所示。

表 14.12　产品跟踪表

序号	产品编号	品名规格	颜色	包装尺寸	外箱尺寸	净重	毛重	成本价	成交价	主要材料	备注

(4) 客户满意度跟踪。客户满意度就是客户接受产品或服务时感受到的质量

与预期比较所产生的满足或愉快的感觉。这种感觉决定他们是否会继续购买企业的产品或服务。跟单员应根据产品的特定要求，定期向每个客户发送客户满意度调查表，了解客户的要求和需要。调查后，按客户类别建立客户满意度统计表，对需要改善之处应形成报告交付主管，由相关部门执行。客户满意度调查表的格式如表 14.13 所示。

表 14.13　客户满意度跟踪表

编号：

序号	服务状态 / 服务项目	非常满意		满意		尚可		不满意		极不满意		备注
		10	9	8	7	6	5	4	3	2	1	
1	产品交付状况与质量											
2	产品款式与先进性											
3	产品价格与费用											
4	市场退货、满意与反应情况											
5	对不良产品处理方式和结果											
6	技术支援情况											
7	维护、保修状况											
8	样品处理速度											
9	企业方面的配合度											
10	人员服务的礼貌态度与效果											
	总得分情况											
	对我公司的其他宝贵意见											
客户代表							调查日期：					

14.2.3　客户投诉管理

客户投诉的产生一般有两个原因：一是产品，二是售后服务。外贸跟单员应认真分析产生的原因，是产品质量不过关，还是售后服务没跟上，还是自己在企业的承诺没兑现，并独立或协助公司业务部门及时妥善处理客户的投诉。

14.2.3.1　客户投诉处理流程

客户投诉处理的一般程序如图 14.2 所示。

倾听问题 LISTEN	重视问题的态度，在倾听客户对企业的抱怨或投诉时，要运用平视客户、诚恳点头等肢体语言和记录表示出对客户提出问题的关注。
确认问题 IDENTITY	确认问题的所在，要询问题细节或不清楚的地方，按客户和产品的分类分别进行登记，如果客户提出的问题没有事实根据，要对客户进行说明并予以确认。
评估问题 ASSESS	评估问题的性质，要确定问题的责任与程度，如果责任为我方，应了解客户对经济补偿和其他方面要求。
处理问题 ACTION	注意协商的方式，要考虑责任的归属，是否为长期客户，问题解决后有无再度成交的几率，尽可能地提出双方能接受的方案。
追踪反馈	实施约定的处理方案，跟单员应对处理方案的执行进行监督，认真付诸实施，圆满处理好客户的投诉。

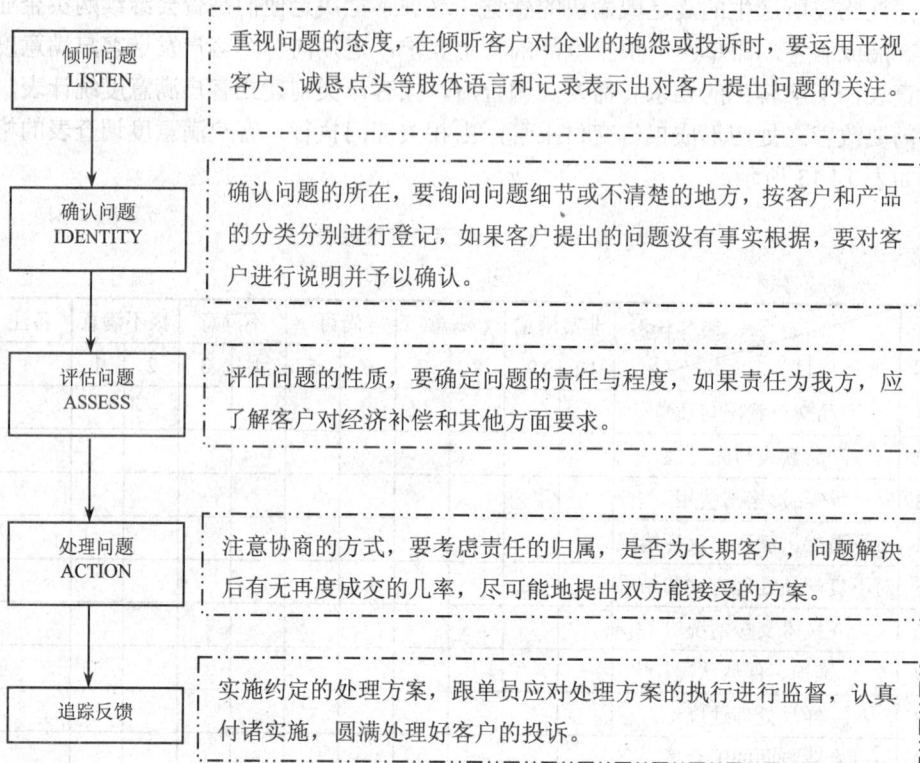

图 14.2　投诉处理流程图

14.2.3.2　客户投诉处理方法

客户投诉的主要目的是要求对投诉做出妥善的处理。对待客户的投诉，在表示同情、歉意的同时，一定要明快、诚恳、稳妥地提出解决的方案。外贸跟单员处理客户投诉的形式主要有电话、信函和现场投诉。

1) 电话处理法　电话投诉是客户采用的主要形式。外贸跟单员处理电话投诉时，要努力把握客户心理，认真应对，并应注意下列原则：

(1) 以恭敬有礼的态度接受客户的投诉，从客户的视角分析问题，防止主观武断，并注意说话的方法和语调，使对方产生信赖感。

(2) 如果收到长途电话的投诉，可请对方先留下电话号码，再立即给对方打过去。这样做可节省对方的电话费用，以"为对方着想"的姿态使对方产生好感，并可借此确认对方的电话号码，避免不负责任的投诉。遇到"激愤的客户"，也能缓和对方的情绪。

(3) 将对方的姓名、地址、电话号码、商品名称和投诉的主要内容等重要事项，以简洁的词句填写在客户投诉处理卡或录入电脑，并把处理人员的姓名、机构告诉对方，以便于对方联络。

(4) 电话处理是与客户的直接沟通，不但能获取宝贵信息，有利于营销业务的展开，而且可借此传递企业形象，与客户建立起更深的感情。

2) 信函处理法　这是一种传统的处理方法，对企业而言要花费更多的人力和邮费，且因信函往返使处理投诉的时间较长。信函处理应注意下列事项：

(1) 不厌其烦地处理。当收到客户利用信函所提出的投诉时，要立即用明信片通知收到。在信函往来中，为了给予客户方便，跟单员可不惜给自己添麻烦，把印好企业地址、邮编、收信人的不粘胶贴纸附于信函内，便于客户的回函。

(2) 清晰准确地表达。信函一般采用打印的形式，要有针对性地提出解决问题的方案，征求客户的意见。表述要亲切易懂，让对方一目了然和产生亲近感。

(3) 妥善处理。对投诉的处理要慎重，应征得主管同意，并以企业负责人的名义寄出，须加盖企业公章。

(4) 存档归类。处理投诉过程中的来往函件，应进行编号，并将有关内容填入追踪表，再进行相关文件资料的存档。

3) 现场处理法　面对情绪愤怒、直接上门投诉的直接来访者，应安排客户在会客室协商，及时做好现场处理，尽量迅速解决问题，使客户满意。现场处理应注意下列事项：

(1) 创造亲切轻松的气氛，倾听客户怨言，态度诚恳，不要中途随意中止谈话，并认真作好详细记录。

(2) 在提出问题解决方案时，应让客户有所选择，不要让客户有"别无选择"之感。

(3) 尽可能在现场把问题解决掉。当不能马上解决问题时，要让客户了解自己处理的权限，并向客户说明原因。

(4) 面谈结束时，要向客户表明歉意，确认与客户的联络方法，并对处理的效果进行追踪，提高客户的满意度。

14.2.3.3　客户投诉处理记录

对客户投诉做好系统记录，及时了解客户投诉内容，有针对性解决客户投诉问题，做到对客户投诉进行规范化处理。在客户服务中，可以借助于表14.14、表14.15进行处理。

表 14.14 客户投诉记录表

年　月　日　　　　　　　　　　编号：

客户		订单号		制造部门		交运日期	
品名及规格			单位		交货数量		金额

投诉内容	投诉理由	〔　〕所附文件　〔　〕投诉记录　〔　〕传真件　〔　〕信件			
	客户要求	赔款　元　折价　%　元	退货	数量： 金额：	其他
	经办人意见		主管意见		

业务部意见：	采购意见：(采购如涉及供应商同意事项，应附供应商同意书)
制造部意见：	
研发部意见：	
副总经理批示：	
总经理批示：	

表 14.15 客户投诉处理通知书

年　月　日　　　　　　　　　　编号：

客户名称		单位地址	
订单编号		订购日期	
货物名称		订购数量	
投诉部门		投诉内容	
索赔数量		索赔金额	
发生原因调查结果：		客户希望： 1.换新品 2.退款 3.打折扣 4.至营业处更换 5.其他	
营业部观察结果：			
处置及公司对策：		公司对策实施要领：	
		对策实施确认：	

签核：

综合测试

◆ 单项选择题

(1) 客户关系管理是将(　　)作为最重要的企业资源。

    A. 客户　　　　　　B. 企业　　　　　　C. 银行　　　　　　D. 有关部门

(2) 江苏苏通进出口公司是一家专业从事办公文具的流通型外贸公司。经过统计,2013 年度的客户群中,中东 A 公司的交易额占江苏苏通公司营业额的 69%,马来西亚 B 公司的交易额占公司营业额的 9%。按"二八原则",以下说法正确的是(　　)。

    A. 中东 A 公司是江苏苏通公司的大客户,属于重点客户

    B. 马来西亚 B 公司是江苏苏通公司的大客户,属于重点客户

    C. 中东 A 公司是江苏苏通公司的客户,属于一般客户

    D. 马来西亚 B 公司是江苏苏通公司的大客户,属于一般客户

(3) 对于属于"战略联盟"式的伙伴客户,跟单员应该在跟单过程中不断地向其推荐本企业的特色产品,因为他们是(　　)。

    A. 关键客户　　　　B. 常规客户　　　　C. 潜在客户　　　　D. 优质客户

(4) 南通万丰成衣有限公司主要销售市场是智利,与该国的巴图拉母进口批发商有着长期合作关系,就该客户的地域而言属于(　　)。

    A. 欧洲客户　　　　B. 东亚客户　　　　C. 中南美客户　　D. 非洲客户

(5) 与产品生命周期一样,出口商与客户的业务关系也体现了"周期性",跟单员要尽可能缩短(　　)。

    A. 导入期　　　　　B. 成长期　　　　　C. 成熟期　　　　　D. 衰退期

(6) 客户对产品和售后服务不满意,对此,跟单员应本着(　　)的原则处理好客户投诉。

    A. 退货　　　　　　B. 退款　　　　　　C. 双方满意　　　　D. 终止合同

(7) 对于外贸订单项下的投诉,跟单员正确的处理流程是(　　)。

    A. 评估问题严重性、确认问题、互相协商、实施处理

    B. 确认问题、评估问题严重性、实施处理、互相协商

    C. 实施处理、确认问题、评估问题严重性、互相协商

    D. 互相协商、确认问题、评估问题严重性、实施处理

◆ 多项选择题

(1) 客户关系管理是通过企业与客户之间的管理机制来完善客户服务,其作用主要有(　　)。

    A. 提高客户满意度　　　　　　　　　B. 增加营业额

　　　　C. 吸引客户　　　　　　　　　　　D. 降低企业经营成本

(2) 客户分类整理的原则包括(　　)。

　　　　A. 客户的可衡量性　　　　　　　　B. 客户的需求足量性

　　　　C. 客户的可开发性　　　　　　　　D. 客户的反应差异性

(3) 客户信息收集的途径主要有(　　)。

　　　　A. 行业组织　　　　　　　　　　　B. 客户的需求足量性

　　　　C. 媒体　　　　　　　　　　　　　D. 展销会

(4) 客户对企业的投诉主要集中在(　　)。

　　　　A. 产品　　　　　B. 休息时间　　　C. 信息畅通　　　D. 售后服务

◆ 问答题

(1) 简述客户关系管理的内涵与作用。

(2) 请按照"二八原则"对企业客户进行分类。

(3) 列举客户分类的方法及如何进行客户分类管理跟单?

(4) 简述客户投诉处理的业务流程。

◆ 实务操作题

　　背景资料:

卖方:上海进出口公司

买方:MANDARS IMPORTS CO.LTD.38 QUEENSWAY, 2008 NSW AUSTRALIA

联系人:WINTO

合同号:TXT264

合同日期:2013 年 3 月 8 日

信用证号:AB201311

信用证有效期:2013 年 6 月 15 日

货　　名:牛仔女裙

颜色及数量:蓝灰色 18 000 条

单价:每件 7.00 澳元 FOB 上海

发票号码:TXO522

交单期:2013 年 6 月 8 日

交货地点:上海港

态度:诚信

制造状态:良好

出货日期:2013 年 5 月 30 日

出货情况:正常

产品交付状况与质量:满意

产品款式与先进性:尚可

产品价格、费用:合理

样品处理速度:非常满意

企业方面配合度:满意

人员服务礼貌态度与效果:非常满意

市场退货、与反应情况：满意
对不良产品处理方式和结果：满意
贵公司与本公司同行来往的企业数量：4 家

　　请您以上海进出口公司跟单员童利的身份，根据上述资料填写客户订单跟踪表(表 14.16)、客户出货跟踪表(表 14.17)和客户满意度调查表(表 14.18)。

表 14.16　上海进出口公司订单跟踪表

序号	订单编号	客户名称	客户类别	联系人	形式发票号	信用证号	数量金额	下单日期	交货日期	备注

表 14.17　上海进出口公司产品跟踪表

客户名称	合同号	出货日期	数量规格	运输方式	交货地点	制造状态	出货情况	备注

表 14.18　客户满意度跟踪表

序号	服务状态 / 服务项目	非常满意		满意		尚可		不满意		极不满意		备注
		10	9	8	7	6	5	4	3	2	1	
1	产品交付状况与质量											
2	产品款式与先进性											
3	产品价格与费用											
4	市场退货、满意与反应情况											
5	对不良产品处理方式和结果											
6	技术支援情况											
7	维护、保修状况											
8	样品处理速度											
9	企业方面的配合度											
10	人员服务的礼貌态度与效果											
	总得分情况											
	对我公司的其他宝贵意见											
客户代表		调查日期：										

参考答案

第1章

◆ 单项选择题

　(1) C；(2) B；(3) B；(4) D；(5) C。

◆ 多项选择题

　(1) A、B、D；(2) A、B、C；(3) A、B、D；(4) A、B、C、D；(5) A、B、C；(6) A、B、C、D；(7) A、B、C。

◆ 判断题

　(1) √；(2) ×；(3) √；(4) ×；(5) ×。

◆ 问答题

　(1) 答：外贸跟单是指在进出口业务中，围绕外贸合同和相关单证，对货物的生产、运输、保险、报检、报关、结付汇等环节进行全程或部分环节的跟踪与操作，以保证合同顺利履行的行为。外贸跟单员的工作内容主要是围绕贸易合同开展的货物进出口的业务跟进和生产跟单，如协助业务员进行交易磋商、审核合同订单、协助履行合同、做好客户服务等。具有范围广、业务综合性强、涉及面宽的特点。

　(2) 答：出口跟单流程以外贸公司跟单为例，一般包括：签订贸易合同、选择供应商、备货查货、报检、租船订舱、报关、装运保险、制单结汇、核销退税等。进口跟单流程一般包括：进口业务交易前的准备(如选择供应商、进口商品业务调查、资金备付、申领进口许可证)、进口合同的签订、进口合同的履行(如申请开证、安排运输与保险、检验检疫、进口报关、付汇结算)、进口业务后期管理(如货物入库、出库、进口外汇核销、索赔理赔等)。

　(3) 答：外贸公司跟单和生产企业跟单，既有相同，也有区别。

　其共同点主要表现在以下几个方面：①跟单目标都是以外贸合同为中心。②从跟单业务进程看，都涉及前程跟单、中程跟单和全程跟单。③就跟单的知识构成而言，需要具备外贸业务知识、商品知识、管理知识、一定的外语知识和计算机应用软件的操作知识等。④就跟单的能力要求而言，一名合格的跟单员要具备综合业务能力、市场调研预测能力、营销能力、语言表达能力、沟通协调能力和管理能力。二者的区别主要有：①所处企业不同：外贸公司跟单是在从事专业进出口的贸易型企业进行；生产企业跟单则在从事生产加工的生产型企业进行。②跟单工作的范围不同：生产企业跟单不需要寻找生产商，产品由本企业自行生产；外贸公司跟单需要另行寻找生产商，并且所涉及的货物种类、结算方式、业务环节等均比生产企业跟单要多，接触面也更广。所以，前者跟单难度相对较小，后者跟单难度较大。③跟单工作侧重不同。外贸公司跟单侧重于进出口贸易的全过程，要求跟单员能够胜任全程跟单；生产企业跟单侧重于生产进程跟单，以生产过程的商品质量、数量和包装的跟踪为主。

(4) 答：优秀的外贸跟单员应具备较高的职业素质、知识素质和能力素质。从知识结构看，应同时具有国际贸易基础知识、生产管理与客户管理知识和一定的外贸商品知识。

第2章

◆ 单项选择题

(1) C；(2) D；(3) D；(4) B；(5) B；(6) B。

◆ 多项选择题

(1) A、B、C、E；(2) A、B、C、D；(3) A、B、C、D；(4) A、B、C、D；(5) A、B、C；(6) C、D；(7) B、D；(8) A、B、C、D。

◆ 判断题

(1) √；(2) ×；(3) √；(4) ×；(5) ×；(6) ×；(7) √；(8) ×。

◆ 问答题

(1) 答：交易磋商一般包括询盘、发盘、还盘和接受四个环节，其中发盘与接受是两个法定的必经环节。

(2) 答：外贸合同成立的有效要件包括：①当事人必须具备合法的订约资格；②必须经过发盘和接受两个步骤；③合同的形式必须合法；④合同的标的内容必须合法；⑤合同必须有对价和合法的约因；⑥各方当事人的意思表示必须真实。

(3) 答：外贸跟单员审查合同或订单须全面而细致。除了审查合同约首的名称、编号、当事人、地址、序言和约尾的缔约时间、地点、份数、有效期、法律适用、当事人签章等常规内容外，应重点审查合同正文部分的品名、品质、数量、价格、包装、装运、保险、付款、违约责任及争议解决条款的具体规定。

◆ 案例分析题

(1) 答：中方26日去电无法致合同成立。据《联合国国际货物销售合同公约》的相关规定：发盘一经还盘即告失效。该案中，中方在收到德商20日发盘后，即于 24 日复电要求降价，行为已构成还盘，因此德商 20 日发盘失效。中方 26 日去电构成一项新发盘，除非德商全面接受，否则合同不能成立。

(2) 答：英国公司未能成功撤销 7 月 8 日发盘。根据《联合国国际货物销售合同公约》规定：撤销发盘的通知须在受盘人发出接受通知之前先时送达。该案中，浙江公司于 7 月 11 日下午 3 点发出接受电报；而原发盘人英公司的撤销通知送浙江公司的时间为 7 月 11 日下午 5 点，晚了 2 个小时，因此撤销行为无效。

双方已形成合同关系。据《公约》规定：接受通知送达发盘人方始生效……接受一旦生效，合同即告成立！本案中方接受电报于 7 月 14 日上午 10 时送达英公司，因此中英双方合同关系已于此时正式形成。

◆ 实务操作题

宁波进出口贸易公司

加工合同

需方：宁波进出口贸易公司　　　　　　　　合同编号：09324200
供方：上海浦东服装厂　　　　　　　　　　签订时间与地点：2009-03-30，中国上海

品名、规格	数量	单位	单价	金额	交货期	备注
色织 S-L 码男式衬衫 (左胸口袋缝制 EMB 标记，右胸无口袋)按 2009333 样品制作	2 880	件	100.00 元	28 800.00 元	2009-06-25	

地区：英国	客户：GRAF 进口有限责任公司	外销合同：093241001

1. 质量要求：供方必须完全按客户生产样及最终确认的规格表生产。
2. 包装要求：4 条混码装入一个胶袋，3 个胶袋装入一只出口纸箱，其尺寸要适中；胶袋上需有可反复使用的自封口，每箱毛重不能超过 25 千克。
3. 交货地点：2009 年 6 月 25 日交货至需方指定仓库。
4. 结算方式及期限：交货后 10 个工作日凭全额增值税发票付款。
5. 验收方式：交货时应将厂检证及双方商定的其他技术资料随同产品交给需方据以验收。需方在验收中如发现产品规格、包装、数量、质量等不符合合同规定，应及时向供方提出书面异议，并有权拒收该产品。
6. 违约责任：如有违约，按《合同法》划分并承担相应的违约责任。
7. 争议解决：一旦发生合同纠纷，经协商无效后，向合同签订地人民法院提起诉讼。
8. 其他约定事项：本合同一旦签订，即具有法律效率，双方均应严格执行。如一方因变更或解除合同，应经双方协商同意。否则，本合同仍然有效。

供方：上海浦东服装厂　李放　　　　　　　需方：宁波进出口贸易公司　张辉

(盖章)　　　　　　　　　　　　　　　　　(盖章)

第3章

◆ 单项选择题

(1) D；(2) A；(3) A；(4) D；(5) C。

◆ 多项选择题

(1) A、B、C、D；(2) A、B；(3) A、B、C、D；(4) A、B、C、D；(5) A、B、C、D。

◆ 判断题

(1) ×；(2) √；(3) ×；(4) ×；(5) ×。

◆ 问答题

答：跟单员应注意以下方面：

(1) 企业重要的经营性文件需要法定代表人签字及盖公章。不是法定代表人签字时，要由法定代表人的授权委托人签字并加盖公章。

(2) 法定代表人变更时，要注意变更时前后任法定代表人的有效签字权限及授权委托人签字权限，防止出现各种问题。

(3) 对业务中首次出现的合作企业法定代表人等有效签字印鉴，须做好复印、留底、备查工作。因重要文件中签字不一致，可能会对本企业造成不可挽回的损失，跟单员需特别注意。

(4) 认真对合同、订单等重要经营性文件的对方法定代表人或被委托人的签字笔迹真实性进行审查。对于同一次提交的文件、证件上的同一签字人签字不一致；同一份文件中几个人的签字笔体都一样；同一姓名的不同文件的签字不一致等，需要认真与印鉴留底核对，查清原因，以避免因此产生问题。

(5) 可直接与需要签字人员取得联系，询问当事人是否亲自签署了某某文件，确认其是否为亲笔所签。

◆ 实务操作题

核实步骤一：跟单员在互联网上直接输入该企业全称"广州S进出口公司"查询。了解网上有关该企业的名称、地址、联系方式、法定代表人等信息是否与企业自报情况一致。如果一致，则此项调查内容即告通过。如果不一致，需查明原因。

核实步骤二：跟单员在互联网上直接输入该企业地址：广州S进出口公司；企业地址：广东省广州市西湾路688号国际贸易大厦等查询。了解网上有关该企业地址信息中是否都是该企业的内容，如果没有发现其他企业使用这个地址，则此项调查内容即告通过。

核实步骤三：跟单员在互联网上直接输入该企业的联系电话"电话号码：

020-8888888，传真号码：020-8888688 等查询。了解网上有关该联系电话、传真信息中是否都是该企业的内容，如果没有发现其他企业使用这个电话、传真号，则此项调查内容即告通过。

　　了解网上有关该联系电话、传真信息中是否都是该企业的内容，但查询发现在这个电话、传真号码上还有另外两家企业共同使用这个电话和传真，经营类同的产品或不同的产品，对出现这种查询结果的企业，跟单员必须提高警觉，须进一步查明原因，防止上当受骗。在没有彻底查清前，此项内容的调查不能通过。

　　同理，也可以用其他内容的关键词进行网上查询。如手机号、法定代表人姓名等。一般企业为开展业务都会在网上发布信息，会给查询人留下信息，对这些信息需要去伪存真。

　　另外，在寻找国外买家或卖家时，也可以使用这一方法，为鉴别企业的真伪提供参考依据。

第4章

◆ 单项选择题

　　(1) D；(2) D；(3) C；(4) C；(5) C；(6) D；(7) C；(8) B；(9) A；(10) D。

◆ 多项选择题

　　(1) A、B、C、D；(2) A、B、C、D；(3) A、B、C；(4) A、B、C。

◆ 判断题

　　(1) √；(2) ×；(3) ×；(4) √；(5) √。

◆ 问答题

　　(1) 答：

　　① 预付(Freight Prepaid)：寄件方支付所需邮寄费用。此支付方式一般适用于寄送费用低、客户信誉好或老客户的情况。

　　② 到付(Freight Collect)：收件人交付所需邮寄费用。此支付方式多用于寄送费用高，客户信誉差或新客户，成交希望无法确定的情况。

　　(2) 答：

　　① 通过邮件或快递底单第一时间通知客户你的发样信息,包括样品跟踪号码何时发送，大约何时到达等信息；

　　② 送交形式发票；

　　③ 请客户收到样品后确认。

　　(3) 答：跟单员对出口商品的成交样品要慎重把握。成交样必须具有代表性，应当能够代表今后交货的实际质量，不能偏高或偏低。偏高会造成今后履约交货困难或引起出口后国外索赔；偏低则可能在成交时不能提高卖价。

◆ 实务操作题

(1) Lap Dips 是色样，是出口商按客户的"色卡"要求，对面料和辅料进行染色后的样品。

(2) 在产前样制作之间，需要到 SGS(瑞士通用公证行)上海分公司处办理布料的检验。

(3) ① 洗水唛有两处错误：一是面料成分错误，根据合同面料应该用全棉布；二是漏了用西班牙文表示的洗水唛内容，因为合同中规定洗水唛要用西班牙文和英文两种文字表示。

② 若按此错误的洗水唛出货，根据订购合同规定，商品将按降价 3% 处理。

第 5 章

◆ 单项选择题

(1) D；(2) C；(3) D；(4) D；(5) A。

◆ 判断题

(1) √；(2) ×；(3) ×；(4) √；(5) ×；(6) ×；(7) ×；(8) ×；(9) ×；(10) √。

◆ 问答题

(1) 答：不同原材料的生产加工过程是有区别的，为了保证货期、质量，跟单员需要对加工工厂进行监督。对有些原材料采购，其加工过程的质检小组要有跟单员参加。对于一次性大开支的项目采购、设备采购、建筑材料采购等，跟单员要特别重视。

(2) 答：

① 采购方对供应商的生产能力或技术能力调查不深入，出现供应商选定失误。

② 采购方提供材料、零部件给生产方加工的供应延迟，造成生产方下道工序加工耽误。

③ 采购方与供应商沟通存在问题，采购单或指示联络事项阐述不清，指示联络不切实际，单方面指定货期，业务手续不全造成工作耽误。

④ 采购方对供应商生产工艺等技术指导、图纸接洽、变更说明等不到位，质量要求不明确，造成产品交货不符要求。

⑤ 跟单员经验不足，确保货期意识不强，未能掌握供应商产前的变动，对进度掌握与督促不够。

(3) 答：主要跟踪以下 5 个环节：

① 跟踪原材料供应商的生产加工工艺。

② 跟踪原材料。

③ 跟踪加工过程。

④ 跟踪组装总测。

⑤ 跟踪包装入库。

◆ 实务操作题

(1)"Shell"面料的质量要求：石磨洗、活性印染的斜纹全棉，经纱 20 支，纬纱 16 支，经、纬密度为 128 和 60，即 10cm 的经、纬纱分别有 128 根和 60 根。

Shell: 100%cotton twill 20×16/128×60,reactive dyed, stone washed.

Lining: 100%polyester

Padding: 100%polyester,body 140g,sleeve 120g.

(2)"Lining"夹里(里布)的质量要求：230T 的全涤纶。

(3)"Padding"衬棉(填料/衬料)的质量要求：全涤纶，大身的克重为 140g，柚子的克重为 120g，所谓克重是指一平方米面料重量的克数。

(4)"button"纽扣的质量要求：古铜色纽扣。

(5)"accessories"辅料总的质量要求：不能含镍，订单中要求："nickel accessories is strictly forbidden."

第 6 章

◆ 多项选择题

(1)A、B、C、D；(2)A、B、C、D；(3)A、B、C、D；(4)A、B、C、D；(5)A、B、C、D。

◆ 判断题

(1) √；(2) ×；(3) ×；(4) √；(5) √。

◆ 问答题

(1) 答：生产企业不能及时交货主要有以下原因：

① 企业内部管理不当。如紧急订单插入，生产安排仓促，导致料件供应混乱，延误生产交货。

② 计划安排不合理或漏排。原材料供应计划不周全、不及时，停工待料，在产品生产加工各工序转移过程中不顺畅，导致下道工序件供应延误。

③ 产品设计与工艺变化过多。图纸不全或一直在变动，使车间生产无所适从，导致生产延误。

④ 产品质量控制不好。不合格产品增多，成品合格率下降，影响成品交货数量。

⑤ 生产设备落后。设备维护保养欠缺，设备故障多，影响生产效率提高。

⑥ 产能不足。外协计划调度不当或外协厂商选择不当，生产分配失误等。

(2) 答：按时交货跟单主要有以下要点：

① 加强与生产管理人员的联系，明确生产、交货的权责。

② 减少或消除临时、随意的变更，规范设计、技术变更要求。

③ 掌握生产进度，督促生产企业按进度生产。

④ 加强产品质量、不合格产品、外协产品的管理。

⑤ 妥善处理生产异常事务等。

(3) 答：跟单员进行生产进度控制的工作程序主要如下：

① 跟单员通过生产管理部门每日的"生产日报表"统计，调查每天的成品数量及累积完成数量，以了解生产进度并加以跟踪控制，以确保能按订单要求准时交货。

② 跟单员可利用每日实际生产的数据同预定生产数据加以比较，看是否有差异，以追踪记录每日的生产量。

③ 跟单员发现实际进度与计划进度产生差异，应及时查找原因。如属进度发生延误导致影响交货期，除追究责任外，应要求企业尽快采取各种补救措施，如外包或加班等。

④ 企业采取补救措施后，跟单员应调查其结果是否有效。如效果不佳，跟单员应要求企业再采取其他补救措施，一直到问题得到解决。

⑤ 补救措施无效，仍无法如期交货时，跟单员应及时联络并争取取得境外客户谅解，并征求延迟交货日期。

◆ 实务操作题

答：(1) 计算该工厂的理想产能，即按每个班次工作 12 小时，每周工作 7 天来算：

该工厂的理想产能=$12 \times 2 \times 7 \times 6 \times 34 = 34\ 272$ 件＞14 000 件(订单数)。

(2) 计算该工厂的计划产能，即按每个班次工作 8 小时，每周工作 5 天来算：

该工厂的计划产能=$8 \times 2 \times 5 \times 6 \times 34 = 16\ 320$ 件＞14 000 件(订单数)。

(3) 计算该工厂的有效产能，即按每个班次工作 8 小时，每周工作 5 天来算，考虑工作时间百分率和产品合格率来算：

该工厂的有效产能=$8 \times 2 \times 5 \times 6 \times 90\% \times 95\% \times 34 = 13\ 953.6$ 件＜14 000 件(订单数)。

(4) 分析：尽管该工厂的有效产能比订单数量少了 46.4 件，但是考虑到计算的前提条件已经考虑工作时间百分率和产品合格率，且是按每个班次工作 8 小时，每周工作 5 天来算。因此尚有每班 1～2 小时和每周 1～2 天的加班弹性。若每天按正常工作 8 小时，每周多加班一天来算：

该工厂的产能=8×2×6×6×90%×95%×34=16 744.32 件＞14 000 件(订单数)。

结论:

(1) 若能找到质量有保证, 生产能力远大于订单数的生产企业, 则放弃 A 工厂。

(2) 若不能, 可以选择 A 工厂, 但是跟单员除了常规跟单要求之外, 要重点做好以下几项工作:

① 不要在该企业出现插单现象。

② 按每周工作 6 天, 每天工作 8 小时来制定生产计划。

③ 跟单员要特别关注该厂, 重点进行生产进度跟进和产品质量跟进, 若能与工厂配合做好这些工作, 应该能够保证如期交货。

第7章

◆ 单项选择题

(1) D; (2) D; (3) D; (4) A; (5) D; (6) D; (7) D; (8) D; (9) D; (10) C。

◆ 多项选择题

(1) A、B、C、D; (2) A、B、C; (3) A、B; (4) A、D。

◆ 判断题

(1) √; (2) ×; (3) ×; (4) √; (5) ×。

◆ 问答题

答: 木材作为包装材料, 具有悠久的历史, 现在虽然出现了许多优质的包装材料, 但木材具有很多优点: 木材分布广, 可以就地取材, 质轻且强度高, 有一定的弹性, 能承受冲击和振动作用, 容易加工, 具有很高的耐久性且价格低廉等。

纸质包装材料是当前国际流行的"绿色包装"所使用的材料。由于纸质包装材料的主要成分是天然植物纤维素, 易被微生物分解, 减少了处理包装废弃物的成本, 而且纸质包装的原材料丰富易得。

塑料是可塑性高分子材料的简称, 具有质轻、美观、耐腐蚀、机械性能高、可塑性强、易于加工和着色等特点。随着科技的发展, 不断地出现性能高、功能强、无毒、易回收利用或降解的新型塑料包装材料, 被广泛用于各类产品的包装。

金属广泛被应用于食品、饮料、化工、医药、建材、家电等行业。是食品罐头、饮料、糖果、饼干、茶叶、油墨、油漆、染料、化妆品、医药和日用品等的包装容器。

◆ 实务操作题

(1)

Shipping Mark：	Side Mark：
LUCERNA	G.W.：或 GROSS WEIGHT：
MARSEILLES 或 MARSEILLES，FRANCE	N.W.：或 NET WEIGHT：
P.O.No.：或 Purchase order No.：	Carton Size：或 MEAS：或 MEASURMENT：
Model No.：	MADE IN CHINA
Quantity：或 QTY	
Carton No.：	

(2) 可以采用纸箱的"跌落试验法"或"模拟跌落试验"。

第8章

◆ 单项选择题

(1) C；(2) D；(3) B；(4) C；(5) C。

◆ 多项选择题

(1) A、B、C、D；(2) A、B、C；(3) B、D；(4) A、B、C；(5) A、B、C、D。

◆ 判断题

(1) √；(2) √；(3) ×；(4) √；(5) ×；(6) √；(7) √；(8) √；(9) √；(10) √。

◆ 问答题

(1) 答：鉴别职能。可以鉴别产品合格与否；把关职能。剔除不合格品，把住产品质量关；预防职能，通过质量检验把影响产品质量的异常因素加以控制与管理，可实现预防功能；报告职能。向各有关部门沟通和领导报告生产过程及企业的产品质量状态，为质量的持续改进提供信息，为相关管理部门及领导质量决策提供依据。

(2) 答：生产过程质量控制的主要环节包括以下九个方面：加强工艺管理，执行工艺规程；严格质量把关，强化过程检验；坚持文明生产和均衡生产；应用统计技术，掌握质量动态；加强不合格的控制；验证状态的控制；建立健全工序质量控制点；综合运用工序质量控制方法；生产工程的质量经济分析。

◆ 实务操作题

答：第一步：N=10 000 属于表 8.2 中的(3 201～10 000)范围，其所在的行与检验水平Ⅰ所在的列交叉格中的样本量代码为 J。

第二步，因为要求正常检验一次抽样方案，所以选用表 8.3 进行检索。

第三步，在表 8.3 中，由代码 J 所在行向右，在样本量栏内读出 n=80。

另外，由代码 J 所在行与规定的 AQL 值 1.0% 所在列的交叉格中，读出 $[A_c, R_e]$ 为 $[2, 3]$。

因此所求的正常检验一次抽样方案为：$n=80$，$A_c=2$，$R_e=3$。其含义为从批量 10 000 件的交验产品中，随机抽取 80 件样本检验。如果发现这 80 件有 2 件以下不合格品，判为合格批；如果发现有 3 件以上为不合格品，判为该批产品不合格，予以拒收。

第 9 章

◆ 判断题

(1) √；(2) √；(3) ×；(4) √；(5) √。

◆ 多项选择题

(1) A、B、C；(2) A、B、C、D；(3) A、B、C、D；(4) A、B、C、D；(5) A、B、C、D。

◆ 问答题

(1) 答：外包的作用有：第一，有效的外包行为增强了企业的竞争力。企业在管理系统实施过程中，把那些非核心的部门或业务外包给相应的专业公司，这样能大量节省成本，有利于高效管理。第二，外包有利于企业专注自己的核心业务,增强市场竞争力。市场竞争的加剧，使专注自己的核心业务成为了企业最重要的生存法则之一。因此，外包以其有效减低成本、增强企业的核心竞争力等特性成了越来越多企业采取的一项重要的商业措施。

(2) 答：外包的种类有：境内外包，是指外包商与承包商来自同一个国家，因而外包工作在国内完成。离岸外包，指外包商与承包商来自不同国家，外包工作跨国完成。

(3) 答：一般而言，促使企业外包，主要有以下方面的原因：产能，生产负荷大于实际产能，必须通过外包才能完成生产任务；成本，自制成本大于外包(协)的成本；品质，外包可以获得较佳的品质；技术，依本企业的现有技术水平无法解决；设备，本企业的设备无法解决或本企业无特殊设备；能源，企业生产期间，突遇电力等能源动力的短缺；知识产权，本企业没有生产某一商品的专利许可证。

◆ 案例分析

温州莱利公司在企业生产负荷大于实际产能的情况下，通过外包(协)完成订单任务是非常可行的。外包是指企业将所需求的物品委托其他企业承制，整合利用其外部最优秀的专业化资源，从而达到降低成本(主要是生产、管理成本)、提高生产效率、充分发挥自身核心竞争力和增强企业对环境的迅速应变能力的一种管理模式。莱利公司通过将订单饰品的生产外包给有资质的义乌公司，可以有效解决自己生产繁忙产能不足的现状，同时可确保完成法国公司的合同，可谓一举三得。

第 10 章

◆ 单项选择题

(1) C；(2) C；(3) A；(4) A；(5) B；(6) B；(7) C；(8) B；(9) A；(10) C。

◆ 多项选择题

(1) A、B、C；(2) A、B、C、D；(3) A、B、C；(4) A、B、C；(5) A、D；(6) A、B、C、D；(7) A、B、C；(8) A、B、C；(9) A、B、D；(10) A、B、C、D。

◆ 判断题

(1) ×；(2) √；(3) ×；(4) √；(5) √；(6) ×；(7) ×；(8) ×；(9) √；(10) ×

◆ 计算题

(1) 由于该产品是"重货"，因此按重量算：

集装箱箱量＝22 140÷26＝851.5 箱≈851 箱。

(2) 计算体积重量：(40×28×22)÷6 000≈4.11(千克)。

计算运费重量：因 4.11＜5.7，所以计费重量为 5.7，四舍五入为 6 千克。

计算运费：6×50.36＝302.16＜320，所以运费为 320 元。

(3) 保险金额＝CIF*(1+10%)＝11 000.00 美元。

保险费＝保险金额*(0.8%+0.2%)＝110.00 美元。

◆ 案例分析题

答：(1) 保险公司对该批货物的损失不予赔偿。原因是根据中国人民保险公司《海洋货物运输保险条款》基本险的除外责任：在保险责任开始之前，被保险货物已存在品质不良或数量短少所造成的损失；被保险货物的自然损耗、本质缺陷、特性及市价跌落、运输延迟所引起的损失或费用保险公司不负责赔偿损失。在本案中，运输途中一切正常，货物发生质变不属于保险公司的责任范围，故保险公司对该批货物的损失不予赔偿。

(2) 进口商应支付货款。因为本案中交货条件为 CIF，根据《2000 年国际贸易术语解释通则》中的解释，按 CIF 条件成交，买卖双方交货的风险界点在装运港的船舷，货物越过装运港船舷以前的风险由卖方承担，货物越过装运港船舷以后的风险由买方承担；另 CIF 是象征性交货，卖方凭单交货、买方凭单付款，即使货物在运输途中全部灭失，买方仍需付款，但如货物品质问题，可凭商检机构的检验证书向卖方索赔。

(3) 出口商应对该批货物负赔偿责任，因为该批货物在运输途中并无任何风险导致损失，发生质变完全是因为生产工序问题，这属于货物的品质问题，故应对买方负赔偿损失的责任。

第 11 章

◆ 单项选择题

(1) D；(2) D；(3) B；(4) B；(5) A；(6) A；(7) D；(8) B；(9) B。

◆ 多项选择题

(1) A、B、C、D；(2) A、B、D；(3) A、B、C、D；(4) A、C、D；(5) A、B；
(6) B、C、D；(7) A、B、D。

◆ 判断题

(1) √；(2) ×；(3) ×；(4) √；(5) ×；(6) √；(7) √；(8) ×。

◆ 问答题

(1) 答：是出入境货物通关的重要凭证；是海关征收和减免关税的有效凭证；是履行交接、结算及进口国准入的有效证件；是议付货款的有效证件；是明确责任的有效证件；是办理索赔、仲裁及诉讼的有效证件；是办理验资的有效证明文件。

(2) 答：出口货物出境报关有四个环节：申报、查验、征税、放行。

出口货物申报：出口货物发货人或者其代理人，在货物运抵海关监管区后、装货的 24 小时以前，于货物的出境地海关，按照规定的程序和方式，向海关报告实际出口货物的情况，并接受海关审核。

查验：海关在约定的查验时间，于监管区或者经海关同意的货物存放地，依法对确定出境货物的品名、规格、价格、数量、原产地、贸易方式、货物状况等是否与报关单上已经申报的内容相符，对货物进行实际调查或检查的行政执法行为。海关查验时，出口货物的收发货人或其代理人应当按照海关查验计划时间，到达查验现场，配合海关查验货物。

缴纳税费：自海关填发缴款书之日起 15 日内，在指定银行柜台办理税费交付手续；通过电子口岸进行电子支付税费提取或装运货物。

放行：经上述过程后，海关对出口货物做出结束海关出境现场监管的决定，允许出口货物离开海关监管场所的工作环节。其方式是由海关在提货凭证或出口装或凭证上加盖海关放行章。实行无纸通关的海关，货物的收发货人根据海关的发出的海关放行的报文，自行打印放行凭证。出口货物发货人或其代理人签收海关加盖"海关放行章"戳记的出口装货凭证办理货物装上运输工具离境的手续。

◆ 计算题

(1) 解：30 000 卷 × 0.057 75 m^2/卷 = 1 732.50 m^2；

应纳进口关税税额 = 1 732.50 m^2 × 30 元/m^2 = 51 975 元。

(2) 解：每台完税价格 = 6 000 美元 × 8 = 48 000 元；

应纳进口关税税额＝(48 000×3％＋12 960)×10＝144 000 元。

(3) 解：滞纳的税款总额＝80 000＋100 000＋70 000＋250 000 元；

确定滞纳天数：海关填发缴款书时间为 6 月 20 日，纳税人应最迟于 7 月 5 日(星期三)缴纳税款，7 月 5 日之后为滞纳天数，至 7 月 25 日共滞纳 20 天；

滞纳金总额＝250 000×0.5‰×20＝2 500 元。

(4) 解：确定滞报天数：A 企业最迟应于 7 月 22 日(星期一)缴纳税款，实际申报日期为 7 月 31 日，所以滞报天数为 9 天；

滞报金总额＝150 000×8×0.5‰×9＝5 400 元。

第 12 章

◆ 单项选择题

(1) A；(2) D；(3) A。

◆ 问答题

(1) 答：进度控制的内容主要包括：确定进度是否已经发生变化；对造成进度变化的因素施加影响，以保证这种变化朝着有力的方向发展；在变化实际发生和正在发生时，对这种变化实施管理，进度控制必须与项目整体变化控制的其他控制过程如成本、质量控制过程紧密结合。

(2) 答：① 进行进度的跟踪与监控，通过执行情况报告分析进度，找到哪些地方需要采取纠正措施；② 确定应采取哪种具体的纠正措施；③ 修改计划，将纠正措施列入计划，形成变更报告；④ 重新计算进度，调整进度计划，并估计计划采取的纠正措施的效果。

第 13 章

◆ 单项选择题

(1) B；(2) A；(3) C；(4) D；(5) C；(6) C。

◆ 多项选择题

(1) A、C；(2) A、B、C、D；(3) A、B、C、D；(4) A、B、C、D；(5) A、B、C、D；(6) A、B、C、D；(7) A、B；(8) A、B、C、D。

◆ 判断题

(1) ×；(2) ×；(3) √；(4) ×；(5) √；(6) ×；(7) ×；(8) ×；(9) √；(10) √。

◆ 问答题

(1) 答：须提交以下单证：开证申请书；进口许可证；进口合同(备查)；企业注册登记文件(备查)；企业在银行开证认证登记文件(备查)。

(2) 答：进境流向报检是在口岸获取《入境货物通关单》以获准货物进境的业务。对属于检验检疫监督范围内的商品，海关凭检验检疫局签发的入境货物通关单验放。进境流向业务就是向口岸检验检疫机构提出申请并取得入境货物报关单的报检业务。

◆ 案例分析题

(1) 答：向出口商索赔应在合同规定的索赔期限之内提出。如商检工作确有困难，需要延长时间的，可在合同规定的索赔有效期内向对方要求延长索赔期限，或在合同规定索赔有效期内向对方提出保留索赔权。在本案中，由于货物为成套机器设备，需要结合安装调试进行检验，而南昌 A 公司的厂房尚未建好，无法在到港后 30 天内进行商检测试。因此，A 公司应该在货物到港后 30 天内通过 B 公司向外商提出延长索赔期限或保留索赔权。本案中，A 公司在 30 天内没有向外商提出正当的延长索赔期限的要求，4 个月后已属逾期，外商有权不受理。

(2) ① A、C。说明：加工贸易企业从保税仓库提取料件时，应当由加工贸易经营单位向海关办理加工贸易进口手续并办理台账手续。

② C。说明：海关应当按法定程序以书面方式通知宁波大华贸易有限公司的开户银行，才能从其存款中扣缴税款。海关没有冻结纳税人存款的权力。备选答案 B 虽然合法，但不可行，因为货物已经运离境外，海关无法扣留变卖。

③ A、B、C。说明：经营企业报核时应当向海关如实申报进口料件、出口成品、边角料、剩余料件、残次品等总耗以及单耗等情况，并向海关提交加工贸易手册、加工贸易进出口货物专用报关单以及海关要求提交的其他单证。

◆ 实务操作题

第一步：进口商办理许可事项；

第二步：进口商申请开立信用证；

第三步：银行开立信用证；

第四步：办理保险；

第五步：进口商办理报检手续；

第六步：进口商办理报关手续；

第七步：进口商办理结汇。

第 14 章

◆ 单项选择题

(1) A；(2) A；(3) C；(4) C；(5) A；(6) C；(7) B。

◆ 多项选择题

(1) A、B、C、D；(2) A、B、C、D；(3) A、C、D；(4) A、D。

◆ 问答题

(1) 答：客户关系管理作为一种管理理念，最早由高特纳(Garner Group)提出，但至今没有公认的定义。结合各方观点，其主要含义就是通过对客户详细资料的深入分析，来提高客户满意程度，从而提高企业竞争力的一种手段。客户关系管理的核心是客户价值管理，通过"一对一"营销原则，满足不同价值客户的个性化需求，提高客户忠诚度和保有率，实现客户价值持续贡献，从而全面提升企业盈利能力。

其作用在于增加客户忠诚度，提高购买比率，使每个客户产生更多的购买需求，及更长时间的需求，并提高客户满意度。①增强企业竞争力，在同样的销售成本下提高市场占有率，降低交易成本；②整合信息资源，为客户提供周到服务；③创造的客户资源对公司发展有弥补作用；④通过客户更多了解竞争对手信息。

(2) 答：按客户成交金额分类是以某一时期(通常为一年)客户与企业成交的金额高低来进行分类，以便进行重点管理。按照"二八原则"把客户分为A、B、C三类客户。

A类客户：公司最忠实、最重要的客户，该类客户成交占公司销售总额70%左右，但是客户数目只占总数10%左右。

B类客户：成交额占公司销售总额20%，客户数目占20%，此类客户很有开发潜力。

C类客户：客户数目占70%，成交额只占10%，不重要的客户。

(3) 答：客户分类管理的方法有按地理位置划分、按企业性质划分、按客户成交金额分类、按企业经营情况分类和按与客户关系生命周期分类等分类方法。

在日常跟单业务中经常使用的客户分类管理跟单的形式主要有以下几种：

分类管理：按客户与企业成交的金额多少将客户划分为 A、B、C 三大类。跟单员对这类客户实施管理的内容为：跟单员对 A 类客户应加强跟踪管理，并给予价格优惠，应优先保证其订单的交期。因为 A 类客户是企业的重点客户，是企业利润的主要来源。对 C 类客户可以每季或每年进行跟踪，甚至可以放弃。对 B 类客户，跟单员也应进行必要的跟踪，其方法介于 A 类和 C 类之间。

关系管理：例如，按企业经营角度将客户划分为常规客户、潜力客户和头等客户三类，跟单员对这些客户实施管理的内容如下：对于常规客户，跟单员应建议企业通过让利给客户，增加客户的满意度；对于潜力客户或称合适客户，他们希望从与企业的关系中增加价值，从而获得附加的财务利益和社会利益，应与其建立战略联盟关系。

生命周期管理：针对处于不同生命周期的客户应这样管理：重点跟进那些处于导入期、成长期的客户，并做好成熟期客户的服务工作，同时应尽力延续处于衰退期客户的业务，以接到更多的订单。

(4) 答：在接到客户投诉时，首先就是认真倾听问题，并要注意倾听问题的态度，虚心接纳，诚恳听取。第二，确认问题，询问问题细节或不清楚的地方，按客户和产品的分类分别进行登记，如果客户提出的问题没有事实根据，要对客户进行说明并予以确认。第三，评估问题，评估问题的性质，要确定问题的责任与程度，如果责任为我方，应了解客户对经济补偿和其他要求。第四，处理问题，注意协商方式，考虑责任归属，找出双方都可以接受的解决方案。最后，跟踪反馈，实施约定的处理力案，跟单员应对处理方案的执行进行监督，认真付诸实施，圆满处理好客户的投诉。

◆ 实务操作题

上海进出口公司订单跟踪表

序号	订单编号	客户名称	客户类别	联系人	发票号	信用证号	数量金额	下单日期	交货日期	备注
1	TXT264 (合同号)	MANDARS IMPORTS CO.LTD.38 QUEENSWAY, 2008 NSW AUSTRALIA	A	WINTO	TXO522	AB20 1011	18 000 条 126 000 澳元	2009.3.8	2009.5.30	交单期：2007.6.8

上海进出口公司产品跟踪表

客户名称	合同号	出货日期	数量规格	运输方式	交货地点	制造状态	出货情况	备注
MANDARS IMPORTS CO.LTD.38 QUEENSWAY, 2008 NSW AUSTRALIA	TXT264	2009.5.30	蓝灰色 18 000 条	海洋运输	上海港	良好	正常	

客户满意度跟踪表

贵公司所在国家：AUSTRALIA				贵公司与本公司同行来往的企业数：4 家						
序号 \ 服务项目 \ 服务状态	非常满意		满意		尚可		不满意		极不满意	备注
	10	9	8	7	6	5	4	3	2	1	
1 产品交付状况与质量			✓							
2 产品款式与先进性				✓						
3 产品价格与费用				✓						
4 市场退货、满意与反应情况			✓							
5 对不良产品处理方式和结果			✓							
6 技术支援情况			✓							
7 维护、保修状况			✓							
8 样品处理速度	✓									
9 企业方面的配合度			✓							
10 人员服务的礼貌态度与效果	✓									
总得分情况	81									
对我公司的其他宝贵意见	改善售后服务									
客户代表 童利	调查日期：2009 年 7 月 10 日									

点评：

(1) 跟单员收回客户满意度调查表后，应将客户意见转交相关部门进行分析，并提出改进方案。

(2) 跟单员要对客户的建议进行分类归档，编写总报告并提交主管。

(3) 跟单员要对客户的意见和建议进行回函，告知公司落实情况，得到客户认同，进而提升客户忠诚度。

附　　录

附录1　外贸跟单常用术语

accept/Acc.	接受	barrel	桶
accessory material sample	辅料样	beachwear	沙滩装
across back	后背宽	bearer	袋衬
across shoulder	肩宽	beneficiary	受益人
acrylic	腈纶	bias	斜纹
act./actual size	实际尺寸	bill of lading(B/L)	提单
advising bank	通知行	bleaching	漂白
agreement	协议书	bleeding	洗水后褪色
airway bill(AWB)	空运单	block pattern	基本纸样
all risks	一切险	body	衫身
amount(AMT)	金额	body rise	直浪
antique brass coating	镀青古铜	book/booking	订货、订购
apparel company	成衣公司	box	盒
approval sample	确认样	BR/back rise	后浪
article number(Art.No.)	货号	brass coating	镀黄铜的
assemble line	装配线/组合线	breast welt pkt.	胸袋
asymmetric	不对称	brocade	织锦
at sight	即期，见票即付	broken needle	断针
audit report	检查报告	broken stitching	断线
average quality	平均质量	button holing machine	扣眼机
back part	后片	button sewer	钉钮机
back pkt.	后袋	button-hole	扣眼
back vent	后叉	button-holing	打扣眼
bad quality	劣质	C.A.D(cash against documents)	凭单据付
bag	袋		款
bale	包	C.F./center front	前中
bar coded sticker	条形码标签	C/B length	后中长

cable reply	电复	combed	精梳
canvas	帆布	combined transporation	联运
capacity	容量，能力	commercial bill	商业汇票
cardboard	纸板	commercial invoice	商业发票
cardboard box	纸盒箱	commission	佣金
carded	粗梳	commission agent	代理商
care label	洗水商标	commission charges	佣金手续费
cargo by rail	铁路运输	commission(com.)	佣金，手续费
cargo by road	公路运输	conceal zipper	隐形拉链
cargo space	货舱	confirmation	确认书
carriage	运费	consignee	收货人
carriage forward	运费待付	consignor	发货人
carriage paid	运费已付	container	集装箱
carton/cartons(CTN/CTNS)	纸箱	container freight station(CFS)	集装箱货运站
case	箱		
case pack label	外箱贴纸	container yard(CY)	集装箱堆场
cash against payment	凭单付款	content label	成分商标,成分唛
cash on delivery(C.O.D)	交货付现	contract	合同
cask	木桶	copies of the contract	合同副本
catch facing	钮子	corner	边脚
CB/C.B./center back	后中	cost of raw material	原料成本
certificate of insurance	保险凭证	counter offer	还盘
certificate of origin(C/O)	一般原产地证	crate	板条箱
chain stitch machine	锁链车	crease line	折痕
chartered shipping	租船运输	cross crotch	十字裆
checks	格子	crotch/crutch	裤裆
chest piece	胸衬	cuff turning&pressing machine	反袖口机
chest/bust	胸围	curved pocket	弯袋
claim	索赔	customs declaration(C/D)	报关单
clean B/L	清洁提单	cutter	裁剪工
clearance of goods	结关	daily capacity summary	生产进度表
client	顾客	daily output	日产量
CLR./colour	颜色	date of issue	开证日期
Coatings	衣料	DBL/double thread	双线/双针
coin/cask pkt.	表袋	deferred L/C	延期信用证
collar pressing & turning machine		delivery schedule	交货期
	反领机	demand draft(D/D)	票汇
collar turner	反领机	denim	牛仔布
collar/neck band	领围	destination	目的地
collection	托收	diagonal	斜纹的
color shading	色差	discount	贴现

discount/allowance	折扣	fold pants	折叠裤子
distortion	变形	folding size	折衣尺寸
document(DOC)	文件，单据	force majeure	不可抗力
documentary L/C	跟单信用证	forward price	期货价格
documents against acceptance(D/A)		FR/front rise	前浪
	承兑交单	free of wrinkles	除去皱褶
documents against payment after sight		freight	运费
	远期付款交单	front fly	钮牌
documents against payment at sight		front part	前片
	即期付款交单	front pkt.	前袋
documents against payment(D/P)		full container load(FCL)	整箱货
	付款交单	fully lined	全里
double breasted	双襟	furry	毛皮制品
double needle lockstitch machine		fuzz balls	起毛球
	双针平缝机	garment construction	成衣结构
dozen(DOZ/DZ)	一打	good quality	好质量
draft/bill of exchange	汇票	grading	放码，放样
drawee bank	付款行	gray cloth/calico	胚布
drawer	出票人	gross weight(G.W.)	毛重
dry-cleaned	干洗	gunny bag	麻袋
each(EA)	每个，各	H./height	高度
elastic	松紧带	hand feel	手感
Emb./embroidery	刺绣	hang tag	吊牌
embroidery/printed sample	绣(印)花样	hangter	衣架
Encl.(enclosure)	附件	hem	衣脚
endorsement	背书	hemline	衣脚线，下摆线
export(EXP)	出口	import(IMP)	进口
express mail special(PC EMS) 特快专递		importer's bank	进口方银行
extra hours	加班	in three equal monthly shipments	
FAB./fabric	布料		分三个月，每月平均装运
fabric defects	布料疵点	in three monthly shipments	分三个月装运
fabric flaws	布料瑕疵	incorrect	不正确
factory Evaluation	验厂报告	indent	订单
fashion	时装	inferior quality	次质量
FCL(Full Container Load)	整箱装	in-line audit	生产中检查
final audit	最后检查	inner packing	内包装
final inspection	终检	in-process inspection	中检
financial Standing	财务状况	inquiry/enquiry	询盘
firm offer	实盘	in-seam	内长
flat m/c	单针平车	inspect	检查
FM./from	从	Inspection	检验

inspection report	查货报告	letter of credit(L/C)	信用证
inspector	检察员	letter of indent	意向书
insurance	保险，保险费	linen	亚麻布
insurance against war risk	战争险	liner shipping	班轮运输
insurance applicant	投保人	lining	夹里
insurance certificate	保险凭证	lot No.	批量编号
insurance claim	保险索赔	machinery	机械设备
insurance clause	保险条款	mail transfer(M/T)	信汇
insurance company	保险公司	main/brand label	主唛
insurance document	保险单据	major defect	主要疵点
insurance free of particular average(FPA)		mandarin collar	小立领(中山装)
	平安险	manufacturer	工厂
insurance policy	保险单	manufacturer's invoice	厂商发票
insurance slip	投保单	marker making	排料
insurant/the insured	被保险人	mass-producing	大量生产
insured amount	保险金额	matching color	配色
insurer	保险人	measurement/meas.	尺寸
interfacing	夹衬纸、夹衬布	memorandum(memo)	备忘录
interlock	双面针织布	men's tailored jacket	男西装
invoice(INV)	发票	merchandiser	跟单员
irrevocable letter of credit	不可撤销信用证	metallic decoration	金属装饰品
issuing bank	开证行	metal-ware	金属附件
jacket	夹克，上衣	metric ton(MT 或 M/T)	公吨
jeans	牛仔裤	minor defect	微小疵点
jersey	平面针织	misaligned	排列不整齐
ketch	图样	missed stitch	漏针
khaki	卡其色	multimodal combined	多式联运
knit	针织物	name of commodity	品名
knitwear	针织服装	narrow notch lapel	小方领
L./length	长度	neck-drop	领深
L/C amount	信用证金额	neck-opening	领开口
L/C number	信用证号码	negotiating bank	议付行
label misplace	商标错位	negotiation L/C	议付信用证
labor	劳工	net price	净价
laboratory test	实验室测试	net weight(N.W.)	净重
lap dip	色样	neutral packing	中性包装
lay garment flat	摆平服装	NK./neck	领圈
LBL./label	商标	O/A(open account)	赊销
leather	皮革	ocean marine cargo insurance clauses	
leisure wear	休闲装		海洋运输货物保险条款
less than container load(LCL)	拼箱货	offer	发盘

off-white	非纯白色,黄白色	payment terms	支付条件
oil stain	油渍	period of presentation	交单期
on board B/L	已装船提单	PICC(People's Insurance Company of China)	
op./operation	工序		中国人民保险公司
opening bank	开证行	piece yardage	单耗
operator	操作员	piece/pieces(PCE/PCS)	只，个，支
order	订单	pilling	起毛头
original B/L	正本提单	piper	镶边器
originals of the contract	合同正本	piping/insert	嵌边
outer packing	外包装	pkt./pocket	口袋
out-leg/out-seam	外长	pkt.flasher	袋卡
output	产量	plaids	格子布
overlock machine	包缝机	plain	平纹布
overtime work	超时工作	plant	厂房
OVRLK./over-lock	包缝	plastic bag	塑料袋
package(PKG)	包，捆，扎，件	Plastics	塑料
Packing	包装	Pleating	打褶
packing list(P/L)	装箱单，明细表	plywood case	胶合板箱
packing method	包装方法	pocket creasing machine	烫袋机
pairing left&right	左右一对	poly bag	塑料袋
panel knitting	织片	polyester/cotton	涤棉混纺织物
panel skirt	片裙	poor quality	质量较差
pants/trousers/slacks	裤子	port of destination	目的港
partial shipment	分批装运	port of discharge	卸货港
patch pocket	贴袋	port of loading	装运港
pattern	纸板、纸样	port of shipment	装运港
pattern design	纸样设计	port of transshipment	中转港
pattern sample	款式样	POS./position	位置
pay bearer	付给某人	premium	保费
pay on delivery(P.O.D)	货到付款	pre-production sample	产前样
payer	付款人	pressing/ironing	熨烫
paying bank	付款行，汇入行	price	单价
payment	支付，付款	print fabric	印花布
payment at maturity	到期付款	production cycle	生产周期
payment by banker	银行支付	production department	生产部门
payment by installment	分期付款	production order	生产制造单
payment in advance	预付(货款)	production sample/shipping sample	
payment in full	全部付迄		船样(大货样)
payment in part	部分付款	productivity	生产能力
payment order	付款通知	puckering	起皱，起皱的
payment respite	延期付款	purchase confirmation	购货确认书

QC(Quality Controller) order supervisor	
	跟单员
quality	质量
quality report	品质报告
quantity	数量
quantity control	验货报告
quantity discount	数量折扣
raw material	原材料
reject/Rej.	拒绝
remedy action	修补行为
remittance	汇款
remitting bank	汇出行
retail price	零售价
ribbing	罗纹
right side/R.S.	正面
rinsed	洗涤
risk	险别
routine work	日常工作
sales confirmation	销售确认书
sales packing	销售包装
sales sample	销售样板
salesman sample	广告样
sample	样品
sample card	样板卡
sealed	封口的
sewing sequence	车缝顺序
shell fabric	面料
shipment during Jan./Feb. 或 Jan./Feb.	
shipment	一/二月份装船
shipment during January 或 January	
shipment	一月份装船
shipment during…in two lots	
	在……(时间)分两批装船
shipment not later than Jan.31st.或 shipment	
on or before Jan.31st.	一月底装船
shipment sample	船头板
shipper	托运人
shipping advice	装运通知
shipping mark	箱唛
shipping marks (S/M)	装船标记
shipping space	舱位

shirt	衬衫
short delivery	交货短缺
shorts	短裤
short-ship	短数/少出货
shoulder piece	肩衬
shoulder seam	肩缝
side mark	侧唛
sight L/C	即期信用证
single breasted	单襟
single needle lockstitch machine	
	单针平车
size assortment	尺码分配
size label	码数商标,尺码唛
size range	尺码范围
size specification/size spec.	尺码表
size/colour set sample	齐色齐码样
sized-multiple	混码
skipped stitching	跳线
skirt	裙子
slant pocket	斜袋
sleeve/slv.length	袖长
sleeveless	无袖的
slide fastener	拉链扣
SNL/single thread	单线/单针
Soiled	污渍
Soiling	污物
solid color	单色
solid size	单码
sound quality	完好的质量
Spec.No.	尺码编号
specification	规格
spot price	现货价格
standard quality	标准质量
staple garment	固定款式服装
straight line	直纹
straight pocket	直袋
stripes	条子
stuffing	填充料
style	款式
style(STL.)	款式
subject to our final confirmation	

	需经我方最后确认	T-shirt/Tee shirt	T 恤衫
subject to seller's confirmation		Tweed	毛绒布
	需经卖方确认	twenty-feet equivalent units(TEU)	20
sucker	泡状布，泡泡纱		英尺换算单位
suede	小山羊皮	under collar	底领，领里
suits	套装	uneven dyeing	不均匀染色
supplier	供应商	uneven hem	不均匀边脚
sweater	羊毛衫	uneven plaids	格子不均匀
sweat-shirt	羊绒衬衫	unit price	单价
sweep	下摆围	usance L/C	远期信用证
tailored	裁缝	velvet	天鹅绒
telegraphic transfer(T/T)	电汇	W./width	宽度
Terms of Payment	支付条款	W.A. or W.P.A(With Particular Average)	
the bank interest	银行利息		水渍险
time of validity	有效期限	waist tag	腰卡
to countersign a contract	会签合同	waistband/W.B.	裤腰
to draft a contract	起草合同	War Risk	战争险
to draw up a contract	拟订合同	warehouse	仓库
to get a contract	收到合同	warehouse keeper	仓管员
to open by airmail	信开	wash-and-wear of shirt	免烫衬衫
to open by cable	电开	washed sample	水洗样
to pay	付款,支付,偿还	water spots	水渍
to pay the commission	支付佣金	water streak	洗水痕
to take delivery of goods	提货	way of transportation	运输方式
to transport by railway	陆运	weight(WT)	重量
to transport by sea	海运	wholesale price	批发价
total value	总值	wooden case	木箱
trade department	贸易部门	woolen	粗纺
trade terms	贸易术语	work-in-process/WIP	半制品
transport	运输	worsted	精纺
transport by container	集装箱运输	woven	梭织物
transportation insurance	运输保险	woven label	织唛，梭织商标
transportation packing	运输包装	wrinkles	皱褶
transshipment	转运	wrong side/W.S.	反面
trimmings	辅料	zig-zag lockstitch machine	人字平缝机
trousers	西裤	zipper	拉链

附录2　中华人民共和国货物进出口管理条例

第一章　总　则

第一条　为了规范货物进出口管理，维护货物进出口秩序，促进对外贸易健康发展，根据《中华人民共和国对外贸易法》(以下简称对外贸易法)的有关规定，制定本条例。

第二条　从事将货物进口到中华人民共和国关境内或者将货物出口到中华人民共和国关境外的贸易活动，应当遵守本条例。

第三条　国家对货物进出口实行统一的管理制度。

第四条　国家准许货物的自由进出口，依法维护公平、有序的货物进出口贸易。除法律、行政法规明确禁止或者限制进出口的外，任何单位和个人均不得对货物进出口设置、维持禁止或者限制措施。

第五条　中华人民共和国在货物进出口贸易方面根据所缔结或者参加的国际条约、协定，给予其他缔约方、参加方最惠国待遇、国民待遇，或者根据互惠、对等原则给予对方最惠国待遇、国民待遇。

第六条　任何国家或者地区在货物进出口贸易方面对中华人民共和国采取歧视性的禁止、限制或者其他类似措施的，中华人民共和国可以根据实际情况对该国家或者地区采取相应的措施。

第七条　国务院对外经济贸易主管部门(以下简称国务院外经贸主管部门)依照对外贸易法和本条例的规定，主管全国货物进出口贸易工作。

国务院有关部门按照国务院规定的职责，依照本条例的规定负责货物进出口贸易管理的有关工作。

第二章　货物进口管理
第一节　禁止进口的货物

第八条　有对外贸易法第十七条规定情形之一的货物，禁止进口。其他法律、行政法规规定禁止进口的，依照其规定。

禁止进口的货物目录由国务院外经贸主管部门会同国务院有关部门制定、调整并公布。

第九条　属于禁止进口的货物，不得进口。
第二节　限制进口的货物

第十条　有对外贸易法第十六条第(一)、(四)、(五)、(六)、(七)项规定情形之一的货物，限制进口。其他法律、行政法规规定限制进口的，依照其规定。

限制进口的货物目录由国务院外经贸主管部门会同国务院有关部门制定、调整并公布。

限制进口的货物目录，应当至少在实施前21天公布；在紧急情况下，应当不迟于实施之日公布。

第十一条　国家规定有数量限制的限制进口货物，实行配额管理；其他限制进口货物，实行许可证管理。

实行关税配额管理的进口货物,依照本章第四节的规定执行。

第十二条　实行配额管理的限制进口货物,由国务院外经贸主管部门和国务院有关经济管理部门(以下统称进口配额管理部门)按照国务院规定的职责划分进行管理。

第十三条　对实行配额管理的限制进口货物,进口配额管理部门应当在每年 7 月 31 日前公布下一年度进口配额总量。

配额申请人应当在每年 8 月 1 日至 8 月 31 日向进口配额管理部门提出下一年度进口配额的申请。

进口配额管理部门应当在每年 10 月 31 日前将下一年度的配额分配给配额申请人。

进口配额管理部门可以根据需要对年度配额总量进行调整,并在实施前 21 天予以公布。

第十四条　配额可以按照对所有申请统一办理的方式分配。

第十五条　按照对所有申请统一办理的方式分配配额的,进口配额管理部门应当自规定的申请期限截止之日起 60 天内做出是否发放配额的决定。

第十六条　进口配额管理部门分配配额时,应当考虑下列因素:

(一) 申请人的进口实绩;

(二) 以往分配的配额是否得到充分使用;

(三) 申请人的生产能力、经营规模、销售状况;

(四) 新的进口经营者的申请情况;

(五) 申请配额的数量情况;

(六) 需要考虑的其他因素。

第十七条　进口经营者凭进口配额管理部门发放的配额证明,向海关办理报关验放手续。国务院有关经济管理部门应当及时将年度配额总量、分配方案和配额证明实际发放的情况向国务院外经贸主管部门备案。

第十八条　配额持有者未使用完其持有的年度配额的,应当在当年 9 月 1 日前将未使用的配额交还进口配额管理部门;未按期交还并且在当年年底前未使用完的,进口配额管理部门可以在下一年度对其扣减相应的配额。

第十九条　实行许可证管理的限制进口货物,进口经营者应当向国务院外经贸主管部门或者国务院有关部门(以下统称进口许可证管理部门)提出申请。进口许可证管理部门应当自收到申请之日起 30 天内决定是否许可。

进口经营者凭进口许可证管理部门发放的进口许可证,向海关办理报关验放手续。

前款所称进口许可证,包括法律、行政法规规定的各种具有许可进口性质的证明、文件。

第二十条　进口配额管理部门和进口许可证管理部门应当根据本条例的规定制定具体管理办法,对申请人的资格、受理申请的部门、审查的原则和程序等事项做出明确规定并在实施前予以公布。

受理申请的部门一般为一个部门。

进口配额管理部门和进口许可证管理部门要求申请人提交的文件,应当限于为保证实施管理所必需的文件和资料,不得仅因细微的、非实质性的错讹拒绝接受申请。

第三节　自由进口的货物

第二十一条　进口属于自由进口的货物,不受限制。

第二十二条　基于监测货物进口情况的需要，国务院外经贸主管部门和国务院有关经济管理部门可以按照国务院规定的职责划分，对部分属于自由进口的货物实行自动进口许可管理。

实行自动进口许可管理的货物目录，应当至少在实施前21天公布。

第二十三条　进口属于自动进口许可管理的货物，均应当给予许可。

第二十四条　进口属于自动进口许可管理的货物，进口经营者应当在办理海关报关手续前，向国务院外经贸主管部门或者国务院有关经济管理部门提交自动进口许可申请。

国务院外经贸主管部门或者国务院有关经济管理部门应当在收到申请后，立即发放自动进口许可证明；在特殊情况下，最长不得超过10天。

进口经营者凭国务院外经贸主管部门或者国务院有关经济管理部门发放的自动进口许可证明，向海关办理报关验放手续。

第四节　关税配额管理的货物

第二十五条　实行关税配额管理的进口货物目录，由国务院外经贸主管部门会同国务院有关经济管理部门制定、调整并公布。

第二十六条　属于关税配额内进口的货物，按照配额内税率缴纳关税；属于关税配额外进口的货物，按照配额外税率缴纳关税。

第二十七条　进口配额管理部门应当在每年9月15日至10月14日公布下一年度的关税配额总量。

配额申请人应当在每年10月15日至10月30日向进口配额管理部门提出关税配额的申请。

第二十八条　关税配额可以按照对所有申请统一办理的方式分配。

第二十九条　按照对所有申请统一办理的方式分配关税配额的，进口配额管理部门应当在每年12月31日前做出是否发放配额的决定。

第三十条　进口经营者凭进口配额管理部门发放的关税配额证明，向海关办理关税配额内货物的报关验放手续。

国务院有关经济管理部门应当及时将年度关税配额总量、分配方案和关税配额证明实际发放的情况向国务院外经贸主管部门备案。

第三十一条　关税配额持有者未使用完其持有的年度配额的，应当在当年9月15日前将未使用的配额交还进口配额管理部门；未按期交还并且在当年年底前未使用完的，进口配额管理部门可以在下一年度对其扣减相应的配额。

第三十二条　进口配额管理部门应当根据本条例的规定制定有关关税配额的具体管理办法，对申请人的资格、受理申请的部门、审查的原则和程序等事项做出明确规定并在实施前予以公布。

受理申请的部门一般为一个部门。

进口配额管理部门要求关税配额申请人提交的文件，应当限于为保证实施关税配额管理所必需的文件和资料，不得仅因细微的、非实质性的错讹拒绝接受关税配额申请。

第三章　货物出口管理

第一节　禁止出口的货物

第三十三条　有对外贸易法第十七条规定情形之一的货物，禁止出口。其他法律、行政法规规定禁止出口的，依照其规定。

禁止出口的货物目录由国务院外经贸主管部门会同国务院有关部门制定、调整并公布。

第三十四条　属于禁止出口的货物，不得出口。

第二节　限制出口的货物

第三十五条　有对外贸易法第十六条第(一)、(二)、(三)、(七)项规定情形之一的货物，限制出口。其他法律、行政法规规定限制出口的，依照其规定。

限制出口的货物目录由国务院外经贸主管部门会同国务院有关部门制定、调整并公布。

限制出口的货物目录，应当至少在实施前 21 天公布；在紧急情况下，应当不迟于实施之日公布。

第三十六条　国家规定有数量限制的限制出口货物，实行配额管理；其他限制出口货物，实行许可证管理。

第三十七条　实行配额管理的限制出口货物，由国务院外经贸主管部门和国务院有关经济管理部门(以下统称出口配额管理部门)按照国务院规定的职责划分进行管理。

第三十八条　对实行配额管理的限制出口货物，出口配额管理部门应当在每年 10 月 31 日前公布下一年度出口配额总量。

配额申请人应当在每年 11 月 1 日至 11 月 15 日向出口配额管理部门提出下一年度出口配额的申请。

出口配额管理部门应当在每年 12 月 15 日前将下一年度的配额分配给配额申请人。

第三十九条　配额可以通过直接分配的方式分配，也可以通过招标等方式分配。

第四十条　出口配额管理部门应当自收到申请之日起 30 天内并不晚于当年 12 月 15 日做出是否发放配额的决定。

第四十一条　出口经营者凭出口配额管理部门发放的配额证明，向海关办理报关验放手续。

国务院有关经济管理部门应当及时将年度配额总量、分配方案和配额证明实际发放的情况向国务院外经贸主管部门备案。

第四十二条　配额持有者未使用完其持有的年度配额的，应当在当年 10 月 31 日前将未使用的配额交还出口配额管理部门；未按期交还并且在当年年底前未使用完的，出口配额管理部门可以在下一年度对其扣减相应的配额。

第四十三条　实行许可证管理的限制出口货物，出口经营者应当向国务院外经贸主管部门或者国务院有关部门(以下统称出口许可证管理部门)提出申请，出口许可证管理部门应当自收到申请之日起 30 天内决定是否许可。

出口经营者凭出口许可证管理部门发放的出口许可证，向海关办理报关验放手续。

前款所称出口许可证，包括法律、行政法规规定的各种具有许可出口性质的证明、文件。

第四十四条　出口配额管理部门和出口许可证管理部门应当根据本条例的规定制定具体管理办法，对申请人的资格、受理申请的部门、审查的原则和程序等事项做出明确规定并在实施前予以公布。

受理申请的部门一般为一个部门。

出口配额管理部门和出口许可证管理部门要求申请人提交的文件，应当限于为保证实施管理所必需的文件和资料，不得仅因细微的、非实质性的错讹拒绝接受申请。

第四章　国营贸易和指定经营

第四十五条　国家可以对部分货物的进出口实行国营贸易管理。

实行国营贸易管理的进出口货物目录由国务院外经贸主管部门会同国务院有关经济管理部门制定、调整并公布。

第四十六条　国务院外经贸主管部门和国务院有关经济管理部门按照国务院规定的职责划分确定国营贸易企业名录并予以公布。

第四十七条　实行国营贸易管理的货物，国家允许非国营贸易企业从事部分数量的进出口。

第四十八条　国营贸易企业应当每半年向国务院外经贸主管部门提供实行国营贸易管理的货物的购买价格、销售价格等有关信息。

第四十九条　国务院外经贸主管部门基于维护进出口经营秩序的需要，可以在一定期限内对部分货物实行指定经营管理。

实行指定经营管理的进出口货物目录由国务院外经贸主管部门制定、调整并公布。

第五十条　确定指定经营企业的具体标准和程序，由国务院外经贸主管部门制定并在实施前公布。

指定经营企业名录由国务院外经贸主管部门公布。

第五十一条　除本条例第四十七条规定的情形外，未列入国营贸易企业名录和指定经营企业名录的企业或者其他组织，不得从事实行国营贸易管理、指定经营管理的货物的进出口贸易。

第五十二条　国营贸易企业和指定经营企业应当根据正常的商业条件从事经营活动，不得以非商业因素选择供应商，不得以非商业因素拒绝其他企业或者组织的委托。

第五章　进出口监测和临时措施

第五十三条　国务院外经贸主管部门负责对货物进出口情况进行监测、评估，并定期向国务院报告货物进出口情况，提出建议。

第五十四条　国家为维护国际收支平衡，包括国际收支发生严重失衡或者受到严重失衡威胁时，或者为维持与实施经济发展计划相适应的外汇储备水平，可以对进口货物的价值或者数量采取临时限制措施。

第五十五条　国家为建立或者加快建立国内特定产业，在采取现有措施无法实现的情况下，可以采取限制或者禁止进口的临时措施。

第五十六条　国家为执行下列一项或者数项措施，必要时可以对任何形式的农产品水产品采取限制进口的临时措施：

（一）对相同产品或者直接竞争产品的国内生产或者销售采取限制措施；

（二）通过补贴消费的形式，消除国内过剩的相同产品或者直接竞争产品；

（三）对完全或者主要依靠该进口农产品水产品形成的动物产品采取限产措施。

第五十七条　有下列情形之一的，国务院外经贸主管部门可以对特定货物的出口采取限制或者禁止的临时措施：

（一）发生严重自然灾害等异常情况，需要限制或者禁止出口的；

（二）出口经营秩序严重混乱，需要限制出口的；

依照对外贸易法第十六条、第十七条的规定，需要限制或者禁止出口的。

第五十八条　对进出口货物采取限制或者禁止的临时措施的，国务院外经贸主管部门应当在实施前予以公告。

第六章　对外贸易促进

第五十九条　国家采取出口信用保险、出口信贷、出口退税、设立外贸发展基金等措施，促进对外贸易发展。

第六十条　国家采取有效措施，促进企业的技术创新和技术进步，提高企业的国际竞争能力。

第六十一条　国家通过提供信息咨询服务，帮助企业开拓国际市场。

第六十二条　货物进出口经营者可以依法成立和参加进出口商会，实行行业自律和协调。

第六十三条　国家鼓励企业积极应对国外歧视性反倾销、反补贴、保障措施及其他限制措施，维护企业的正当贸易权利。

第七章　法律责任

第六十四条　进口或者出口属于禁止进出口的货物，或者未经批准、许可擅自进口或者出口属于限制进出口的货物的，依照刑法关于走私罪的规定，依法追究刑事责任；尚不够刑事处罚的，依照海关法的有关规定处罚；国务院外经贸主管部门并可以撤销其对外贸易经营许可。

第六十五条　擅自超出批准、许可的范围进口或者出口属于限制进出口的货物的，依照刑法关于走私罪或者非法经营罪的规定，依法追究刑事责任；尚不够刑事处罚的，依照海关法的有关规定处罚；国务院外经贸主管部门并可以暂停直至撤销其对外贸易经营许可。

第六十六条　伪造、变造或者买卖货物进出口配额证明、批准文件、许可证或者自动进口许可证明的，依照刑法关于非法经营罪或者伪造、变造、买卖国家机关公文、证件、印章罪的规定，依法追究刑事责任；尚不够刑事处罚的，依照海关法的有关规定处罚；国务院外经贸主管部门并可以撤销其对外贸易经营许可。

第六十七条　进出口经营者以欺骗或者其他不正当手段获取货物进出口配额、批准文件、许可证或者自动进口许可证明的，依法收缴其货物进出口配额、批准文件、许可证或者自动进口许可证明，国务院外经贸主管部门可以暂停直至撤销其对外贸易经营许可。

第六十八条　违反本条例第五十一条规定，擅自从事实行国营贸易管理或者指定经营管理的货物进出口贸易，扰乱市场秩序，情节严重的，依照刑法关于非法经营罪的规定，依法追究刑事责任；尚不够刑事处罚的，由工商行政管理机关依法给予行政处罚；国务院外经贸主管部门并可以暂停直至撤销其对外贸易经营许可。

第六十九条　国营贸易企业或者指定经营企业违反本条例第四十八条、第五十二条规定的，由国务院外经贸主管部门予以警告；情节严重的，可以暂停直至取消其国营贸易企业或者指定经营企业资格。

第七十条　货物进出口管理工作人员在履行货物进出口管理职责中，滥用职权、玩忽职守或者利用职务上的便利收受、索取他人财物的，依照刑法关于滥用职权罪、玩忽职守罪、受贿罪或者其他罪的规定，依法追究刑事责任；尚不够刑事处罚的，依法给予行政处分。

第八章　附　则

第七十一条　对本条例规定的行政机关发放配额、关税配额、许可证或者自动许可证明的决定不服的，对确定国营贸易企业或者指定经营企业资格的决定不服的，或者对行政处罚的决定不服的，可以依法申请行政复议，也可以依法向人民法院提起诉讼。

第七十二条 本条例的规定不妨碍依据法律、行政法规对进出口货物采取的关税、检验检疫、安全、环保、知识产权保护等措施。

第七十三条 出口核用品、核两用品、监控化学品、军品等出口管制货物的，依照有关行政法规的规定办理。

第七十四条 对进口货物需要采取反倾销措施、反补贴措施、保障措施的，依照对外贸易法和有关法律、行政法规的规定执行。

第七十五条 法律、行政法规对保税区、出口加工区等特殊经济区的货物进出口管理另有规定的，依照其规定。

第七十六条 国务院外经贸主管部门负责有关货物进出口贸易的双边或者多边磋商、谈判，并负责贸易争端解决的有关事宜。

第七十七条 本条例自 2002 年 1 月 1 日起施行。1984 年 1 月 10 日国务院发布的《中华人民共和国进口货物许可制度暂行条例》，1992 年 12 月 21 日国务院批准、1992 年 12 月 29 日对外经济贸易部发布的《出口商品管理暂行办法》，1993 年 9 月 22 日国务院批准、1993 年 10 月 7 日国家经济贸易委员会、对外贸易经济合作部发布的《机电产品进口管理暂行办法》，1993 年 12 月 22 日国务院批准、1993 年 12 月 29 日国家计划委员会、对外贸易经济合作部发布的《一般商品进口配额管理暂行办法》，1994 年 6 月 13 日国务院批准、1994 年 7 月 19 日对外贸易经济合作部、国家计划委员会发布的《进口商品经营管理暂行办法》，同时废止。

附录3 中华人民共和国外汇管理条例

第一章 总 则

第一条 为了加强外汇管理，促进国际收支平衡，促进国民经济健康发展，制定本条例。

第二条 国务院外汇管理部门及其分支机构(以下统称外汇管理机关)依法履行外汇管理职责，负责本条例的实施。

第三条 本条例所称外汇，是指下列以外币表示的可以用作国际清偿的支付手段和资产：

(一) 外币现钞，包括纸币、铸币；

(二) 外币支付凭证或者支付工具，包括票据、银行存款凭证、银行卡等；

(三) 外币有价证券，包括债券、股票等；

(四) 特别提款权；

(五) 其他外汇资产。

第四条 境内机构、境内个人的外汇收支或者外汇经营活动，以及境外机构、境外个人在境内的外汇收支或者外汇经营活动，适用本条例。

第五条 国家对经常性国际支付和转移不予限制。

第六条 国家实行国际收支统计申报制度。

国务院外汇管理部门应当对国际收支进行统计、监测，定期公布国际收支状况。

第七条　经营外汇业务的金融机构应当按照国务院外汇管理部门的规定为客户开立外汇账户，并通过外汇账户办理外汇业务。

经营外汇业务的金融机构应当依法向外汇管理机关报送客户的外汇收支及账户变动情况。

第八条　中华人民共和国境内禁止外币流通，并不得以外币计价结算，但国家另有规定的除外。

第九条　境内机构、境内个人的外汇收入可以调回境内或者存放境外；调回境内或者存放境外的条件、期限等，由国务院外汇管理部门根据国际收支状况和外汇管理的需要作出规定。

第十条　国务院外汇管理部门依法持有、管理、经营国家外汇储备，遵循安全、流动、增值的原则。

第十一条　国际收支出现或者可能出现严重失衡，以及国民经济出现或者可能出现严重危机时，国家可以对国际收支采取必要的保障、控制等措施。

第二章　经常项目外汇管理

第十二条　经常项目外汇收支应当具有真实、合法的交易基础。经营结汇、售汇业务的金融机构应当按照国务院外汇管理部门的规定，对交易单证的真实性及其与外汇收支的一致性进行合理审查。

外汇管理机关有权对前款规定事项进行监督检查。

第十三条　经常项目外汇收入，可以按照国家有关规定保留或者卖给经营结汇、售汇业务的金融机构。

第十四条　经常项目外汇支出，应当按照国务院外汇管理部门关于付汇与购汇的管理规定，凭有效单证以自有外汇支付或者向经营结汇、售汇业务的金融机构购汇支付。

第十五条　携带、申报外币现钞出入境的限额，由国务院外汇管理部门规定。

第三章　资本项目外汇管理

第十六条　境外机构、境外个人在境内直接投资，经有关主管部门批准后，应当到外汇管理机关办理登记。

境外机构、境外个人在境内从事有价证券或者衍生产品发行、交易，应当遵守国家关于市场准入的规定，并按照国务院外汇管理部门的规定办理登记。

第十七条　境内机构、境内个人向境外直接投资或者从事境外有价证券、衍生产品发行、交易，应当按照国务院外汇管理部门的规定办理登记。国家规定需要事先经有关主管部门批准或者备案的，应当在外汇登记前办理批准或者备案手续。

第十八条　国家对外债实行规模管理。借用外债应当按照国家有关规定办理，并到外汇管理机关办理外债登记。

国务院外汇管理部门负责全国的外债统计与监测，并定期公布外债情况。

第十九条　提供对外担保，应当向外汇管理机关提出申请，由外汇管理机关根据申请人的资产负债等情况做出批准或者不批准的决定；国家规定其经营范围需经有关主管部门批准的，应当在向外汇管理机关提出申请前办理批准手续。申请人签订对外担保合同后，应当到外汇管理机关办理对外担保登记。

经国务院批准为使用外国政府或者国际金融组织贷款进行转贷提供对外担保的，不适用前款规定。

第二十条　银行业金融机构在经批准的经营范围内可以直接向境外提供商业贷款。其他境内机构向境外提供商业贷款，应当向外汇管理机关提出申请，外汇管理机关根据申请人的资产负债等情况做出批准或者不批准的决定；国家规定其经营范围需经有关主管部门批准的，应当在向外汇管理机关提出申请前办理批准手续。

向境外提供商业贷款，应当按照国务院外汇管理部门的规定办理登记。

第二十一条　资本项目外汇收入保留或者卖给经营结汇、售汇业务的金融机构，应当经外汇管理机关批准，但国家规定无需批准的除外。

第二十二条　资本项目外汇支出，应当按照国务院外汇管理部门关于付汇与购汇的管理规定，凭有效单证以自有外汇支付或者向经营结汇、售汇业务的金融机构购汇支付。国家规定应当经外汇管理机关批准的，应当在外汇支付前办理批准手续。

依法终止的外商投资企业，按照国家有关规定进行清算、纳税后，属于外方投资者所有的人民币，可以向经营结汇、售汇业务的金融机构购汇汇出。

第二十三条　资本项目外汇及结汇资金，应当按照有关主管部门及外汇管理机关批准的用途使用。外汇管理机关有权对资本项目外汇及结汇资金使用和账户变动情况进行监督检查。

第四章　金融机构外汇业务管理

第二十四条　金融机构经营或者终止经营结汇、售汇业务，应当经外汇管理机关批准；经营或者终止经营其他外汇业务，应当按照职责分工经外汇管理机关或者金融业监督管理机构批准。

第二十五条　外汇管理机关对金融机构外汇业务实行综合头寸管理，具体办法由国务院外汇管理部门制定。

第二十六条　金融机构的资本金、利润以及因本外币资产不匹配需要进行人民币与外币间转换的，应当经外汇管理机关批准。

第五章　人民币汇率和外汇市场管理

第二十七条　人民币汇率实行以市场供求为基础的、有管理的浮动汇率制度。

第二十八条　经营结汇、售汇业务的金融机构和符合国务院外汇管理部门规定条件的其他机构，可以按照国务院外汇管理部门的规定在银行间外汇市场进行外汇交易。

第二十九条　外汇市场交易应当遵循公开、公平、公正和诚实信用的原则。

第三十条　外汇市场交易的币种和形式由国务院外汇管理部门规定。

第三十一条　国务院外汇管理部门依法监督管理全国的外汇市场。

第三十二条　国务院外汇管理部门可以根据外汇市场的变化和货币政策的要求，依法对外汇市场进行调节。

第六章　监督管理

第三十三条　外汇管理机关依法履行职责，有权采取下列措施：

(一) 对经营外汇业务的金融机构进行现场检查；

(二) 进入涉嫌外汇违法行为发生场所调查取证；

(三) 询问有外汇收支或者外汇经营活动的机构和个人，要求其对与被调查外汇违法事件直接有关的事项作出说明；

（四）查阅、复制与被调查外汇违法事件直接有关的交易单证等资料；

（五）查阅、复制被调查外汇违法事件的当事人和直接有关的单位、个人的财务会计资料及相关文件，对可能被转移、隐匿或者毁损的文件和资料，可以予以封存；

（六）经国务院外汇管理部门或者省级外汇管理机关负责人批准，查询被调查外汇违法事件的当事人和直接有关的单位、个人的账户，但个人储蓄存款账户除外；

（七）对有证据证明已经或者可能转移、隐匿违法资金等涉案财产或者隐匿、伪造、毁损重要证据的，可以申请人民法院冻结或者查封。

有关单位和个人应当配合外汇管理机关的监督检查，如实说明有关情况并提供有关文件、资料，不得拒绝、阻碍和隐瞒。

第三十四条　外汇管理机关依法进行监督检查或者调查，监督检查或者调查的人员不得少于2人，并应当出示证件。监督检查、调查的人员少于2人或者未出示证件的，被监督检查、调查的单位和个人有权拒绝。

第三十五条　有外汇经营活动的境内机构，应当按照国务院外汇管理部门的规定报送财务会计报告、统计报表等资料。

第三十六条　经营外汇业务的金融机构发现客户有外汇违法行为的，应当及时向外汇管理机关报告。

第三十七条　国务院外汇管理部门为履行外汇管理职责，可以从国务院有关部门、机构获取所必需的信息，国务院有关部门、机构应当提供。

国务院外汇管理部门应当向国务院有关部门、机构通报外汇管理工作情况。

第三十八条　任何单位和个人都有权举报外汇违法行为。

外汇管理机关应当为举报人保密，并按照规定对举报人或者协助查处外汇违法行为有功的单位和个人给予奖励。

第七章　法律责任

第三十九条　有违反规定将境内外汇转移境外，或者以欺骗手段将境内资本转移境外等逃汇行为的，由外汇管理机关责令限期调回外汇，处逃汇金额30%以下的罚款；情节严重的，处逃汇金额30%以上等值以下的罚款；构成犯罪的，依法追究刑事责任。

第四十条　有违反规定以外汇收付应当以人民币收付的款项，或者以虚假、无效的交易单证等向经营结汇、售汇业务的金融机构骗购外汇等非法套汇行为的，由外汇管理机关责令对非法套汇资金予以回兑，处非法套汇金额30%以下的罚款；情节严重的，处非法套汇金额30%以上等值以下的罚款；构成犯罪的，依法追究刑事责任。

第四十一条　违反规定将外汇汇入境内的，由外汇管理机关责令改正，处违法金额30%以下的罚款；情节严重的，处违法金额30%以上等值以下的罚款。

非法结汇的，由外汇管理机关责令对非法结汇资金予以回兑，处违法金额30%以下的罚款。

第四十二条　违反规定携带外汇出入境的，由外汇管理机关给予警告，可以处违法金额20%以下的罚款。法律、行政法规规定由海关予以处罚的，从其规定。

第四十三条　有擅自对外借款、在境外发行债券或者提供对外担保等违反外债管理行为的，由外汇管理机关给予警告，处违法金额30%以下的罚款。

第四十四条　违反规定，擅自改变外汇或者结汇资金用途的，由外汇管理机关责令改正，没收违法所得，处违法金额30%以下的罚款；情节严重的，处违法金额30%以上等值以下的罚款。

有违反规定以外币在境内计价结算或者划转外汇等非法使用外汇行为的，由外汇管理机关责令改正，给予警告，可以处违法金额30%以下的罚款。

第四十五条　私自买卖外汇、变相买卖外汇、倒买倒卖外汇或者非法介绍买卖外汇数额较大的，由外汇管理机关给予警告，没收违法所得，处违法金额30%以下的罚款；情节严重的，处违法金额30%以上等值以下的罚款；构成犯罪的，依法追究刑事责任。

第四十六条　未经批准擅自经营结汇、售汇业务的，由外汇管理机关责令改正，有违法所得的，没收违法所得，违法所得50万元以上的，并处违法所得1倍以上5倍以下的罚款；没有违法所得或者违法所得不足50万元的，处50万元以上200万元以下的罚款；情节严重的，由有关主管部门责令停业整顿或者吊销业务许可证；构成犯罪的，依法追究刑事责任。未经批准经营结汇、售汇业务以外的其他外汇业务的，由外汇管理机关或者金融业监督管理机构依照前款规定予以处罚。

第四十七条　金融机构有下列情形之一的，由外汇管理机关责令限期改正，没收违法所得，并处20万元以上100万元以下的罚款；情节严重或者逾期不改正的，由外汇管理机关责令停止经营相关业务：

(一) 办理经常项目资金收付，未对交易单证的真实性及其与外汇收支的一致性进行合理审查的；

(二) 违反规定办理资本项目资金收付的；

(三) 违反规定办理结汇、售汇业务的；

(四) 违反外汇业务综合头寸管理的；

(五) 违反外汇市场交易管理的。

第四十八条　有下列情形之一的，由外汇管理机关责令改正，给予警告，对机构可以处30万元以下的罚款，对个人可以处5万元以下的罚款：

(一) 未按照规定进行国际收支统计申报的；

(二) 未按照规定报送财务会计报告、统计报表等资料的；

(三) 未按照规定提交有效单证或者提交的单证不真实的；

(四) 违反外汇账户管理规定的；

(五) 违反外汇登记管理规定的；

(六) 拒绝、阻碍外汇管理机关依法进行监督检查或者调查的。

第四十九条　境内机构违反外汇管理规定的，除依照本条例给予处罚外，对直接负责的主管人员和其他直接责任人员，应当给予处分；对金融机构负有直接责任的董事、监事、高级管理人员和其他直接责任人员给予警告，处5万元以上50万元以下的罚款；构成犯罪的，依法追究刑事责任。

第五十条　外汇管理机关工作人员徇私舞弊、滥用职权、玩忽职守，构成犯罪的，依法追究刑事责任；尚不构成犯罪的，依法给予处分。

第五十一条　当事人对外汇管理机关作出的具体行政行为不服的，可以依法申请行政复议；对行政复议决定仍不服的，可以依法向人民法院提起行政诉讼。

第八章　附则

第五十二条　本条例下列用语的含义：

(一) 境内机构，是指中华人民共和国境内的国家机关、企业、事业单位、社会团体、部队等，外国驻华外交领事机构和国际组织驻华代表机构除外；

(二) 境内个人，是指中国公民和在中华人民共和国境内连续居住满1年的外国人，外国驻华外交人员和国际组织驻华代表除外；

(三) 经常项目，是指国际收支中涉及货物、服务、收益及经常转移的交易项目等；

(四) 资本项目，是指国际收支中引起对外资产和负债水平发生变化的交易项目，包括资本转移、直接投资、证券投资、衍生产品及贷款等；

第五十三条　非金融机构经营结汇、售汇业务，应当由国务院外汇管理部门批准，具体管理办法由国务院外汇管理部门另行制定。

第五十四条　本条例自公布之日起施行。

附录4　出口货物退(免)税管理办法(试行)

第一章　总　则

第一条　为规范出口货物退(免)税管理,根据《中华人民共和国税收征收管理法》、《中华人民共和国税收征收管理法实施细则》、《中华人民共和国增值税暂行条例》、《中华人民共和国消费税暂行条例》以及国家其他有关出口货物退(免)税规定，制定本管理办法。

第二条　出口商自营或委托出口的货物，除另有规定者外，可在货物报关出口并在财务上做销售核算后，凭有关凭证报送所在地国家税务局(以下简称税务机关)批准退还或免征其增值税、消费税。

本办法所述出口商包括对外贸易经营者、没有出口经营资格委托出口的生产企业、特定退(免)税的企业和人员。

上述对外贸易经营者是指依法办理工商登记或者其他执业手续，经商务部及其授权单位赋予出口经营资格的从事对外贸易经营活动的法人、其他组织或者个人。其中，个人(包括外国人)是指注册登记为个体工商户、个人独资企业或合伙企业。

上述特定退(免)税的企业和人员是指按国家有关规定可以申请出口货物退(免)税的企业和人员。

第三条　出口货物的退(免)税范围、退税率和退(免)税方法，按国家有关规定执行。

第四条　税务机关应当按照办理出口货物退(免)税的程序，根据工作需要，设置出口货物退(免)税认定管理、申报受理、初审、复审、调查、审批、退库和调库等相应工作岗位，建立岗位责任制。因人员少需要一人多岗的，人员设置必须遵循岗位监督制约机制。

第二章　出口货物退(免)税认定管理

第五条　对外贸易经营者按《中华人民共和国对外贸易法》和商务部《对外贸易经营者备

案登记办法》的规定办理备案登记后，没有出口经营资格的生产企业委托出口自产货物(含视同自产产品，下同)，应分别在备案登记、代理出口协议签订之日起 30 日内持有关资料，填写《出口货物退(免)税认定表》，到所在地税务机关办理出口货物退(免)税认定手续。

特定退(免)税的企业和人员办理出口货物退(免)税认定手续按国家有关规定执行。

第六条　已办理出口货物退(免)税认定的出口商，其认定内容发生变化的，须自有关管理机关批准变更之日起 30 日内，持相关证件向税务机关申请办理出口货物退(免)税认定变更手续。

第七条　出口商发生解散、破产、撤销以及其他依法应终止出口货物退(免)税事项的，应持相关证件、资料向税务机关办理出口货物退(免)税注销认定。

对申请注销认定的出口商，税务机关应先结清其出口货物退(免)税款，再按规定办理注销手续。

第三章　出口货物退(免)税申报及受理

第八条　出口商应在规定期限内，收齐出口货物退(免)税所需的有关单证，使用国家税务总局认可的出口货物退(免)税电子申报系统生成电子申报数据，如实填写出口货物退(免)税申报表，向税务机关申报办理出口货物退(免)税手续。逾期申报的，除另有规定者外，税务机关不再受理该笔出口货物的退(免)税申报，该补税的应按有关规定补征税款。

第九条　出口商申报出口货物退(免)税时，税务机关应及时予以接受并进行初审。经初步审核，出口商报送的申报资料、电子申报数据及纸质凭证齐全的，税务机关受理该笔出口货物退(免)税申报。出口商报送的申报资料或纸质凭证不齐全的，除另有规定者外，税务机关不予受理该笔出口货物的退(免)税申报，并要当即向出口商提出改正、补充资料、凭证的要求。

税务机关受理出口商的出口货物退(免)税申报后，应为出口商出具回执，并对出口货物退(免)税申报情况进行登记。

第十条　出口商报送的出口货物退(免)税申报资料及纸质凭证齐全的，除另有规定者外，在规定申报期限结束前，税务机关不得以无相关电子信息或电子信息核对不符等原因，拒不受理出口商的出口货物退(免)税申报。

第四章　出口货物退(免)税审核、审批

第十一条　税务机关应当使用国家税务总局认可的出口货物退(免)税电子化管理系统以及总局下发的出口退税率文库，按照有关规定进行出口货物退(免)税审核、审批，不得随意更改出口货物退(免)税电子化管理系统的审核配置、出口退税率文库以及接收的有关电子信息。

第十二条　税务机关受理出口商出口货物退(免)税申报后，应在规定的时间内，对申报凭证、资料的合法性、准确性进行审查，并核实申报数据之间的逻辑对应关系。根据出口商申报的出口货物退(免)税凭证、资料的不同情况，税务机关应当重点审核以下内容：

(一) 申报出口货物退(免)税的报表种类、内容及印章是否齐全、准确；

(二) 申报出口货物退(免)税提供的电子数据和出口货物退(免)税申报表是否一致。

申报出口货物退(免)税的凭证是否有效，与出口货物退(免)税申报表明细内容是否一致等。重点审核的凭证有：

1. 出口货物报关单(出口退税专用)。出口货物报关单必须是盖有海关验讫章，注明"出口退税专用"字样的原件(另有规定者除外)，出口报关单的海关编号、出口商海关代码、出口日期、商品编号、出口数量及离岸价等主要内容应与申报退(免)税的报表一致。

2. 代理出口证明。代理出口货物证明上的受托方企业名称、出口商品代码、出口数量、离岸价等应与出口货物报关单(出口退税专用)上内容相匹配并与申报退(免)税的报表一致。

3. 增值税专用发票(抵扣联)。增值税专用发票(抵扣联)必须印章齐全，没有涂改。增值税专用发票(抵扣联)的开票日期、数量、金额、税率等主要内容应与申报退(免)税的报表匹配。

4. 出口收汇核销单(或出口收汇核销清单，下同)。出口收汇核销单的编号、核销金额、出口商名称应当与对应的出口货物报关单上注明的批准文号、离岸价、出口商名称匹配。

5. 消费税税收(出口货物专用)缴款书。消费税税收(出口货物专用)缴款书各栏目的填写内容应与对应的发票一致；征税机关、国库(银行)印章必须齐全符合要求。

第十三条　在对申报的出口货物退(免)税凭证、资料进行人工审核后，税务机关应当使用出口货物退(免)税电子化管理系统进行计算机审核，将出口商申报出口货物退(免)税提供的电子数据、凭证、资料与国家税务总局及有关部门传递的出口货物报关单、出口收汇核销单、代理出口证明、增值税专用发票、消费税税收(出口货物专用)缴款书等电子信息进行核对。审核、核对重点是：

(一) 出口报关单电子信息。出口报关单的海关编号、出口日期、商品代码、出口数量及离岸价等项目是否与电子信息核对相符；

(二) 代理出口证明电子信息。代理出口证明的编号、商品代码、出口日期、出口离岸价等项目是否与电子信息核对相符；

(三) 出口收汇核销单电子信息。出口收汇核销单号码等项目是否与电子信息核对相符；

(四) 出口退税率文库。出口商申报出口退(免)税的货物是否属于可退税货物，申报的退税率与出口退税率文库中的退税率是否一致；

(五) 增值税专用发票电子信息。增值税专用发票的开票日期、金额、税额、购货方及销售方的纳税人识别号、发票代码、发票号码是否与增值税专用发票电子信息核对相符。

在核对增值税专用发票时应使用增值税专用发票稽核、协查信息。暂未收到增值税专用发票稽核、协查信息的，税务机关可先使用增值税专用发票认证信息，但必须及时用相关稽核、协查信息进行复核；对复核有误的，要及时追回已退(免)税款。

(六) 消费税税收(出口货物专用)缴款书电子信息。消费税税收(出口货物专用)缴款书的号码、购货企业海关代码、计税金额、实缴税额、税率(额)等项目是否与电子信息核对相符。

第十四条　税务机关在审核中，发现的不符合规定的申报凭证、资料，税务机关应通知出口商进行调整或重新申报；对在计算机审核中发现的疑点，应当严格按照有关规定处理；对出口商申报的出口货物退(免)税凭证、资料有疑问的，应分别以下情况处理：

(一) 凡对出口商申报的出口货物退(免)税凭证、资料无电子信息或核对不符的，应及时按照规定进行核查；

(二) 凡对出口货物报关单(出口退税专用)、出口收汇核销单等纸质凭证有疑问的，应向相关部门发函核实；

(三) 凡对防伪税控系统开具的增值税专用发票(抵扣联)有疑问的，应向同级税务稽查部门提出申请，通过税务系统增值税专用发票协查系统进行核查；

(四) 对出口商申报出口货物的货源、纳税、供货企业经营状况等情况有疑问的，税务机关应按国家税务总局有关规定进行发函调查，或向同级税务稽查部门提出申请，由税务稽查部门按有关规定进行调查，并依据回函或调查情况进行处理。

第十五条　出口商提出办理相关出口货物退(免)税证明的申请，税务机关经审核符合有关规定的，应及时出具相关证明。

第十六条　出口货物退(免)税应当由设区的市、自治州以上(含本级)税务机关根据审核结果按照有关规定进行审批。

税务机关在审批后应当按照有关规定办理退库或调库手续。

第五章　出口货物退(免)税日常管理

第十七条　税务机关对出口货物退(免)税有关政策、规定应及时予以公告，并加强对出口商的宣传辅导和培训工作。

第十八条　税务机关应做好出口货物退(免)税计划及其执行情况的分析、上报工作。税务机关必须在国家税务总局下达的出口退(免)税计划内办理退库和调库。

第十九条　税务机关遇到下述情况，应及时结清出口商出口货物的退(免)税款：

(一) 出口商发生解散、破产、撤销以及其他依法应终止出口退(免)税事项的，或者注销出口货物退(免)税认定的；

(二) 出口商违反国家有关政策法规，被停止一定期限出口退税权的。

第二十条　税务机关应建立出口货物退(免)税评估机制和监控机制，强化出口货物退(免)税管理，防止骗税案件的发生。

第二十一条　税务机关应按照规定，做好出口货物退(免)税电子数据的接收、使用和管理工作，保证出口货物退(免)税电子化管理系统的安全，定期做好电子数据备份及设备维护工作。

第二十二条　税务机关应建立出口货物退(免)税凭证、资料的档案管理制度。出口货物退(免)税凭证、资料应当保存 10 年。但是，法律、行政法规另有规定的除外。具体管理办法由各省级国家税务局制定。

第六章　违章处理

第二十三条　出口商有下列行为之一的，税务机关应按照《中华人民共和国税收征收管理法》第六十条规定予以处罚：

(一) 未按规定办理出口货物退(免)税认定、变更或注销认定手续的；

(二) 未按规定设置、使用和保管有关出口货物退(免)税账簿、凭证、资料的。

第二十四条　出口商拒绝税务机关检查或拒绝提供有关出口货物退(免)税账簿、凭证、资料的，税务机关应按照《中华人民共和国税收征收管理法》第七十条规定予以处罚。

第二十五条　出口商以假报出口或其他欺骗手段骗取国家出口退税款的，税务机关应当按照《中华人民共和国税收征收管理法》第六十六条规定处理。

对骗取国家出口退税款的出口商，经省级以上(含本级)国家税务局批准，可以停止其六个月以上的出口退税权。在出口退税权停止期间自营、委托和代理出口的货物，一律不予办理退(免)税。

第二十六条　出口商违反规定需采取税收保全措施和税收强制执行措施的，税务机关应按照《中华人民共和国税收征收管理法》及《中华人民共和国税收征收管理法实施细则》的有关规定执行。

第七章　附　则

第二十七条　本办法未列明的其他管理事项，按《中华人民共和国税收征收管理法》、《中华人民共和国税收征收管理法实施细则》等法律、行政法规的有关规定办理。

第二十八条　本办法由国家税务总局负责解释。

第二十九条　本办法自 2005 年 5 月 1 日起施行。此前规定与本办法不一致的，以本办法为准。

附录 5　货物和技术进出口许可制度

一、货物和技术进出口管理的原则

(一) 统一管理原则　《对外贸易法》适用的范围包括货物进出口、技术进出口和国际服务贸易在内的对外贸易活动以及与对外贸易有关的知识产权保护。国务院对外贸易主管部门(即现在的商务部)依照《对外贸易法》主管全国对外贸易工作。我国实行统一的对外贸易制度。

《货物进出口管理条例》中规定国家对货物进出口实行统一的管理制度，《技术进出口管理条例》也规定国家对技术进出口实行统一的管理制度。

(二) 自由进出口原则　《对外贸易法》规定"国家准许货物与技术的自由进出口。但是，法律、行政法规另有规定的除外。"《货物进出口管理条例》也规定：国家准许货物的自由进出口；同时规定：除法律、行政法规明确禁止或者限制进出口外，任何单位和个人均不得对货物进出口设置、维持禁止或者限制措施。《技术进出口管理条例》除规定国家准许技术的自由进出口的原则外，还对技术进出口设置了另一原则，即"技术进出口应当符合国家的产业政策、科技政策和社会发展政策，有利于促进我国科技进步和对外经济技术合作的发展，有利于维护我国经济技术权益。"

(三) 维护公平的进出口秩序的原则　《对外贸易法》规定我国"鼓励发展对外贸易，维护公平、自由的对外贸易秩序"。并且《对外贸易法》第六章中就对外贸易秩序作了专门规定，主要对对外贸易经营者规定了若干重要的行为准则，如在对外贸易经营活动中不得实施垄断和不正当竞争行为；不得伪造、变造或者买卖进出口货物原产地证书、进出口许可证、进出口配额证明或者其他进出口证明文件；不得有骗取出口退税、走私、逃避法定检验、违反外汇管理等行为。对于有破坏、扰乱外贸秩序行为的外贸经营者将按《对外贸易法》第十章关于法律责任的有关规定，依法追究其法律责任。

《货物进出口管理条例》规定国家依法维护公平、有序的货物进出口贸易；《技术进出口管理条例》也规定国家依法维护公平、自由的技术进出口秩序。

二、货物、技术进出口许可制度的内涵

《对外贸易法》所确定的进出口自由，是指国家在保证进出口贸易不对国家安全和各项社会公共利益产生损害前提下的自由；而当国家法律所规定的某些不良倾向出现时，则对进出口贸易实施必要的限制和禁止。因此，《对外贸易法》依据国际贸易通行规则，在确立货物与技术自由进出口原则的同时，还借鉴国家上的通行做法，采取世界贸易组织所允许的外贸管理措施，即采用配额、许可证进行管理;明确公布国家限制和禁止进出口的法定范围和程序,即实行货物与技术的进出口许可制度。

进出口许可制度是根据国家的法律、政策、对外贸易计划和国内外市场的需要,以及世界贸易组织规则,对进出口商品品种、数量、技术实行管制的一种制度。从广义上讲,它是国家对进出口的一种行政管理,包括进出口有关证件的审批程序、办理手续和管理要求。进出口许可制度,是国家对外贸易宏观管理的重要举措,也是海关监管进出口货物、技术的重要依据。

三、货物、技术进出口许可的分类

按照《对外贸易法》的规定,货物、技术进出口可以分为禁止进出口、限制进出口和自由进出口。

(一) 采取禁止和限制措施的原因国家基于下列原因,可以限制或者禁止有关货物、技术的进口或者出口:

1. 为维护国家安全、社会公共利益或者公共道德,需要限制或者禁止进口或者出口的;

2. 为保护人的健康或者安全,保护动物、植物的生命或者健康,保护环境,需要限制或者禁止进口或者出口的;

3. 为实施与黄金或者白银进出口有关的措施,需要限制或者禁止进口或者出口的;

4. 国内供应短缺或者为有效保护可能用竭的自然资源,需要限制或者禁止出口的;

5. 输往国家或者地区的市场容量有限,需要限制出口的;

6. 出口经营秩序出现严重混乱,需要限制出口的;

7. 为建立或者加快建立国内特定产业,需要限制进口的;

8. 对任何形式的农业、牧业、渔业产品有必要限制进口的;

9. 为保障国家国际金融地位和国际收支平衡,需要限制进口的;

10. 依照法律、行政法规的规定,其他需要限制或者禁止进口或者出口的;

11. 根据我国缔结或者参加的国际条约、协定的规定,其他需要限制或者禁止进口或者出口的。

12. 国家对与裂变、聚变物质或者衍生此类物质的物质有关的货物、技术进出口,以及与武器、弹药或者其他军用物资有关的进出口,可以采取任何必要的措施,维护国家安全。

13. 在战时或者为维护国际和平与安全,国家在货物、技术进出口方面可以采取任何必要的措施。

(二) 货物、技术进出口许可管理制度

1. 禁止进出口 禁止进口、出口的货物和技术目录由商务部会同国务院有关部门制定、调整并公布。经国务院批准,可以在《对外贸易法》规定的范围内,临时决定限制或者禁止目录以外的特定货物、技术的进口或者出口。属于禁止进出口的货物、技术不得进出口。进出口属于禁止进出口的货物的,由海关依照有关法律、行政法规的规定处理、处罚;构成犯罪的,依法追究刑事责任。进出口属于禁止进出口的技术的,依照有关法律、行政法规的规定处理、处罚;法律、行政法规没有规定的,由商务部责令改正,没收违法所得,并处罚款;构成犯罪的,依法追究刑事责任。

目前从 2002 年开始公布的禁止进口货物从第一批到第五批,禁止出口货物第一批和第二批,涉及的货物有保护生态环境的、我国参加国际条约履行的承诺、有关人身安全、生产安全和环境保护的商品等。

禁止进出口技术公布了第一批。禁止进口技术(第一批)共25项，涉及钢铁冶金、有色金属冶金、化工、石油炼制、石油化工、消防、电工、轻工、印刷、医药、建筑材料生产技术领域。禁止出口部分的技术涉及测绘技术、地质技术、药品生产技术、农业技术等包括核技术在内的25个技术领域的31项技术。

2. 限制进出口　限制进出口的管理是进出口许可制度的核心内容。

《对外贸易法》中规定了限制进出口管理的手段："国家对限制进口或者出口的货物，实行配额、许可证等方式管理;对限制进口或者出口的技术，实行许可证管理。实行配额、许可证管理的货物、技术，应当按照国务院规定经国务院对外贸易主管部门或者经其会同国务院其他有关部门许可，方可进口或者出口。国家对部分进口货物可以实行关税配额管理。"因此，配额管理和许可证管理是进出口许可制度中重要的管理手段。

根据《货物进出口管理条例》的规定，限制进口的货物目录由国务院外经贸主管部门会同国务院有关部门制定、调整并公布。限制进出口的货物目录，应当至少在实施前21天公布;在紧急情况下，应当不迟于实施之日公布。

我国目前限制进口技术目录主要有《中国禁止进口限制进口技术目录》。限制进口技术(第一批)共16项，涉及生物、化工、石油炼制、石油化工、生物化工技术领域。国家对限制进口的技术实行许可证管理，凡进口列入《中国禁止进口限制进口技术目录》中限制进口技术的，应履行进口许可手续。限制进口技术的进口许可由商务部管理。

我国目前限制出口技术目录主要有《中国禁止出口限制出口技术目录》和《敏感物项和技术出口许可证管理目录》。国家对列入《中国禁止出口限制出口技术目录》中限制出口技术及相关产品实行许可证管理，凡出口国家限制出口技术及相关产品的，应当按规定履行出口许可手续。限制出口技术的出口许可由商务部会同科学技术部管理。依据国家有关出口管制法规，商务部会同海关总署联合发布《敏感物项和技术出口许可证管理目录》。

3. 自由进出口　除国家禁止的、限制的进出口货物和技术以外的其他货物，属于自由进出口的范围。自由进出口的货物与技术不受限制。但基于监测进出口情况的需要，商务部对部分自由进出口的货物实行自动进出口许可管理并公布其目录。实行自动许可的进出口货物，收货人、发货人在办理海关报关手续前提出自动许可申请的，商务部或者其委托的机构应当予以许可;未办理自动许可手续的，海关不予放行。进出口属于自由进出口的技术，应当向商务部或者其委托的机构办理合同备案登记。

参 考 文 献

[1] 中国国际贸易学会商务专业培训考试办公室. 外贸跟单理论与实务[M]. 北京：中国商务出版社，2009.

[2] 中国国际贸易学会商务专业培训考试办公室. 全国外贸跟单员培训认证考试复习指南[M]. 北京：中国商务出版社，2008.

[3] 吴薇. 外贸跟单实务[M]. 大连: 大连理工大学出版社，2008.

[4] 童宏祥. 外贸跟单实务[M]. 上海: 上海财经大学出版社，2009.

[5] 姚钟华，王锡耀. 外贸跟单实务[M]. 北京：中国财政经济出版社，2008.

[6] 杨玲. 外贸跟单实务[M]. 北京：科学出版社，2008.

[7] 李东. 外贸与业务跟单实操细节[M]. 广州: 广东经济出版社，2007.

[8] 姚大伟. 国际商务单证理论与实务[M]. 上海: 上海交通大学出版社，2009.